Marcus Deminco

A realidade de hoje foi o sonho de ontem. O sonho de hoje será a realidade de amanhã. E em todas as épocas zombou-se dos sonhadores.

(Zalkind Piatigirki)

Formatação, Diagramação & Conversão para e-book
Marlon Bellator
md.bellator@gmail.com
Criação de Capa
Erick Cerqueira (Marketing & Design)
http://esc3d.com.br

D395s

Deminco, Marcus

    TDAH – Autobiografia de um Portador do Distúrbio do Déficit de Atenção / Marcus
    Deminco. — 2ª ed. – Salvador : Independently Published, 2019.
    Marcus Deminco, 2019.
    503 p.

    ISBN: 9781097647057

    1. Autobiografia. 2. Transtorno do Déficit de Atenção / Hiperatividade. 3. Psicologia. I.
    Título.

                                                                        CDU 616.89
                                                                        CDD: 928.1
    Ficha catalográfica elaborada pelo Sistema Universitário de Bibliotecas (SIBI/UFBA)

TDAH

Autobiografia de um Portador do Distúrbio do Déficit de Atenção

2ª Edição

Marcus Deminco

Se você procura uma leitura prazenteira, leve e serena, que faça o tempo passar ligeiro e despercebido, como uma brisa suave de fim de tarde, recomendo os livros de qualquer outro autor mais comedido, ameno e formoso. Eu não escrevo para leitores delimitados pelas letras, nem para olhos subordinados às palavras. Aos sem imaginação — que enxergam somente o que as vistas revelam — creio que cartões postais, fotografias e revistas coloridas, valerão muito mais do que a minha busca visceral para tentar suscitar em palavras tudo àquilo que verdadeiramente sinto (Marcus Deminco).

SUMÁRIO

SOU ANDARILHO PEREGRINO
Trem sem trilho
Gramíneas sem milho
Maquinista valdevino

SOU ANDARILHO PEREGRINO
Peralvilho sem chegada
Bicho campesino
Correndo pela estrada

SOU ANDARILHO PEREGRINO
Com alma de aventureiro
Espírito forasteiro
E sonho de menino

SOU ANDARILHO PEREGRINO
Remendeiro do passado.
Vidente paladino
De futuro indecifrado

SOU ANDARILHO PEREGRINO
Cego romeiro errante
Perdido de mim, clandestino
Fugido da vida, viajante

SOU ANDARILHO PEREGRINO
Garimpeiro de ilusão
Na gruta incerta do destino
Passarinho sem alçapão

SOU ANDARILHO PEREGRINO
Destemido caçador
Adulto pequenino
Semente de lavrador

SOU ANDARILHO PEREGRINO
Vagamundo alienado
Missivista traquinino
Estafeta sem recado.

SOU ANDARILHO PEREGRINO
Funâmbulo da fatalidade.
Passadas de bailarino
Galgando felicidade.

Marcus Deminco

Nota Sobre a 2ª Edição

Lançado em Setembro de 2006 — durante a 1ª Quinzena Nacional de Leitura em comemoração aos 78 anos da Livraria Siciliano — EU & MEU AMIGO DDA é o primeiro relato autobiográfico de um portador do Transtorno do Déficit de Atenção com Hiperatividade (TDAH). Através de uma narrativa despudorada, envolvente e descontraída, Marcus Deminco descreve parte das suas inquietantes aventuras ao decurso de uma vida inteira repleta de devaneios, exageros, peripécias, fantasias, sonhos, aventuras, perigos, inconsequência, e muita intensidade. Das suas traquinices ainda na infância às palhaçadas e rebeldias nas salas de aula. Das suas desmedidas experiências com drogas até os segredos que lhe motivaram a fazer a capa da revista G-magazine. O livro retrata também, como se deu à descoberta do TDAH, as adversidades mais frequentes da sua comorbidade com a Dislexia, alguns efeitos da Ritalina (Cloridrato de Metilfenidato) durante o início do tratamento, os motivos da sua repentina decisão de escrever este livro, e encerra com depoimentos emocionantes de outras pessoas, igualmente, diagnosticadas com o Transtorno.

Embora veiculado de maneira independente, comercializado em poucas livrarias, e divulgado somente através da Internet, EU & MEU AMIGO DDA causou grande repercussão nas entidades ligadas ao tema, e chegou a vender mais de 2.400 exemplares. Rendendo, inclusive, ao autor o título de Doutor Honoris Causa — conferido pela Brazilian Association of Psychosomatic Medicine — em reconhecimento à sua contribuição científica, e relevância social.

Durante a elaboração desta sua 2ª edição, foram inseridos novos capítulos, contemplando os acontecimentos mais relevantes, polêmicos e engraçados que sucederam a sua primeira edição: dados atualizados sobre o Transtorno, algumas respostas do autor diante das intermitentes notícias que propagam a falsa ideia de que possam existir dúvidas quanto à existência do **TDAH**, além de acrescentado novos depoimentos de outras pessoas diagnosticadas com o transtorno. Sem papas na língua, o autor relata de forma escancarada, como realmente funciona o "rufianismo" dentro do mercado editorial brasileiro. Principalmente, entre uma famosa diretora, e os seus "subalternos alcoviteiros" de um dos maiores grupos editoriais nacionais. Menos comedido ainda, revela como teria sido o seu breve relacionamento com essa tal Senhora, considerada por muitos como uma das personalidades mais influentes do mercado editorial brasileiro. E com certo constrangimento, confidencia como ela o seduziu de modo ardiloso para usurpar dele todos os dados que validassem o investimento na publicação de livros sobre o Transtorno do Déficit de Atenção com Hiperatividade (**TDAH**).

De maneira autêntica e singular, o autor apresenta uma narrativa transparente e desinibida sobre algumas consequências produzidas por uma mente inquieta, distraída, e desassossegada. E expressando particularidades da sua própria personalidade, explica como ocorrem as irrefletidas atitudes impulsivas, sem a premeditação de qualquer tempo que lhe permita avaliar antecipadamente, os possíveis efeitos. Ocorre de maneira tão impetuosa que, somente depois ele consegue perceber o que foi feito e/ou falado. Contudo, dentre as diferentes histórias constituídas pelas suas próprias vivências, e expressadas através das páginas deste livro, pode-se ler relatos de alegria, tristeza, momentos de entusiasmo, desinteresse, contradição. Episódios divertidos, inusitados, tensos, perigosos. Instantes de descontentamento, apatia, solidão, euforia, inquietação, frustrações, derrotas, recomeços, tentativas, incompreensões, conquistas, desleixo, indiferença, etc. Mas, acima de tudo, destaca-se em seu conteúdo, o retrato de uma vida inteira marcada por muita adversidade, e superação.

> "Devo admitir que – se em grande parte o fato de não ter conseguido lançar a 1ª edição através de nenhuma editora tenha me deixado parcialmente desanimado — ao menos assim — isento de qualquer tipo de acordo, formal ou tácito, que me limitasse a agir sob determinadas condições, e livre de qualquer forma de convenção, expressa ou implícita, que regulasse ou inibisse o meu comportamento, não hesitei (nem por motivo, conveniência, muito menos por vontade) em descrever algumas polêmicas verdades sobre a estreita ligação e a conduta indecorosa entre os mais renomados especialistas nacionais em TDAH e o Laboratório Novartis (fabricante da Ritalina), a omissão da Agência Nacional de Vigilância Sanitária (ANVISA)

diante de uma ação criminosa praticada por esse mesmo laboratório durante o ano de 2013. E só não me calei diante de toda absurdidade porque nutro imenso desrespeito pelos omissos. Pois, eu sempre preferi carregar todo peso das minhas atitudes, que andar com o vazio passivo daqueles que nunca se atrevem. Prefiro correr o risco de desagradar qualquer pessoa com a minha sinceridade, que a subtração do meu pensamento pela conveniência. Prefiro a crítica sobre o que digo, que todo o silêncio covarde que adormece na isenção contida daqueles que se abstém do mundo. Enfim, eu prefiro jogar o jogo da vida, que assisti-la de longe, escondido nas sombras das arquibancadas".

Prefácio da 1ª Edição

Nesse novo século, observamos uma enormidade de questionamentos envolvendo a cientificidade, principalmente quando nos referimos à mente humana, haja vista que as concepções organicistas relacionadas à loucura e afins estão sendo colocadas como algo ultrapassado. Uma grande prova disso são as teses atuais que retiram a esquizofrenia da hereditariedade e a coloca como um surto psicótico proveniente das relações sociais, inclusive familiares. Dentro deste prisma de mudanças ululares caem por terra concepções reinantes nos séculos passados— nativadas no positivismo e no cartesianismo — onde qualquer relação psicótica impossibilita o indivíduo de conviver socialmente. Atualmente, até a normalidade está sendo questionada. Basta observar que nas empresas modernas o viciado em trabalho, normalmente um estressado, é um ser em extinção profissional.

Grandes gênios fizeram da arte uma suprema visibilidade social e de existência eterna. Nesta amplitude, encontra-se o Distúrbio de Déficit de Atenção, ou simplesmente **DDA**, que de forma errônea tem conceituações preconceituosas e deformadas, onde se afirma psicopatologicamente por profissionais da área da saúde mental, tratar-se de algo que impossibilita o portador deste distúrbio de produzir socialmente e intelectualmente. Isto se trata de um ledo engano. Tive o honroso prazer de conhecer o então modelo, e especialista em atividade física Marcus Deminco, durante o curso de capacitação profissional em Educação Física, realizado em nível de extensão universitária em parceria com o Conselho Regional de Educação Física Bahia/Sergipe (CREF-13), onde ele era aluno e eu me encontrava na condição de Coordenador. Tornamo-nos amigos e o incentivei a produzir uma obra na qual ressaltasse o valor social dos Portadores de Déficit de Atenção, estimulando-os na superação das adversidades e na recuperação da autoestima. Eis aqui o fruto desse incentivo.

Acreditamos sinceramente que este trabalho editorial será o primeiro passo para uma longa caminhada, como diz um velho ditado chinês: "abrirmos as portas mentais para outros que com este mesmo distúrbio se percebam de uma nova e real maneira, ou seja, como pessoas capazes e bastante intelectualizadas". Parabéns a este autor pelo pioneirismo e pela coragem de expor com palavras claras e objetivas algo que ficará na história da saúde mental. Esperamos que os cientistas da área de Saúde Mental aceitem a tese de Blaise Pascal que sempre dizia: "Não me envergonho de mudar de opinião, porque não me envergonho de pensar". Portanto, devemos sempre mudar de ideias, sobretudo, quando elas podem causar erros que envolvam vidas humanas.

José Augusto Maciel Torres: Doutor (PhD) em Psicologia e Filosofia pela Cambridge International University, Psicanalista, Doutor Honoris Causa em Medicina Tradicional Chinesa pela Universidad de Los Pueblos de Europa (Espanha) e Cambridge International University (Inglaterra) e em Ciências (Universidade de SRI-LANKA), Ex-diretor da Faculdade Apoio, Ex-coordenador da Faculdade de Artes Ciências e Tecnologias (FACET) e Faculdade Dois de Julho, Coordenador da pós-graduação em Psicanálise da FACET e da pós-graduação em psicopedagogia da Faculdade São Salvador.

Prefácio da 2ª Edição

Atualmente trabalho como psiquiatra em São Paulo capital. Possuo uma formação acadêmica mais diversa do que isso e um pano de fundo geral ainda mais diverso e caótico. Mas, também com a sua porção de sofrimento e solidão. A última se dava por dois motivos, primeiro nasci com dom (muito caro no meu caso) da inteligência, segundo que nasci com problemas físicos e mentais. A maioria dos quais eu demorei anos para entender, imagine os pobre profissionais aos quais fui levado desde infância. As coisas só mudaram quando eu encontrei um psiquiatra tão inteligente quanto eu e cujo sofrimento era semelhante.

Atendi o Marcus Deminco logo após meu encontro com o **TDAH**. Ou seja, eu passei pela faculdade de medicina e residência médica e não sabia o que era **TDAH**, então não se surpreenda se seu psicólogo ou psiquiatra também não souber. Há 10 anos era realmente uma área ainda mais nebulosa e pouco considerada em adultos ou pessoas inteligentes. Mas o **MARCUS** tinha o **TDAH**, era inteligente e já havia, inclusive, lançando a primeira edição deste livro, além de ter escrito outros dois. Mantivemos uma rápida identificação, amizade e respeito desde então.

Acredito que a intenção deste livro é que o leitor encontre uma maneira fácil de criar esse tipo de identificação com a coexistência do **TDAH**, inteligência e idade adulta. Reconhecendo a mesma em si ou em qualquer outra pessoa de sua convivência. Isso é cada vez mais importante quando o **TDAH** e outros transtornos mentais sofrem ao mesmo tempo preconceito pela sociedade e negação pelos seguidores de *Foucault* e da *anticiência* acadêmica.

Daniel Minahim: Médico Psiquiatra (CRM-SP 144214), Especialista em Psiquiatria da Infância e Adolescência. Mestre e Doutorando pela Faculdade de Medicina da Universidade de São Paulo (FMUSP). Fundador do Instituto Brasileiro de Superdotação e Alterações do Neurodesenvolvimento. E pioneiro no tratamento de duplo-excepcionais no Brasil: Superdotação + **TDAH**, Autismo, Dislexia, Bipolaridade e transtornos de aprendizagem.

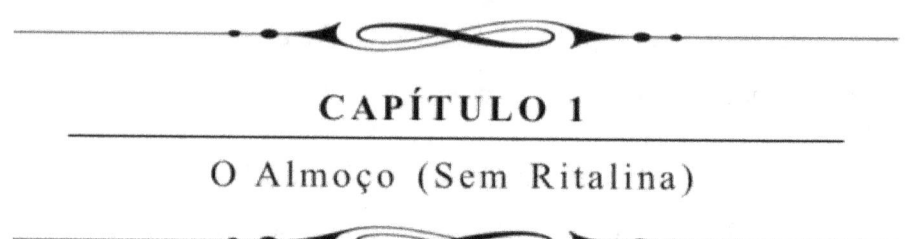

CAPÍTULO 1

O Almoço (Sem Ritalina)

A té mesmo uma detestável fila num banco pode transformar-se numa aventura irradiante. Tudo depende da sua capacidade de interação com a própria monotonia ou do acúmulo de feitos que você carregue na lembrança para distrair intermináveis minutos de espera. Nada é tão sem graça, sem cor ou sem emoção, a não ser que você seja dono de uma personalidade apática e viva uma vida inteira preta e branca.

O tempo inúmeras vezes ofusca o brilho de nossa luz e esfria todo aquele entusiasmo jovial. Opacos, abortaremos alguns projetos incríveis, podaremos as ambições mais audaciosas, e muitos sonhos parecerão ainda mais impossíveis. Mais tarde, talvez estagnemos ou façamos como muitos fazem, envolvendo-se com filmes, livros ou novelas, transportando seus sentimentos para os personagens, aceitando passivamente realizar-se através de outrem ou acatando passar despercebido, sendo mero telespectador ou um ilustre coadjuvante. Portanto, quero aproveitar, enquanto a minha luz brilha intensamente, enquanto exerço o dom de interpretar com maestria o papel principal da minha própria história, para confidenciar-lhes parte de uma vida inteira cercada de ficção, realidade, sonhos e muita cor...

Salvador, 14 de outubro de 2004
– XXII Congresso Brasileiro de Psiquiatria–

Dentro de um restaurante de comida a quilo, localizado no Centro de Convenções da Bahia, vejo-me cercado de psicólogos, psiquiatras, neurologistas, terapeutas e outros tantos "esquisitos". A partir de então, como de costume, volto a refletir sobre as nuances que circundam a loucura e a lucidez. Divagando-me brevemente ao ano de 2001 durante uma festa de São João na cidade de Ituberá no interior da Bahia, quando um amigo, bastante interessado em conhecer uma garota, dirigiu-se timidamente até ela e disse:

— Desde que cheguei aqui estava com vontade de te conhecer. Mas, ainda não havia tido oportunidade.

Sem pensar um só instante, e com a propriedade de quem sabia exatamente o que falava, ela logo lhe respondeu:

— Oportunidade quando não temos, nós criamos!

Obviamente, meu amigo perdeu metade da pose, e certamente não encontrou qualquer argumento cabível para retrucá-la. Eu, entretanto, achei aquela resposta tão bem elaborada que passei, inclusive, a repeti-la em algumas ocasiões da minha vida. Ou pelo menos por algum tempo. Até o dia em que soube, que aquela mesma garota, por morar em um andar próximo ao térreo, pegou o elevador do próprio prédio, dirigiu-se ao apartamento mais elevado de uma amiga, e sob o pretexto de querer beber água gelada, alegando que em sua casa não tinha, suicidou-se, lançando-se da janela. Parecia algo extremamente contraditório a sua atitude com a coerência da frase, mas ela havia criado a oportunidade de se matar.

Tempos depois, visitando um senhor com mais de noventa anos, portador do Mal de Alzheimer, e novamente refletindo sobre sensatez e insensatez, passei a observá-lo com maior atenção. Era incrível notar que sempre em que me encontrava, reconhecia prontamente a minha fisionomia, como sendo uma pessoa comum em sua convivência. Mesmo com seu olhar distante, conscientizava que já havia me visto algumas vezes, e de alguma maneira, sabia também que tínhamos alguma espécie de vínculo. Demonstrava, inclusive, certo afeto por mim, mas sem precisão alguma sobre tempo ou localidade. Algumas vezes, inclusive, era capaz até mesmo de recordar o meu nome. O que me deixava imensamente alegre, e surpreendia a sua própria família.

Era previsível, mas engraçado, que todas as vezes em que o deixava, durante nossas despedidas ele repetia sempre a mesma frase:

— Vai "simbora" garoto... E manda brasa!

No entanto, mesmo com suas frases repetitivas, sua aversão por asseio e seu esquecimento em frações de segundos (característica normal da doença), certo dia me disse algo que jamais esquecerei. Talvez, não tenha utilizado da mesma racionalidade do que disse a garota na festa de São João, mas foi imensamente criativo. Confesso que precisei refletir por algum tempo antes de compreender. Era um dos dias no meio da semana, quarta ou quinta-feira, e ele não queria fazer a barba de maneira alguma. Então, a sua esposa, uma senhora bastante simpática, me pediu delicadamente para que eu tentasse convencê-lo. E, ao revés da expectativa, surpreendentemente, sem maiores dificuldades, ele ligeiramente aceitou que eu a fizesse.

Enquanto lentamente, eu passava o aparelho de barbear sobre sua pele enrugada e cansada, com todo cuidado para não cortá-la, dentre suas tantas marcas de expressão, seguia me perdendo entre suas carquilhas, imaginando quantas histórias estariam escondidas e esquecidas naquele olhar perdido e distante. Todavia, logo sua alta gargalhada me despertava dos devaneios. Lá estava ele, com seu jeito brincalhão e gozador, repetindo para toda e qualquer mulher que passava em frente a sua casa:

— Coisa boa mesmo é mulher! Eu não deixo nunca de gostar delas.

Querendo também ser engraçado e retribuir a sua troça, resolvi então fazer-lhe uma pergunta reunindo à brasa que ele me manda diariamente com a sua paixão pelas mulheres:

— Mas o senhor hoje em dia, vendo uma mulher, ainda manda brasa?

Ironicamente, e de maneira imprevista, ele logo respondeu:

— Não... Não... Hoje eu mando apenas o carvão porque a brasa já queimou toda.

Mas afinal, o que levaria um senhor com um quadro demencial de Alzheimer conseguir elaborar uma resposta tão criativa? E quais os motivos que levariam uma jovem — capaz de articular uma frase com tamanha lucidez — suicidar-se daquela maneira? Por fim, chego à rápida percepção de que a loucura e a lucidez dependem muitas vezes da interpretação dada aos lúcidos e aos loucos. E, possivelmente, todos nós teremos instantes extremos. Assim, uma pessoa considerada e vista como normal poderia cometer algo anormal ou vice-versa.

De volta à tranquilidade (externa) do meu almoço, minha inquietação (interna) permanecia latente. Sempre coloquei em dúvida minha credibilidade mental. Seria como viver equilibrando-me sobre o muro: entre razão e emoção. Ou como caminhar cuidadosamente sobre a linha divisória do real e do abstrato, fazendo esforços tremendos para permanecer normal, mas escorregando, por vezes, nos dois polos: ora, propositadamente, tamanha a vontade de ser intenso, ora coagido por uma força maior e até então desconhecida: a minha impetuosa impulsividade.

A cada garfada se fazia presente aquele forte sentimento de ser diferente que me acompanha por toda vida. A mente vagando longe. Por momentos, tinha a sensação de que alguém ali seria capaz de escutar o barulho na minha cabeça que não para um só instante: ideias que nascem como *slides* coloridos, momentos de angústia, euforia, nervosismo, turbilhão de pensamentos desordenados. Alguma coisa dentro de mim é bagunçada, fora da ordem e não descansa nunca.

Logo fui tomado por um duelo sigiloso e desafiador. Nenhum lugar mais excitante do que ali, cercado de estudiosos da *psique*, para fazer a minha jura secreta: externaria essa desordem mental num livro. Escreveria uma autobiografia e todos aqueles "esquisitos engravatados" ainda leriam minha história. Assim, dividiríamos não apenas aquele simples refeitório, como compartilharíamos parte do universo diferente do meu mundo com eles.

Entretanto, aceitar o desafio de escrever um livro e seguir cumprindo a promessa até o final seria como travar uma verdadeira guerra comigo mesmo: vencer a luta diária da concentração que, por momentos, requer uma força sobre-humana até atingir o hiperfoco; superar minha baixa autoestima que, um dia, me fará pensar que tudo isso estará medíocre; manter-me fiel até o último capítulo sem me deixar envolver por outros projetos mais dinâmicos e simples; sagrar-se vencedor da batalha irônica, mas existente, de exorcizar esse meu perfil pré-moldado de ignorância.

Essas análises superficiais sobre nossa essência, muitas vezes, nos tornam descrentes de nossa própria capacidade. A crítica debochada e destrutiva segue como demônios tentando nos limitar. As máscaras que optamos usar podem ser disfarces de nossas próprias fraquezas. Mas, esses rótulos taxativos, que recebemos e receberemos sempre, por simples deduções, certamente serão fraquezas enrustidas daqueles que nos conferem. Por isso, precisei aniquilar essa sombra de estupidez que paira sobre meu protótipo imperfeito de inteligência.

Φ Φ Φ

Eu & Meu Amigo DDA é um livro diferente de todos os outros relacionados ao distúrbio do déficit de atenção. Acreditando que ninguém melhor que um próprio **DDA** para descrever parte dessa bagunça, incomodado com muitos comentários errôneos e depreciativos sobre o distúrbio, e cansado de ler obras subjetivas, com predominância técnica, tomei a iniciativa de relatar veridicamente e sem pudor o aspecto comportamental e cognitivo do distúrbio. Passo a passo a intimidade do meu mundo **DDA**: desde minhas traquinagens de infância, meus devaneios e rebeldias dentro das salas de aulas, até minhas experiências com drogas e o alívio do meu diagnóstico. O livro contém também os verdadeiros motivos os quais me conduziram a fazer a capa da revista *G-magazine*, e detalhes curiosos sobre os dias dessas fotos. Além das minhas confidências e sofrimento por ter ficado fora da *Casa dos Artistas*, quando já estava com o pé dentro.

Dividido em dez capítulos, **Eu & meu amigo DDA** traz um manual, criado por mim, após conseguir aglomerar setenta e cinco características mais comuns entre os diferentes subtipos do distúrbio. Finalizando com depoimentos envolventes de outros portadores do distúrbio. Buscando uma maior interação com o leitor, criei de forma irreverente, dois personagens dentro do meu corpo: MARCUS, um pouco do meu EU racional, equilibrado e centrado, sendo coagido e dominado por um amigo invisível, e **DEMINCO**, o meu eu **DDA**, um ser apaixonado, intenso e envolvente que, muitas vezes, domina a plenitude do meu corpo físico.

Provavelmente, em trechos abrangendo o vasto universo da mente humana, eu cometa alguns deslizes. Logo, o intuito predominante não é informativo, e sim contar a vida de um **DDA** por um próprio **DDA**, ou pelo menos do meu subtipo, especificamente. Então, os estudiosos da saúde mental que me perdoem os possíveis erros técnicos. A forma de chamá-los "esquisitos" vem de uma encarnação desafiadora e petulante que mora dentro de mim. E ainda que, por algumas vezes, relendo o livro, tenha tentado retirar ou substituir esse apelido, afirmo verdadeiramente ter sido mais forte do que eu a audácia de mantê-lo. Por isso, resolvi deixá-lo presente com carinho, respeito e admiração a todos os leitores deste livro.

Considerando também que milhões de brasileiros possuem esse distúrbio, espero que esses escritos possam trazer o alento da descoberta para muitos que sofrem, por desentenderem o seu modo de ser, de pensar e de agir. Ambiciono ainda contribuir para que alguns estudiosos consigam desvendar cada vez mais e melhor a intimidade de uma mente tão agoniada. E, principalmente, que muitos **DDAs** se encontrem, se descubram e/ou se reinventem dentro das páginas sinceras e impressas da minha vida através dessa autobiografia.

CAPÍTULO 2

A Descoberta (Sem Ritalina)

"A fruta amadurece no tempo certo". "Tudo na vida tem sua hora". Esses ditos, na maioria das vezes, costumam nos irritar profundamente. Afinal, sempre queremos que as coisas aconteçam do nosso jeito e no ajuste do nosso próprio relógio. Mas acreditem; os sábios conformados que falam tais besteiras, ainda sem querer, às vezes, acertam. Jamais seria capaz de concluir essa minha vigésima tentativa de escrever um livro sem antes mesmo saber o que é **DDA**!

No calor infernal daquela tarde quente, desfrutávamos um delicioso açaí: eu e minha ex-sogra. Aguardávamos seu horário de retorno ao trabalho. É engraçado, quando dispomos de tempo e estamos acompanhados com alguém nesse ócio, criamos, inconscientemente, um acordo bilateral na comunicação: ambos falando coisas tolas e sem motivo, com o intuito único de gastar o tempo que resta na espera. Hoje, já não sei se penso assim, pelo simples fato de ter **DDA** e achar que são comuns os devaneios ou porque esse acordo realmente exista.

Ela, coordenadora de educação infantil e com vasto conhecimento em pedagogia, relatava fatos do seu cotidiano. Eu, como sempre, tentando prestar atenção no que não me interessava muito. Ela falava coisas que pareciam sem sentido algum e, provavelmente, naquele instante, eu não estava mais ali. Devia estar em alguma de minhas viagens distantes ou em algum dos meus tantos projetos intermináveis. Não me lembro ao certo o que ela dizia, simplesmente ia ouvindo letras soltas ou aparentemente sem lógica alguma.

Entre uma palavra e outra, parecia ter ouvido: aluno, hiperativo, agitado, **DDA**, *Ritalina...* De repente, sua fala fragmentada encaixava-se perfeitamente em minha cabeça. Via que algo despertava minha atenção. Logo aumentei a tentativa de concentração e, conseguindo absorver mais as informações, fui ficando fascinado com seu relato sobre um aluno com hiperatividade.

No início, o comportamento infantil era apenas impressionante, mas de forma alguma me identificava. Achava algo absolutamente normal, coisa de criança, estágios que só ocorriam na infância etc., e fiz, como a grande maioria das pessoas, quando desconhece algo desse tipo: prefere acreditar que a criança é mal-educada, que esses distúrbios são apenas frescuras de meninos mimados ou ainda desculpa dos pais tentando justificar o comportamento estranho de seus filhos, para não confirmarem sua falta de amabilidade.

Marcus Deminco

Mesmo assim, aquilo tudo ainda me chamava muita atenção, como se o próprio cérebro disparasse sonoras ordens de alerta: PRESTE ATENÇÃO! Então prestei.

Sentia que algo em mim nunca funcionara corretamente, pelo menos na organização das ideias. Não sabia por que, mas tinha plena certeza de que os outros não tinham a mesma linha de raciocínio. Recordo que, um dia, assistindo uma partida de futebol, ao lado da minha mãe, logo após um time ter feito um gol, o comentarista narrava aos gritos: "UM GOLAÇO". Imediatamente, criavam-se dentro de mim formas coloridas de figuras daquela expressão. Querendo certificar minha sensação de diferença, perguntei-lhe no que pensava, quando escutava aquela mesma frase "GOLAÇO". Ela respondeu que imaginava simplesmente um belo gol.

Hoje sei que algumas pessoas apenas recebem essa informação como uma escrita no cérebro, outras, como minha mãe, visualizam cenas. Eu, não. Imaginava uma bola cheia de laços e embrulhos de presente, indo em direção ao gol.

Minha ex-sogra prosseguia no diálogo e, à medida que falava um linguajar mais técnico e explicativo, eu ia me envolvendo. Leigo, e com receio de ser visto como anormal, questionei-a com cautela se existiria algum tipo de hiperatividade mental ou psíquica. Algo que justificasse uma bagunça, uma desordem interna.

Ela respondia ao meu questionamento, alegando não ter certeza, nem tanto conhecimento assim, mas existiria algo

32

relacionado a distúrbio de atenção e me explicava, ainda que vagamente, os indícios do **DDA**. Percebi como um papo despretensioso, mas, com uma maior atenção, poderia mudar minha vida. Imaginei, então, o quanto de mensagens não fui capaz de ouvir e compreender até hoje...

Percebendo que o assunto despertava-me tanto interesse, ela me prometeu um livro sobre o tema. Por pura coincidência, estávamos em setembro, mês do meu aniversário. E, nesse exato instante que a conversa estava tão agradável, não tínhamos mais aquele "acordo" de fazer gastar o tempo, até porque, nesses momentos, ele se encarrega de passar rapidamente.

No dia 28 de setembro de 2004, ganhei o presente que mudaria para sempre a minha vida. Recordo que, ao longo dos anos, recebi os mais diferentes tipos de presentes e fiquei, por diversas vezes, radiante de alegria, como a espingarda de mergulho naquele natal, o robô que atirava pelos braços, e uma fita de vídeo do **U2**. Mas, ainda assim, nada se compararia ao livro *Mentes Inquietas*, de Ana Beatriz B. Silva.

Com este título convidativo, o recebi pela tarde e após as cerimônias rotineiras de agradecimento dos presentes que ganho, fui correndo para casa com o objetivo de devorar letra por letra.

Ao folhear as primeiras páginas, uma emoção indescritível: era como se estivesse sendo despido de alma. Era uma redação sobre a minha vida. Havia trechos em que, de tanta emoção, lágrimas rolavam de alegria, de alívio em um mistura de diferentes sentimentos ao mesmo tempo. Jamais saberei explicar ao certo.

Primeiro, o conforto mental que vinha como um bálsamo. Existia, sim, uma explicação. Que alívio! Todas as coisas que eu pensava, acreditava, sentia, tinha uma explicação. Aquela confusão, as ideias do além, os mil projetos mirabolantes, as tantas noites de insônias, os cafés, o quadro que nunca terminei, as coisas por fazer, os amores infinitos, a velocidade, a intensidade tamanha, enfim! Tudo ia se encaixando perfeitamente e simplesmente não conseguia parar de ler. Terminei o livro em apenas um dia.

Era como experimentar um renascimento. Logo uma euforia tomava conta de mim. Queria gritar, correr e contar para todos o que é **DDA**. Talvez assim, compreendendo-me melhor, eles me perdoassem tantos equívocos, deslizes ou comentários impróprios já passados. Totalmente atordoado, não recordo ao certo o que mais fiz nesse dia, nem nos outros que se sucederam, mas passei a ler tudo que surgia sobre **DDA**.

Na verdade, antes de tudo isso, eu não fui um leitor compulsivo. Além de não ter tanta paciência assim, me perdia facilmente no meio de um parágrafo chato. Acreditava sempre ser mais proveitoso escrever nossas próprias histórias, marcando de grandes feitos as páginas da vida, ao invés de deduzir algumas coisas por relatos e contos. Sempre dei mérito no sentir, no fazer e no experimentar.

Em seguida, li *Princípios e práticas em **TDAH***, de Luis Augusto Rohde, Paulo Mattos. Cadastrei-me em fóruns sobre o tema na internet, recebia matérias *on-line* o tempo todo. Passei a respirar **DDA**, passando a compreender cada vez mais e melhor o meu mundo à parte.

Ficava frustrado, porém, ao notar o desinteresse de muitos diante de minhas explicações detalhadas. Entristecia-me também com a minha família, acreditando ser algo da minha própria imaginação. Como se fosse algo psicossomático, como se os livros me fizessem incorporar tudo que lia. E, embora vivesse uma necessidade incontrolável de querer desabafar com alguém que acreditasse no distúrbio, resolvi, por um tempo, não mais falar sobre **DDA**. Essa é boa! Devo ser ainda mais louco do que imagino para ambicionar ter um distúrbio neurológico.

É interessante registrar que no livro *Tendência à Distração*, de Edward M. Hallowell, M.D. e John J. Ratey, M.D., isso é citado entre o primeiro dos problemas mais comuns no tratamento do **DDA**:

> Certas pessoas, especialmente importantes na vida – pai, mãe, cônjuge, professor, patrão, amigo – não aceitam o diagnóstico de **DDA**. Eles não "acreditam" em **DDA** e não querem discutir sobre isso. É como se fosse contra sua religião ou visão de mundo. Eles fazem a pessoa com **DDA** se sentir uma fraude ou um impostor. Esse tipo de resposta descrente pode minar tanto a esperança que acompanha o diagnóstico, como o tratamento. Ouvem-se com frequência variantes do tipo: "esse tal de **DDA** não existe. É apenas uma desculpa para a preguiça". Empregue sua energia estudando e dando duro no trabalho, em vez de ficar perseguindo diagnósticos furados. Lidar com respostas assim

pode ser algo complicado. É melhor que o indivíduo com **DDA** não assuma sozinho essa responsabilidade, pois em geral isso provoca um impasse. É melhor que fique a cargo do profissional que fez o diagnóstico cuidar de qualquer ceticismo ou descrença que possa surgir entre os envolvidos com o paciente, sejam pessoas da família como um todo, ou o cônjuge, o professor, patrão, amigo, etc. O importante é a informação. Apresente à pessoa os fatos. Atenha-se aos fatos, deles se valendo para enfrentar a superstição, os boatos, o disse-me-disse, os preconceitos e a desinformação. Procure evitar debates inflamados. É comum usarem-se as objeções ao diagnóstico para esconder questões emocionais. Pode haver raiva da pessoa diagnosticada. Pode haver ressentimentos em relação à pessoa por todos os seus erros e não se desejar que ela escape facilmente com um diagnóstico. Querem punição e por isso ficam cada vez mais com raiva ante a noção de **DDA**, tentando fazê-la cair em descrédito. Nesses momentos é melhor ficar com a ciência, por isso permaneça com os fatos que temos a respeito do **DDA**. Em algum momento os sentimentos de raiva deverão ser tratados pelo que são: raiva em geral decorre de um comportamento passado irritante por parte da pessoa com **DDA**. Esses sentimentos são perfeitamente compreensíveis e válidos. Não deveriam, no entanto, ser usados para se invalidar um diagnóstico correto do **DDA**.

Entristeceu-me o comentário infeliz de um amigo, afirmando que seria ótimo ter **DDA**. Mais triste ainda em notar certo modismo em torno do distúrbio. Algumas pessoas que não tinham, queriam ter, prendendo-se apenas aos seus aspectos positivos.

O ser humano, muitas vezes, procura descobrir algo que torne sua vida mais emocionante. A monotonia é muito chata, o indivíduo precisa de algum significado na vida, um sentido diferente ou mesmo uma desculpa para seus lapsos. Apesar de amar o jeito **DDA** de ser, a intensidade, a impulsividade, o amor absurdo pela vida e pelas pessoas e viver feliz ao meu modo, nem tudo é uma maravilha. Há coisas que me atormentam nas atitudes e no meu comportamento. A própria impulsividade que magoa em fração de segundos, a intensidade que segue muitas vezes sem lógica alguma, agindo por puro instinto, a impaciência, a instabilidade de montanha russa no humor.

Lia depoimentos de amigos sofrendo com o distúrbio, principalmente em escolas, no trabalho e nos seus relacionamentos afetivos. Outros eram infelizes pelos esquecimentos de objetos, de datas, de números e de palavras. Muitos sofrem ainda na desorganização, chegando ao acúmulo incontável de pilhas com escritas e anotações, ou aquelas coisas por fazer, incluindo nesse rol os dias de mau humor sem motivo.

Em momentos de reflexão sobre o distúrbio e vendo a incerteza das vantagens e desvantagens, **DEMINCO** me repetia frases prontas: *Viver é fácil* MARCUS, *difícil mesmo é saber viver. E saber viver, muitas vezes consiste em saber tirar o maior bem do maior mal.* Precisava ver o **DDA** de modo positivo e não somatizar os erros. Graças a ele sou feliz em meio a toda essa agonia.

Lendo, pesquisando e estudando sobre tantos distúrbios diferentes, eu estava, de forma involuntária, fitando todos à minha volta com indagações do tipo qual o transtorno que cada um poderia ter. Agora entendo que muitos "esquisitos" nos olhem assim, ficando sempre um pouco sequelados (risos). Passei a viver aquilo tudo, a respirar **DDA**. Já não dormia direito e estava realmente ficando um chato. Só pensava e falava nisso em todos cantos, em todo momento. Foi tanta a euforia, que o melhor seria dar um tempo.

Para me tranquilizar e acalmar a minha mente, eu tentava continuar lendo paralelamente Zibia Gaspareto, Dalai Lama, ou algo que me desligasse um pouco. Mas meu amigo invisível não ficava quieto, sempre me cutucava alegando que eu precisava saber mais, muito mais. Era incrível como ele ligava meu botão de curiosidade. Assim, eu ia devorando os livros de Howard Gardner, de Freud, de Edward M. Hallowell, de John J. Ratey, Thomas W. Phelan, de Russel A. Barkley, de Daniel G. Amen, dentre outros.

Descobri por tabela o que é dislexia e como ela me perseguiu durante a minha vida acadêmica. Tinha apenas a dislexia na escrita (a disgrafia). Relendo os meus escritos guardados na gaveta, via como sempre antecipava as letras das palavras que ainda estavam por vir, trocando letras por números e algumas vezes mudando totalmente a palavra por outra semelhante. A dislexia pode ser resumida como o distúrbio de aprendizagem mais comum, provocando uma escolaridade limitada. De acordo com o trabalho de Albert Galaburda, em Harvard, sabe-se que:

> [...] o cérebro dos disléxicos parece ser diferente dos cérebros normais, contendo nódulos anormais no córtex cerebral. Esses nódulos podem interferir na forma como o cérebro percebe e processa os fonemas ou partículas sonoras que formam as palavras. Disléxicos são pensadores visuais e multidimensionais. São intuitivos e altamente criativos, sempre aprendendo mais facilmente "na prática". Por pensar visualmente, às vezes é difícil

para os disléxicos compreenderem letras, símbolos e números sem instanciá-los para a realidade através de métodos, como associação de palavras e símbolos com imagens ou então números e contas com dedos, podendo tornar a leitura mais laboriosa e lenta. O disléxico, na maior parte das vezes, possui QI acima da média e é muito criativo. O motivo está no fato de o lado direito do cérebro, relativo a essas duas qualidades, ser maior que o esquerdo, utilizado no aprendizado. Alguns pesquisadores acreditam que pessoas disléxicas têm até uma maior probabilidade de serem bem sucedidas. Acredita-se que a batalha inicial de disléxicos para aprender de maneira convencional estimula sua criatividade e desenvolve uma habilidade para lidar melhor com problemas e com o stress.

Particularmente, acho que ainda faltam relatos de como o teclado de um computador diminui a disgrafia. Até hoje, quando recorro a papel e lápis, vejo que isso se agravou. Já na digitação consigo melhorar, contudo trocar o F por V e o T por D é algo incontrolável, assim como na ordem: **EVARDADE** em lugar de **VERDADE**, enfim! Era apenas um problema em meu cromossomo #6.

Além do **DDA** sem hiperatividade e a dislexia, descobri um possível *output*, que é um problema expressivo de linguagem, afetando o que falo ou escrevo. Sentia que à medida que adquiria mais informação sobre **DDA**, em curto espaço de tempo, todo aquele conteúdo e dados técnicos específicos complicavam ainda mais meu *output*.

Confesso que uma coisa ainda foi capaz de me deixar mais triste: como resumiram um cara como eu, com tantas ideias, sonhos, projetos e tudo o mais em apenas três míseras letras? Isto, sim, me deixava triste (risos). Era preciso mesmo fazer piada, porque embora fosse excitante, às vezes me assustava o fato de ter um transtorno neurológico.

Voltando aos livros, deparei-me com uma afirmação depreciativa de um tal de Dr. Levine, sobre os portadores de dislexia: "Os disléxicos podem ser extremamente brilhantes, capazes de excelentes ideias, porém completamente incapazes de passar para o papel o potencial de suas cabeças".

Mesmo contra tantas adversidades, existia uma força dentro de mim que me fazia permanecer obstinado a escrever minha autobiografia, porque se tudo caminhava na contramão, o Dr. Levine esquecia que meu cérebro seguia justamente em sentido contrário, logo, não levei em consideração sua inoportuna afirmativa. Seria preciso juntar as ideias soltas e abstrair esse tipo de comentário.

Era certo que ainda teria um longo caminho pela frente e que, por algum motivo do distúrbio, poderia simplesmente largar tudo pelo meio. Precisava sentir-me um escritor. Sempre gostei de interpretar o personagem que eu vivo. Nos diferentes estágios da vida, preciso acreditar: sou o que faço.

É importante ressaltar a necessidade de sentir-me um escritor, criando em *myself* tal personagem ou ainda descrever-me no livro como sendo duas pessoas. São apenas formas diferentes, planejadas por mim para mostrar um pouco mais do mundo de um **DDA**. Vale realçar que não possuo nenhum tipo de transtorno de personalidade, nem os dos subtipos de *boderline*, muito menos narcisista ou histriônica. Até confesso que falo sozinho de vez em quando, não mais do que a normalidade, já que muitos "normais" fazem isso.

Quando eu era criança ficava sem saber para onde iriam todas aquelas informações que adquirimos com o tempo. Ficava imaginando o cérebro como um departamento cheio de armários e de gavetas, acreditava que alguns dados seriam inúteis armazenar ou simplesmente saber, como se tais dados fossem ocupar espaços que poderiam ser preenchidos de modo melhor.

Ainda hoje prefiro não ocupar tais gavetas com coisas inúteis, já que nossa cabeça não tem um botão para apagar todos os dados armazenados. Assim, o melhor é não preenchê-las. Tais dados continuarão guardados em algum lugar, e muitas dessas informações nós não precisaremos, também nunca iremos procurá-las.

Quantas coisas improdutivas aprendemos? Quantas fórmulas, dados, números? Queria apenas apagar alguns. Por que passei tanto tempo aprendendo equações e orações invisíveis? Os alunos fingem que entenderam e os professores fazem de conta que existe aquilo tudo e, ingenuamente, ainda pensamos que serão importantes em algum momento. E por que ninguém jamais me explicou sobre **DDA**? Isto, sim, precisava saber e nunca me explicaram.

Voltando aos meus arquivos cerebrais produtivos e à ideia fixa de escrever, passei a sentir um faro por psicólogos, psiquiatras e por todos os "esquisitos". Tinha sempre um atravessando o meu caminho. Seria pura coincidência ou eles existem mesmo aos montes? A verdade é que, quanto mais temos dimensão de uma dada realidade, mais percebemos o vasto universo que se estende por trás dele.

Φ Φ Φ

Em uma das academias onde trabalhei, conheci o Paulo. De cabelos grisalhos, espírito jovem, e com 43 anos, que não acreditaria que os tivesse, se o próprio não me confirmasse. Tatuado em um dos braços, um verdadeiro garotão, frequentava a academia diariamente, fazia natação, karatê e jogava bola aos finais de semana. Tivemos afinidade de cara.

À medida que conversávamos, eu ficava mais à vontade. Evidente que se tratava de um cara que, apesar de cuidar e de estudar pessoas que têm comportamentos atípicos, ele sabia exatamente a importância de cometer anormalidades em algumas ocasiões para sentir-se vivo. Confidenciava-me fatos de sua juventude que ele mesmo descrevia como fase "neurótica voluntária", suas experiências com drogas, mulheres e coisas fora de toda normalidade que imaginei fazer parte do seu mundo.

Passei a ver Paulo com maior frequência, o que atrapalhava um pouco até o meu treino. Queria dividir com ele algo mais técnico, saber seus conselhos e dicas. Logo, passamos a falar sobre o meu comportamento. Mas ainda me limitava a não mostrar tudo de uma vez, sei lá, poderia assustá-lo (risos). Ele, de imediato, foi me acalmando, dizendo que se tratava de um distúrbio simples e que ele também não era tão normal assim. Contava-me alguns casos de psicóticos e algo mais anormal, no intuito de me manter tranquilo. Afinal, sempre nos confortamos quando ouvimos: "EXISTEM CASOS BEM PIORES".

Além da paciência comigo e ser meu primeiro amigo "esquisito", aconselhou-me a praticar *yoga* para relaxar a mente, mas a simples ideia de permanecer sentado, imóvel, e meditando, me deixava totalmente impaciente. Descartei no mesmo instante. Ele ainda disse que se eu estivesse sentindo um maior desconforto mental, poderia fazer o tratamento medicamentoso, acompanhado de uma terapia cognitiva.

Evidente que Paulo, além de ser uma pessoa agradável, era um ótimo profissional. Sempre fazendo questão de afirmar sua inabilidade com pacientes portadores do Distúrbio de Déficit de Atenção, falando apenas dentro do seu limite de conhecimento dessa imensa complexidade da mente humana.

Contudo, concordamos que eu deveria imediatamente tratar minha insônia, pois isso me prejudicava visivelmente. Desde as olheiras, até meu mau-humor matinal, com aquele cansaço no final da tarde. Disse-lhe que tomava alguns remédios fortes quando ficava uma semana inteira sem dormir. Ele, preocupado e pacientemente, me explicava com detalhes os efeitos fisiológicos e os malefícios dos antidistônicos, me indicando um medicamento fitoterápico: o *Valeriane*.

Na primeira noite de insônia, recorri ao remédio e senti de imediato os olhos pesados e a certeza de que um sono profundo estava por vir. Rapidamente fui cochilando. Ao abrir os olhos, a triste surpresa: o relógio marcava três horas da manhã, e eu estava simplesmente ligado. Talvez fosse alguma coincidência. Na noite seguinte, após ingerir o comprimido do medicamento, fiquei totalmente aceso, mal conseguia fechar os olhos.

Como um bom **DDA** teimoso, achei que, tratando-se de fitoterapia, eu poderia tomar dois comprimidos em lugar de apenas um. Foi pior. Era como se tivesse ingerido um estimulante ou energético. Por não saber ou por esquecimento, Paulo não mencionou o fato de que para muitos **DDAs** a ingestão de alguns tipos de substâncias pode causar o que chamam de efeito rebote.

Ficava meio sem graça de confidenciar ao Paulo que havia decidido escrever um livro e, por isso, estava mesmo precisando da sua ajuda. Escrevia sem uma sequência lógica e, por vários momentos, fugia e retornava ao assunto. Era preciso ter algo que me ajudasse a seguir um único sentido na escrita.

Por diversas vezes tentava iniciar o texto, sempre sem sucesso. Um simples ruído era como uma bomba, suficiente para travar tudo.

DEMINCO, sempre inseguro, achava desnecessário contar. Dizia que Paulo acharia patético. Pensava que deveríamos apenas seguir meu instinto e sair escrevendo aleatoriamente, mas MARCUS já conhecia um pouco sobre as vantagens desses medicamentos.

Sabia dos seus benefícios na organização de um cérebro **DDA**. Lia relatos sobre escritores portadores do distúrbio do déficit de atenção, os quais utilizavam determinadas substâncias meia hora antes de começar a escrever e melhoravam muito na concentração.

DEMINCO fazia exatamente o contrário. Dizia que a mente não funcionaria com tanta espontaneidade e, sem o medicamento, as palavras seriam mais sinceras. Ele ainda me assustava, dizendo que as ideias também não seriam as mesmas, e que havia lido algo sobre impotência sexual. Mesmo com sua discordância, meu pouco bom senso estava decidindo por nós dois: precisava agora programar com Paulo o remédio específico e a dosagem.

No início, ele ficou sem acreditar que realmente eu escreveria um livro, mas demonstrei tanta vontade e verdade nas palavras que não apenas acreditou como se ofereceu para ajudar-me com o medicamento. Pensamos, de comum acordo, experimentar a *Ritalina*, apenas um comprimido de *Metilfenidato* 10 mg antes de escrever ou em ocasiões de maior necessidade de concentração.

Para minha surpresa, **DEMINCO** não apenas acatou a minha decisão, como deu uma brilhante ideia: iríamos escrever capítulos alternados com a *Ritalina* e outros sem a droga. Assim, além de ficar algo diferente para leigos, os estudiosos poderiam analisar a diferença e o efeito do medicamento. E, como sempre, eu ia me envolvendo com as ideias desse meu amigo **DDA**.

Não foi um casamento perfeito o meu primeiro uso de *Cloridrato de Metilfenidato (Ritalina)*. É estranho afirmar, mas, após tomá-lo, surgia uma triste sensação de normalidade. O mundo perdia cor, emoção, e metade do meu entusiasmo desaparecia. Não sei se todos reagem da mesma forma, mas simplesmente desgostava daquela onda de ser normal. Embora reparasse que o poder de foco fosse mesmo ativado, as ideias vinham em menor proporção e num ritmo mais lento.

Meu amigo invisível tinha razão e, ironicamente, resumia a *Ritalina*: "Minha diarista **Rita**" entra rapidamente no meu quarto e mentalmente coloca quase todos os papéis desarrumados nas gavetas corretas, mas esconde a poeira embaixo do tapete. Quatro horas depois, quando se vai, a poeira está voando novamente. Embora tenha renite alérgica, a poeira é o que mais gosto no meu quarto e sala.

Depois da medicação MARCUS parecia mais presente. Sob o efeito da **Rita** seria capaz de alterar ainda algumas coisas empregadas no local errado e modificar fugas do assunto em algumas linhas. Até pensei mais uma vez em retirar o termo adotado por **DEMINCO** de "esquisito" para os queridos estudiosos de nossa mente. Mesmo assim, achamos por bem mantermos as coisas na desordem.

Paulo Dois (como o chamaremos) foi meu segundo amigo "esquisito". Uma das pessoas mais inteligentes que já conheci. Um homem de fala rápida, que não se perdia em meio às suas palavras complexas e não fugia um só instante do seu raciocínio. Com óculos tipo fundo de garrafa, um metro e setenta de altura, distribuídos num físico magro, Paulo Dois fazia o perfeito estilo meio monge, meio samurai.

Eu estava frequentando um Curso de Extensão em Educação Física e ele era o coordenador do mesmo. Como um bom **DDA** que já estava há alguns anos sem estudar, ficava nos dias anteriores à aula sofrendo e imaginando como e o que poderia fazer para driblar o tédio de dois dias inteiros de curso.

Para minha falta de sorte, não havia janelas na sala de aula. Mal entrei na sala, fui logo à procura daquela velha cadeira bem no fundo, pensando comigo mesmo: E ENTÃO, JUNTOS, NOVAMENTE, EU E VOCÊ. Era realmente um grande desafio. Por mais que a aula estivesse interessante e o professor parecesse envolvente, a situação não conseguia sobrepor-se àquelas duras cadeiras de madeira e à toda minha impaciência.

Inquieto, experimentava todas as posições possíveis naquele curto espaço, entre a minha cadeira e a da frente. Saía da sala para beber água, ainda que não tivesse sede, ia ao sanitário várias vezes, mas o tempo simplesmente não passava. Finalmente, era chegada a hora do almoço e estava pronta a forma mais apropriada de fugir: sair para visitar uma tia que morava próximo ao meu campo de batalha e simplesmente não voltar.

No dia seguinte, prevendo que tudo fosse igual, tive o propósito de acordar mais tarde, com o intuito de chegar no meio do primeiro turno. Lá, chegando atrasado, dei de cara com o Paulo Dois na escada que nos levava até a sala. Além da agradável coincidência, tive a sorte de não receber nenhum tipo de sermão e, para minha surpresa, ele adorava um bom papo. Não acreditei quando, durante nossa rápida conversa, ele disse também coordenar um Curso de Psicanálise.

Era o perfeito amigo "esquisito" e tudo o mais que precisava saber sobre **DDA**, estava ali, diante de mim, tanto em suas explicações cognitivas e funcionais sobre o distúrbio quanto ao seu comportamento totalmente **DDA**. Disse-lhe que ainda estava meio assustado com a minha recente descoberta e que pretendia escrever algo sobre como aquilo tudo mexeu com a minha cabeça. Ele não apenas gostou, como se prontificou a ajudar-me em qualquer coisa que precisasse.

Paulo Dois era um **DDA** diagnosticado e afirmava que seus filhos também possuíam esse mesmo transtorno. Disse-me uma coisa que tive o cuidado de guardar em alguma gaveta útil de minha cabeça: "Uma pessoa com **DDA** é um gênio ou um frustrado em potencial".

Sabia exatamente o que ele queria dizer com aquela afirmativa e fazia sentido diante de todos os casos que havia estudado sobre pessoas com **DDA**. Poderia ter grandes ideias e tornar-me um homem realizado, como também poderia ter imensos projetos inacabados, o que me tornaria fracassado.

Muitos livros trazem ilações sobre o **DDA**, tomando-o como o "mal dos gênios". Mas, sobre distúrbio do déficit de atenção e genialidade, guardo o comentário de um amigo:

> Essa história de que os gênios são todos **DDA**, é um argumento característico da famosa Segmentação Sectária de Privação Relativa. É por isto que você vai achar listas de "gênios homossexuais" na comunidade dos Gays, "Judeus Incríveis" na comunidade ídiche, etc. É natural que as pessoas se fechem em comunidades, que enquadrem suas características, procurando o melhor delas no resto da humanidade. Mas é só isso. Ter **DDA**, usar óculos ou ser canhoto, não é atestado de inteligência ou burrice.

O apoio amigo e compreensível de Paulo e as palavras de reflexão de Paulo Dois, sem dúvida, serviram de incentivo e aumentavam ainda mais a minha determinação em seguir adiante.

CAPÍTULO 3

DDA por um DDA (Sem Ritalina)

Ainda que muitos estudiosos de saúde mental cheguem próximo de nossa compreensão, jamais estarão no interior do nosso córtex pré-frontal. Não saberiam exatamente sobre essa confusão interna. É tal a confusão que, mesmo nós não somos capazes de desvendá-la. Transformei minha inquietação em dúvidas, das dúvidas formulei um questionário com intermináveis perguntas. Na busca de, pelo menos, meia dúzia de respostas, estudei com afinco esse maravilhoso e complexo distúrbio.

Talvez fosse chegada a hora de trocarmos essa ordem: ninguém melhor do que o próprio **DDA** para descrever-se ou pelo menos tentar. Não sou médico, nem doutor no distúrbio do déficit de atenção. Sou apenas um **DDA**, disléxico e sonhador, tentando, contra todas as dificuldades, escrever um livro. Achei melhor prosseguir agora, boicotando os efeitos da *Ritalina*. Seria contraditório ditar o ritmo de minha vida, nem tão sequenciada, com algo que me ajudasse a organizá-la. Assim deixarei brotar o espírito espontâneo do meu amigo invisível: o meu eu **DDA**.

A primeira ideia não era a de escrever, ou mesmo iniciar o capítulo com esse parágrafo sem tanto motivo de estar no lugar em que está. Mas mesmo tendo esquecido como iniciaria, deixarei assim. Sei que ainda resta vestígio de bom senso guardado em mim, e que tenho também um pouco de equilibro racional em algum lugar por dentro de mim. Em alguns momentos, sou capaz de fazer muita força e, mesmo doendo, refrear tanta impulsividade. Posso, inclusive, conter-me ainda mais e quase bloquear essa intensidade enorme. Embora a disputa interna seja tão desigual e dolorosa, simplesmente não quero.

Ter esta limitação, acionando tais mecanismos de freios e de ponderações, é ser MARCUS. Quero os meus outros 90% sem respeitar regras, bulas, nem acertar todos os cálculos matemáticos. Prefiro apenas deixar livre e, se deixar ir, porque amo toda essa complexidade em que vivo.

Φ Φ Φ

Seria um cara comum. Sentia-me por diversas vezes tão pequeno em relação ao mundo, tão impotente diante de tantos sonhos. Passaria pela vida apenas como um personagem qualquer, se não fosse este meu amigo invisível, que se esconde dentro de mim, fazendo oscilar essa sensação de potência e incapacidade ao mesmo tempo, mostrando-me por diversas vezes que o absurdo mora ao lado. Tantos desejos audaciosos ali tão próximos. Os sonhos se tornando cada vez mais reais. O responsável por tudo isso é **DEMINCO**. Com ele vejo tudo sendo possível. Ao lado dele, me sinto tão poderoso, que seríamos capazes de conquistar o mundo em muitos momentos.

Ele fica assustado com a possibilidade de passar despercebido pelo mundo ou de ser incompreendido pelo outro. Fica paranoico só de imaginar deixando o universo, tudo permanecendo igual, sem nem perceberem sua ausência. A terra dando as suas tantas voltas, seus movimentos de rotação e translação, aquelas mesmas pessoas iguais no mercado fazendo as compras semanais, tudo continuando igual e ele sem virar notícia no fantástico... Nunca vi tanto entusiasmo, amor e intensidade pela vida. É contagiante sua companhia.

É pena que este amigo logo se vai, tão depressa quanto chegou, e para tão distante deve estar indo. Sem ele caio na mais profunda insegurança. Novamente, vem o medo de errar que me limita, a sensação de impotência que se escondia.

O que chamavam de DISFUNÇÃO CEREBRAL MÍNIMA, foi renomeado, após exaustivos estudos de Virgínia Douglas para **DDA** (distúrbio do déficit de atenção). **DEMINCO**, ainda incomodado por ter sido resumido tudo isso que sentimos (eu e os outros) em apenas três letrinhas, foi mais generoso em nos descrever, pelo menos em quantidades de letras, do que Virgínia Douglas. Somos AGONIADOS.

A agonia fica latente em suas fases de maior agitação. Se há que mandar um *e-mail*, fazer um trabalho e ainda telefonar para alguém, sabe que pode fazer uma coisa de cada vez, mas lá está o sujeito mandando o *e-mail*, fazendo o trabalho e o telefone encostado no ouvido, tudo ao mesmo tempo, até lembrar-se de ir fazer a barba, deixando tudo pela metade.

Se já acorda faminto, com aquele terrível gosto de insônia na boca, e for tomado por uma vontade incontrolável de comer banana com granola, sua agonia é tamanha que não tem paciência de parar, amassar a banana no prato e colocar granolas por cima. Simplesmente, sai comendo a banana e jogando os grãos na boca, simultaneamente. Com seu jeito irônico, disse-me um dia que os dentes, nesses "dias afobados", funcionam como liquidificadores.

Quando está assim não consegue concentrar-se em nada, ele não fica parado. Ver televisão requer um controle indescritível, ler um jornal ou um simples texto é quase impossível. Mesmo com tempo de sobra, ele parece estar sempre com pressa para alguma coisa, já o vi dar boa tarde ainda pela manhã.

Nessas épocas de maior agitação, um simples passeio pode virar uma tortura. Irrita-se ao andar com seus largos passos no shopping e alguém para ali, na sua frente, apenas para olhar uma vitrine. É como se interrompesse sua velocidade, parando por segundos seu ritmo mental e físico. Sinto que ele queria poder passar por cima de todos.

Pior ainda do que a "lerdeza" daquela mulher olhando vitrines é se, nesse mesmo passeio, meu amigo **DDA** com sua cabeça a mil der de cara com aquele conhecido cheio de problemas para desabafar. Ele logo pensa "que azar". Mesmo com sua tamanha perturbação, sei que ainda assim tentaria manter a mania de querer ajudar a todos.

Fazer uma dissertação sobre nosso comportamento **DDA** é algo complexo, pois nem sabemos ao certo como iniciar. Meu amigo invisível fica sempre agitado toda vez que se vê tentando descrever algo tão confuso por si só. Tenta rapidamente iniciar a explicação, prendendo-se a uma linha de raciocínio, mas logo é tomado por uma grande euforia. Cuida para não se perder em meio a intermináveis ideias, procurando no meio de incontáveis palavras embaralhadas em sua mente, a mais apropriada e capaz de explicar com toda clareza possível. Sabe, também, que precisa ser breve, pois pode esquecer tudo tão rápido quanto pensou.

Mas, se, por um instante, passar por sua cabeça que o que recebe a explicação não será capaz de compreender tudo em sua plenitude, brota uma enorme aflição. **DEMINCO** detesta ser incompreendido. Talvez tenha traumas por já ter sido muitas vezes ao longo da vida mal interpretado. Ele poderia facilmente ficar longas horas explicando tudo sobre o questionamento **DDA** ou apenas desistir de uma só vez. Tudo depende do tamanho da perturbação interna. Isso ainda lhe rende mais um rótulo em sua grandiosa coleção: além de desorganizado, bagunceiro, viajante, mal-educado, nessas ocasiões é um complexo ou um prolixo.

ESTADO DE ESPÍRITO

Há algum tempo li no livro *A arte da felicidade*, de Dalai Lama e Howard C. Cutler, que todo ser humano tem uma espécie de estado de espírito permanente, sendo inclusive provado cientificamente que pode ocorrer algo em sua vida que o deixe imensamente feliz como, por exemplo, ganhar na loteria, realizar aquele projeto ou concretizar um sonho antigo. Mas, após a alegria e o entusiasmo gozado, eles regridem sempre ao seu estado normal. Como pode também ocorrer o inverso, uma tragédia ou uma morte inesperada. Aí, então, a pessoa cai em desgraça, podendo mergulhar na mais profunda tristeza, ficando até deprimida.

Mas, após um período incerto, ela retomará aquele seu estado normal de espírito. Perfeita explicação para os normais. Só que, sua santidade Dalai Lama, havia apenas esquecido de um detalhe: relatar sobre os estados mutáveis dos **DDAs**.

Somos capazes de, em apenas um dia, experimentar todas as sensações humanas. Podemos acordar apáticos e sem motivação alguma ou então experimentamos estar deprimidos pala manhã. Continuamos tristes durante o café, depois alguma coisa banal qualquer faz voltar a acender aquele entusiasmo sufocante pela vida. Já no almoço voltamos à agitação que nos segue, vindo dúvidas, carregando lembranças inconscientes, voltando à insegurança inimiga que dormia. E, nesses momentos, ficamos sem um estado de espírito exato. Perplexos, perguntamo-nos se somos felizes ou não. Ao cair da tarde, um fato novo nos faz sorrir novamente e, com uma crítica mal colocada, nos invade um ódio profundo por alguém, saboreamos a mágoa e a autoestima destruída. Vem o alívio de ser tudo tão rápido e passageiro, porque de um simples nada amamos tão intensamente novamente àquela mesma pessoa. Tudo em fração de segundos! Finalmente tentamos dormir exaustos com toda essa metamorfose. Deve ser por conta disso que, mesmo em dias de poucas tarefas e afazeres, **DEMINCO** sente-se tão esgotado no final do dia.

Não sei ao certo em que parte do nosso cérebro, ou como isso ocorre exatamente, mas é certo que há implantado, dentro de nós, um mecanismo ou um *chip* que nos faz perceber, de imediato, os sentimentos em relação àqueles que nos cercam. Meu amigo invisível fica entristecido quando percebe num determinado ambiente que alguém não gosta dele, parece estranho afirmar, mas sei que ele realmente sente quando não agrada. Isso o incomoda, causa desconforto, no seu íntimo não enxerga os motivos para não ser querido.

Junto aos mais próximos, **DEMINCO** sente intensamente suas dores, tristezas, constrangimentos e medos. Ele sai de imediato na busca de todos os recursos disponíveis para confortar-lhes. Por isso, está sempre curando a todos com palavras ou gestos. Todos gostam de estar com ele, como se sugassem suas energias. É vibrante, o amigo que sente uma dificuldade enorme para negar pedidos, dizer um simples não, nas raras vezes que o diz, tal gesto o faz sentir-se culpado por algo indeterminado.

É incrível notar como ele não poupa elogios a quem precisa, mas confidenciou-me um dia ouvir bem menos do que gostaria. Houve ocasião que ouvia com maior frequência elogios sobre sua estética e, ao sentir-se bonito, **DEMINCO** começava a desfilar pelas ruas, escolhendo as mulheres mais feias para paquerar. E ia piscando os olhos para todas que tivessem aparentemente uma baixa autoestima: "Era a minha maneira tola de compartilhar aquela sensação gostosa de me sentir belo, com quem precisasse. Queria fazer com que elas também se sentissem bem".

DEVANEIOS

Um impaciente e agitado. Começa este livro com dois outros idealizados em sua cabeça. Corre escrevendo esse texto e modificando outros que ainda não iniciou. Conta-me que, muitas vezes, uma simples palavra traz mil ideias atreladas. Aí, fica agitado, corre para outras escritas onde acrescenta ou tira algo novo que veio do infinito ou do mundo da lua em que se encontra.

Pensa em tudo ao mesmo tempo, uma cachoeira de ideias. O que é espantoso é que são pensamentos distintos, outros muitos já tão adiantados. Confessou-me um dia que escreve os capítulos simultaneamente, visionando até sua entrevista no programa do Jô. Ele cria no presente, um possível diálogo no programa com as perguntas e as respostas. É capaz, inclusive, de dar altas gargalhadas antecipadas das brincadeiras do Jô. Pensando muito tempo sobre isso, sente até o ar-condicionado do estúdio e toda ansiedade para entrar no auditório...

Mesmo achando difícil tudo isso acontecer, de achá-lo um sonhador, sempre distante do chão, de cuidar para que ele não se frustre ou fracasse, ou ainda que perca seu precioso tempo com tais delírios, mesmo tendo todo esse cuidado, ainda assim, **DEMINCO** me faz ver tudo isso de forma colorida e verdadeira, me passa empolgação e entusiasmo. Sua ansiedade é tamanha que, às vezes, tem vontade de que o futuro se abra logo. Disse-me, certa vez, que, quando tudo ia muito chato e igual, queria uma droga que pudesse dormir três meses e despertasse apenas para ver se algo mudou. Mesmo sabendo que isso prejudica o presente, ele, por diversas vezes, está sempre na "saudade" do futuro.

Estar escrevendo junto ao meu amigo **DDA**, falando sobre nosso comportamento é imensamente excitante, sem a **Rita** seríamos capazes de desviar o tema a todo instante como fiz agora, porque a impulsividade junto à falta de atenção... Ah! Essa mudança de assunto que me persegue...

Mas, voltando a falar sobre sua falta de atenção... Às vezes, **DEMINCO** desfila tão aéreo pelas ruas, como se o mundo inteiro fosse fruto da sua imaginação, sendo ele a única coisa que existe no universo. Nessas viagens, simplesmente não enxerga as pessoas ao seu redor. Por pura distração, esbarra nelas, passando direto sem cumprimentá-las.

E as datas, os números ou os nomes que esquece? Não entendo, de fato, como isso ocorre, até porque ele pensa em tudo, a todo instante e a toda hora, talvez apenas não se lembre de lembrar-se na hora certa. É capaz de pensar no aniversário de um ente querido três dias antes, e só dois dias depois perceber que não o cumprimentou no dia exato. Como pode acordar pensando em tudo que deve fazer, lembrar onde colocou a chave do carro na noite anterior, imaginar o que vai tomar no café da manhã, programar a melhor roupa para vestir, e na hora exata de sair, atrasa-se sem motivo, sai correndo sem tomar café até chegar ao carro com a blusa aos avessos e notar que mais uma vez esquecera as chaves.

Os devaneios ou ausências repentinas nas mais inadequadas ocasiões seriam para mim nada mais do que uma fuga de algo sem tanta motivação. Em conversas chatas ou em ambientes cinzas, sinto que ele flutua em busca de algo motivador, saindo desses lugares atrás de mais emoção. Pode ser um sonho, uma ideia ou mil projetos simultâneos, o que importa é passar por cima do tédio. **DEMINCO** é capaz de criar e "assistir um filme" inteiro no meio de um papo monótono. Por isso, nenhum lugar é tão desagradável assim, porque se o for, simplesmente ele não permanece ali muito tempo.

É visível que os estudos sobre **DDA** ainda estão engatinhando. É fácil ler comentários tolos ou equivocados sobre nosso comportamento, assim como muitas coisas ainda são vagas. A falta de relatos, por exemplo, sobre o comportamento sexual de muitos **DDAs** reflete diretamente na falta de cumplicidade do "esquisito" e seu paciente. O fato de termos participado de fóruns *online* e de comunidades na *internet* sobre o tema nos fez perceber que realmente existe algo de diferente no comportamento sexual de muitos **DDAs**.

Muitos têm fases de hipersexualidade, outros hiposexualidade. Alguns acreditam que o sexo acalme. Uma coisa é certa: ser **DDA** é ser diferente e não seria no sexo que seríamos iguais, até por sermos tão intensos e impulsivos, podemos diminuir o freio que limita as pessoas na cama.

Por terem tanta intensidade e por terem tanto amor à vida, alguns (não são todos) carregam dificuldades enormes de serem fiéis, muitos traem apenas pelo espírito aventureiro e pela emoção, outros confessam que o fazem para testar seu poder de sedução ou ainda por ouvir elogios diferentes.

E, mudando de assunto mais uma vez (apenas para não perder a mania sintomática do **DDA**), as mulheres, ao lerem o que está dito aqui, podem não se identificar, pois falei que a maioria tem dificuldade em manter-se fiel e, também, por consciência de que os homens são a maioria dos portadores do distúrbio. As namoradas de **DDAs**, ao lerem, entendam que falei apenas sobre uma "TENDÊNCIA". Além das regras terem muitas exceções, não devem esquecer que a sua intensidade é infinita, e esse, além de ser fiel, pode ser o maior de todos os apaixonados. O **DDA** nunca passa como suave "brisa" na vida de alguém vem como um furacão, mudando os sentidos e os rumos, deixando experiências e marcas naqueles que surgem em seu caminho.

É uma aventura amar um **DDA**. Nunca se sabe qual ideia mirabolante está por vir. O que virá: um sorriso ou um olhar ríspido? Uma punição por algo simples ou aquele mau-humor por você não acompanhar a velocidade de pensar dele? Tanto pode vir um amor imensurável, presentes, palavras doces a toda hora, como simplesmente ele pode esquecer o que diria.

E as amantes de **DDAs** fiquem tranquilas: aventura é uma coisa importantíssima para eles. Sabem respeitar muito os seres humanos e vocês podem aproveitar as boas dicas que lhes darei ao longo do livro.

Voltando (estou sempre voltando de algum lugar distante) e, ainda sobre sexo, hoje entendo porque, aos dezoito e aos dezenove anos, eu já havia tido algumas ausências na cama com mulheres. Hoje, sabendo o que sei sobre **DDA** me perdoo por isso e, com certeza, o momento não foi capaz de ligar meu botão de hiperconcentração. Deveria ter saído da cama em mente e ir paro o meu mundo da lua. No entanto, de uma coisa recordo-me muito bem: isso ocorria de modo sequenciado e quanto mais tentava e não conseguia, aumentava a pressão e a autoanulação, imaginem tudo isso acontecendo na idade de aceitação e justamente no sexo, onde precisava desempenhar o maior de todos os meus papéis. A cabeça também naquela hora não parava de viajar. Assim, descobri uma tática infalível. Ao estar na cama com uma mulher e alguma coisa saía errada, lá estava novamente a pensar que não conseguiria porque estava no mundo da lua. Passeia imaginar uma lua repleta de mulheres belíssimas e sensuais, claro, isso deu certo, pois, lembre-se, se somos ausentes em momentos diversos, somos criativos por demais.

INSÔNIA

Duas e dez da manhã. Já iniciamos este capítulo diversas vezes. Devemos estar há algumas noites sem dormir. A insônia é algo terrível, como se o corpo estivesse cansado e a mente ainda estivesse agitada. Aí, vamos para a cama sem nenhum acordo, o cérebro, se separando do físico, sai vagando num ritmo frenético, buscando de imediato os assuntos ainda pendentes, como se precisássemos naquele instante de descanso, justamente de algo com que se preocupar. Pensamos em todo o dia de hoje. O que fizemos e o que falamos. Então, se nada houve de diferente ou preocupante, retrocedemos ao ontem e revemos o dia inteiro. Logo vem a dúvida: será que dissemos algo inadequado a alguém? Começamos a imaginar o que tem para ser feito no dia seguinte, e de repente, quando menos se espera, já estamos no banheiro daquela cidade do interior em uma das viagens que fizemos, lendo as frases escritas na porta, seguindo ligeiro e sem lógica para o pênalti perdido por Zico na copa de 86, cenas rápidas, que passam como *flashes*, porque, em seguida, sem nenhuma sequência coerente vem uma grande ideia: chamaremos Padre Marcelo Rossi para abrir o carnaval baiano com um bloco que já o nomeamos como o bloco da fé, todos de branco, passando paz e mostrando para o mundo a mistificação de crença do povo. E nos vemos diante do prefeito apresentando todo o projeto! Dentre alguns relatos que li sobre insônia, vale um destaque para ode Alberto Goldin, no livro *Freud Explica*:

> Vai ser uma daquelas noites. Sei com antecedência o que vai me acontecer. Vou me sentir uma idiota, uma espectadora do

silêncio. Os ponteiros do relógio circularão, monótonos, sem prestar atenção em mim. Horas inúteis, minutos vazios em que saio de cena e me vejo de fora. Minha situação atual, meu trabalho, minha vida darão voltas na minha cabeça. Repassei cada palavra da tensa discussão que tive com minha sócia. Será uma nova e interminável noite da qual levantarei mais esgotada do que quando fui dormir. A escuridão é insondável; a noite, misteriosa e minha vida revela-se patética quando, por falta de algo melhor para fazer, utilizo esse tempo para repassar, uma e outra vez, o filme da minha existência. Uma solução é contar carneirinhos, mas vislumbro um infinito rebanho para contabilizar sem que isso modifique minimamente minha situação. Fazia tempo que não acontecia; vinha dormindo bem quando hoje, justamente hoje, pensei nisto: invocar sem motivos os demônios da noite, talvez esse seja meu erro. Isso os irrita e agora não tenho como apaziguá-los. Talvez haja outras razões que ignoro. Sei que de manhã, na hora exata de levantar, a insônia acaba e aí morro de sono. O certo é que por agora estou aqui, esperando que alguma coisa aconteça; como, por exemplo, dormir.

Hoje, conhecendo melhor o meu amigo **DDA**, posso afirmar que suas noites de insônia vêm da indescritível sensação de perda de tempo quando se dorme. Sua paixão pela vida é tamanha, causando-lhe até certo desconforto quando se deita para dormir, sendo tomado pela dúvida de que poderia estar utilizando melhor as horas ou estar em algum lugar aproveitando a vida.

IMPULSIVIDADE

Se passo dias metodicamente iguais em minha rotina de trabalho, de estudos, de relacionamentos, se tudo caminha na mais perfeita sintonia e ordem, **DEMINCO** confessa sentir certa dor física. Logo me convence da importância de cometer uma loucura.

Precisamos de algo que faça o coração andar mais rápido para notarmos que estamos acesos e bem vivos. Como no dia em que tranquilamente me dirigia ao trabalho. Era terça ou quarta-feira, um dia comum e, sem nenhum aviso, meu amigo **DDA** acelera o carro e puxa loucamente o freio de mão, apenas para darmos aquele sensacional cavalo de pau. Ele adora fazer isso. Algo que sai da fusão da impulsividade e da intensidade clássica de muitos **DDAs**.

Gosto desse jeito dele e sabem por quê? Quando estamos em nossa cama abraçados ao nosso travesseiro ou conversando com a própria sombra, pensando em momentos maravilhosos já vividos, jamais recordamos a primeira prova do vestibular ou um sermão que a mãe nos deu por urinar fora do vaso. Por certo, lembramos as loucuras inusitadas que fomos capazes de fazer. Isso é importante, nos mantém motivados e marca a nossa vida. Afinal, o que é uma vida sem história? Ah! Sobre histórias e fatos, quero esclarecer uma coisa agora, antes que esqueça: o **DDA** não é bem um mentiroso. Apenas gosta de colocar mais cor, mais luz e mais tempero nas histórias antes de contá-las.

Por diversas vezes, as palavras faladas por meu amigo **DDA** são capazes de sair sem que ele nem mesmo tenha tempo para avaliar a medida exata do seu peso. Muitas ocasiões inoportunas e comentários infelizes são mais sofridos para ele que as diz do que quem se magoa ao ouvi-las.

Sobre as nossas palavrinhas que saem antes mesmo de pedir licença para aquele *freiozinho* que os normais têm no cérebro, as nossas saem e só depois aciona o bom senso, às vezes, bem depois. A verdade é que a impulsividade verbal e a agonia são tão grandes, que adoramos inventar palavras que não existem.

Certa ocasião, eu, meu amigo **DDA** e uma outra pessoa estávamos juntos e **DEMINCO**, todo entusiasmado, queria contar-lhe sobre uma mulher linda, que estava super arrumada numa festa a que tínhamos ido. Ela, cheia de não me toque, com salto alto de cor vermelha e um lindo vestido longo. Meu amigo **DDA**, buscando a palavra mais adequada para descrever aquela bela mulher, simplesmente saiu com esta pérola ao vento: Era uma mulher "ESPUFETALANTE". Creio que era algo relacionado com esplendorosa sei lá.

Ainda me recordo que, em certa ocasião, queria descrever para alguém que uma pessoa cometeu um gesto brusco e rude com a namorada. Não achei a palavra imediatamente porque pensei em muitas. Na afobação, **DEMINCO** me grita nos ouvidos e eu repito: "UMA ESTORVADEZ!". Ele tinha feito uma "ESTORVADEZ", uma estupidez bem intensa, ele quis dizer.

Ou, como naquele dia, enquanto ainda namorava uma morena e estávamos assistindo um desfile com um casal de amigos. Tudo ia muito bem, a festa, a música, o *Buffet*, um evento lindíssimo, até entrar na pista aquela loira fatal. Fiquei com o olhar fixo acompanhando-a até cruzar a ponta da passarela. Veio, do além, uma impulsividade sincera e um desligamento. Enquanto ela desfilava,

DEMINCO disse no meio do grupo: "LOIRA É LOIRA". Todos olharam assustados, inclusive MARCUS.

Teve ainda a história de um dentista infeliz. Após relutar marcar meu retorno ao dentista, acabei por fazê-lo. Talvez por medo, levei minha namorada a tiracolo. Após o doutor me fazer deitar naquela cadeira sadomasoquista, me enfiar um cano sugando não sei o que, encher minha boca de água, mandar-me cuspir e limpar a toda hora, enfiando ainda pela boca aquele espelho redondinho e ridículo, causando-me um enorme sofrimento, ele simplesmente diz diante da minha namorada:

— Você está cheio de placas bacterianas e de tártaros.

Eu não percebi o quanto **DEMINCO** tinha se irritado com a forma indelicada do dentista dar o diagnóstico, justamente, na frente da garota. De imediato, respondeu-lhe:

— Pior é a quantidade de caspa que cai da sua cabeça em sua roupa e as sobrancelhas que ficam como neve.

Sem dúvida alguma, a pior situação com as "palavras de vida própria", aconteceu indo ao banco em busca de um empréstimo. Era uma fase de pouco dinheiro, tinha procurado uma instituição financeira com a finalidade de um pequeno empréstimo para pagar a prestação do carro. Lá chegando, após situar-me naquela movimentação característica de uma agência bancária, achei a fila em que deveria ficar. **DEMINCO** já se contorcia na poltrona, virava de um lado para o outro, cruzando e descruzando as pernas, amassando e desamassando o papel com o número de sua senha. Conseguimos de longe visualizar o gerente, meu amigo **DDA** já estava agitado, me cutucando que não tinha ido com a cara do sujeito. Mas, ainda assim, sabíamos que precisaríamos dele e teríamos que manter a conduta. Fiz força para esconder o meu amigo **DDA**.

Por fim, sentamos numa cadeira à frente do gerente, preenchemos um formulário enorme, duas páginas de perguntas sem motivos, tudo ia aumentando a impaciência de **DEMINCO**, que já mostrava, enquanto escrevia sua dislexia. Meia hora depois e, aparentemente tudo certinho com os papéis, não é que o fulano pergunta para que queríamos o dinheiro? Para que finalidade seria o empréstimo? Meu amigo **DDA** ironicamente e de bate pronto respondeu:

— Para comprarmos droga e revendermos. Vivemos disso.

Por sorte o gerente não levou a sério, dando boas risadas, dizendo ser praxe do banco esse tipo de questionamento. Ele não sabia que era uma prática de **DEMINCO** esse tipo de resposta às perguntas cretinas.

"Sinto, às vezes, vontade de falar algo, que voa tão ligeiro quanto os meus pensamentos. Antes mesmo de verbalizá-las, sinto que as mesmas não acompanham o meu ritmo mental. Aí, já não berro o que iria berrar, e me calo. Essas palavras se perdem nas gavetas das repartições do meu cérebro. Um dia, quando menos esperar, elas sairão, preciso delas de alguma forma. Outras palavras serão mais trabalhadas, filtradas, e até bem ensaiadas, mas, na hora exata, se perdem facilmente, tamanha a diferença intencional momentânea. Perco o ensaio e os ajustes verbais o tempo todo, mas, na maioria das vezes, as ideias simplesmente saem sem ensaio, sem filtro, sem saber de onde elas vêm, isso quando não as esqueço".

INTENSIDADE

Mesmo desconhecendo todas as categorias, certamente **DEMINCO** pertence à classe dos **DDAs** do subtipo mais intenso que possa existir. Os loucos pela vida querem tudo ao mesmo tempo e imediatamente. Ele queria poder estar em três lugares na mesma hora.

Tamanha intensidade, às vezes, é prejudicial. Tudo é imenso, sem meio termo, ele voa entre os extremos, é oito ou oitenta. Inclusive sempre afirmou detestar o meio, assim como o domingo e as vírgulas.

"O meio é algo indeciso. É não estar em cima ou embaixo, não ser feliz ou triste, é ficar morno" é o que escutei de uma amiga com **DDA** certa vez: "SEJA QUENTE OU FRIO. Só NÃO SEJA MORNO QUE EU VOMITO". Acho também que é bem por aí.

O domingo é estar perto da segunda e, como sou um futurista, sofro antecipadamente imaginando a terrível segunda-feira.

E a vírgula? Bem, a vírgula é o freio que detesto, é parar e refletir, é interromper um parágrafo espontâneo.

Às vezes, deparo-me com um problema ainda tão pequeno, mas ele enxerga aquilo com uma grandiosidade que passamos a fixar o que era tolo como algo alarmante, capaz de nos entreter durante dias, horas, ou o tempo necessário até que encontremos outro problema. Às vezes, sinto que ele precisa de algo com que se preocupar.

Muitos o chamam de exagerados, outros de dramáticos. Quando estou com **Rita** e afastado de **DEMINCO**, tenho o discernimento de compreender todos os que o interpretam assim, mas tudo depende da proporção da vida de cada um.

Na vida de meu amigo **DDA**, tudo é verdadeiramente grande, suas dores serão sempre mais fortes, assim como suas histórias sempre mais impressionantes. A intensidade nem sempre surge bem direcionada, muitas vezes é algo sem limites. E, sem controle, toma conta do meu amigo **DDA**, despertando nele um desejo incontrolável de algo diferente. Nesses dias, ele é tomado por um espírito aventureiro e sai em trilhas, às vezes, tais caminhos são egocêntricos, na busca de emoção, de aventura ou de algo maior, como há anos atrás.

Namorava a Izabele, uma linda garota, experiente e cheia de ambições profissionais. Bele, como a chamava, tinha longos cabelos cacheados numa cor diferente, meio castanhos claros com mechas cor de mel, realçando ainda mais seu tom de pele clara.

É verdade que ela insistia para que meu amigo estudasse mais e tivesse uma meta profissional, talvez apenas isso, um dos poucos motivos dos raros desentendimentos entre os dois. Seria a mulher ideal, se não fosse o espírito aventureiro de **DEMINCO** a querer tudo.

Era semana de provas para ela, isso **DEMINCO** até compreendia, porque além de estudarem na mesma escola, embora em turmas diferentes, ele também estava na semana de avaliação. Mas ela estava entretida demais com os estudos e ele, como sempre, nem tanto. Ser a semana das ultimas avaliações do ano não mudava em nada seu calendário interno, o desejo surgia inconsequentemente.

Na frente da escola, tinha encontrado uma ex-namorada, alguém por quem ainda nutria muito afeto, até porque meu amigo sempre guarda o carinho dos que fizeram parte de sua vida. Sua ex., de nome Laura, permanecia, como sempre, sexualmente atrativa, loira e alta (como a dos desfiles), e com um charme irrecusável para qualquer um, imaginem como se sentiria o meu amigo **DDA**.

Depois dos ardentes cumprimentos, ela foi questionando se ele estava namorando. De imediato, disse-lhe não, era a resposta óbvia, depois perguntou o que faria na sexta-feira à noite, claro, ele nem mencionou que teria prova no sábado, ainda cedo, e muito menos fez força para recusar o convite de tomarem vinho em sua casa, já que os pais dela estariam na fazenda.

Em sua cabeça já estava tudo certo, dormiria por lá mesmo e, como ela morava em frente à escola, bastaria atravessar a rua no sábado e estaria pronto para fazer a prova. Até ai parecia tudo tranquilo e normal, só que uma coisa foi mais atrativa do que o charme de Laura, a amiga que estaria com ela no apartamento.

Esse papo ocorreu ainda na quarta-feira, e **DEMINCO** não conseguia fazer mais nada além de ficar agitado, imaginando as duas amiguinhas juntas, o vinho, o apartamento vazio. Durante os devaneios, surgia Bele, com seu jeito todo cuidadoso avisando sobre os assuntos que ele teria de estudar para as avaliações. Ela foi se prontificando a ajudá-lo. Na véspera do encontro com Laura, meu amigo carregava uma culpa, um peso nas costas e na consciência. Ele me contou que antes de sair ao encontro das duas amigas, vinham filmes na sua cabeça; a imagem dela, calmamente, lendo os livros de que precisava, enquanto ele, deitado no seu colo, não entendia nada.

Mesmo com todo esse duelo interior, ele foi e, no caminho, aconteceu uma coisa estranha. Começou a torcer para tomar um bolo, rezava para que as meninas não estivessem lá, Laura era fogosa, mas se aparecesse um programa que achasse melhor não pensaria duas vezes.

Chegando à porta do edifício onde a sua EX morava, agitado pela briga íntima da culpa com a intensidade, teve sorte quando o porteiro lhe disse que Laura tinha saído. **DEMINCO** me disse que, naquele momento, sentiu um grande alívio, embora não quisesse, não era capaz de recusar, e não acontecendo por força superior, não carregaria a sensação de que perdera algo interessante.

Um sentimento intenso e verdadeiro se manifestava nas mais inesperadas ocasiões. Certo dia, após terminar de dar aulas pela manhã, na academia, **DEMINCO** aproveitou sua disposição matinal e resolveu antecipar seus exercícios físicos vespertinos. Então, ao invés de praticar musculação no final da tarde, faria logo cedo, assim sobraria mais tempo pela tarde para fazer algo que ainda não sabíamos o que seria. Mas sabia que, quando a empolgação chega, o melhor é não adiar. Aproveitou, fazendo logo tudo, até a energia acabar.

Cansado e ainda bastante suado teve todo cuidado de tirar a camisa que, encharcada de suor, poderia sujar o banco do seu carro. Após sentar numa grande toalha colocada perfeitamente sobre o assento, engatou uma ré e saiu com a certeza de que regressaria para casa.

Como nada em sua vida poderia ser tão previsível assim, ao parar, na primeira sinaleira, foi capaz de, à distância, escutar um humilde guardador de carro cantando erradamente a canção *With or Without You* do **U2**, sua banda predileta. Foi o suficiente para que o meu amigo **DDA** encostasse o carro, vestisse a camisa ainda molhada e saísse em direção ao rapaz que, sem entender, tomava um susto com tanta simpatia.

Lá estava meu amigo invisível, em pleno sol do meio dia, cansado e com fome, querendo saber tudo sobre a vida daquele guardador de carro. Ele era verdadeiro em suas intenções. É fascinado pelas pessoas, quer saber a vida do lado de dentro das pessoas, acha sempre que todos têm um universo infinito guardado, escondido. Descobria que, no aparente miserável, em seus trajes simples e em seus grossos pés descalços, se escondia um menino sonhador que, dentre as muitas ambições possíveis, queria apenas assistir um show do **U2** uma vez na vida. Aquilo conquistava meu amigo de tal maneira que, se pudesse, ligaria para o Bono, no mesmo momento, e bancaria um show apenas para aquele fã especial.

Diz que é assim que descobrimos as pessoas. "Precisamos apenas ser sinceros com as pessoas, deixá-las voar para que nos mostre seu mundo escondido. O ser humano está mais frio e, timidamente, não esbanja tantas emoções e entusiasmo. Devemos ajudar, eles precisam sentir-se importantes, raros e especiais, eu posso fazer e faço isso sempre".

Por mais que o hálito forte de bebida alcoólica já incomodasse meu amigo **DDA** e a fome o cansasse ainda mais, ele saía de lá com a real sensação de que ouvira alguém que há muito tempo não tinha sido escutado com o coração, e me afirmou ter plena certeza de que aquele simples guardador de pés descalços sentia-se mais gente naquele dia.

DEMINCO ama viajar pelas cidades do interior do Estado. E já o fez tanto que não mais consegue recordar os seus nomes, adora saber das mais absurdas histórias ou estórias dos mil idosos matutos das roças. Seus hábitos, costumes, crenças e, principalmente, seus remédios caseiros.

Jura fazer isso da forma mais espontânea que possa existir e afirma também não ter sempre a mesma paciência. "Estou às vezes numa velocidade interna tão avassaladora que não consigo ver as pessoas à minha volta e escutá-las seria não lhes dar importância, prefiro não as ouvir nessas horas, e depois ainda me sinto egoísta por isso. Quem entende? Quando paro e escuto alguém, quero estar dentro dela como uma hóstia, do mesmo modo quando beijo uma mulher que gosto, quero transformá-la em comprimido e engolir, sou assim".

Não colocaria isso agora, mas, aqui, ao meu lado, ele, ainda muito emocionado, pede insistentemente que eu descreva o que sentiu naquele sábado. Meu amigo **DDA** estava feliz (o que não é raro), tinha tomado um banho morno, e muito bem arrumado saía ao encontro de outro amigo **DDA**. Haviam marcado o cafezinho de sempre na livraria, onde aproveitariam e conversariam sobre o livro.

Com os cabelos molhados e um belo óculos *Ray-Ban* saía de casa sem nenhum tipo de pressa (isso sim é raro). Ainda cantando desafinado e aos berros a mesma música que era tocada na rádio, avistava de longe e pelo para-brisa do carro uma multidão se formando no meio da rua. Sentia que boa coisa não era. Seu corpo ia gelando com sudorese nas palmas da mão. No ritmo do congestionamento que fazia no local, ia aproximando-se e viu o que jamais esqueceria: o pequeno corpo de uma pobre criança que tinha acabado de morrer. Era um negro e magro menino que, cegamente, atravessara a rua na disputa com outros para ver qual deles pegaria primeiro uma pipa. A pancada havia sido tão forte que, além do carro totalmente amassado, a cueca saltara do seu delicado corpo até seus pés descalços.

Lembrou rápido, como um *flash*, dos pés descalços daquele mesmo guardador de carro. Passava a pensar na criança, quantos sonhos ficaram enterrados ali, no chão daquele escaldante asfalto. E seus pais onde estariam? Como reagiriam? E a pobre moça que o atropelou, como ficaria? Aquilo tudo lhe fazia um mal indescritível, sua sensibilidade era externada em dor física, e se manifestava em fortes dores na cabeça.

Obviamente seu alegre dia foi imediatamente preenchido com indagações do porquê daquilo tudo.

Na volta do melancólico café teve ainda que passar pelo mesmo local que, ainda molhado de sangue, fazia meu amigo invisível chorar lentamente.

No dia seguinte, ao mostrar o primeiro sorriso, sentia egoísmo de ver que ele ainda era o mesmo e que a vida seria igual, embora o menino não existisse mais. E me disse:

"Ontem, amei e sofri cada cicatriz daquele frágil corpo. Meu amor pela vida é algo "inadjetivável", amo tudo que possa fazer parte dela, inclusive amo cada ácaro do meu travesseiro".

Terminarei com alegria resumindo essa intensidade, como naquela balada com os amigos. Não é algo difícil, convencer um **DDA**, como eu, a ganhar a rua. Mesmo sendo véspera de um dia inteiro de trabalho, a inconsequência sempre falou mais alto em mim. Sem um local definido, combinamos sair. Eu (e meu **DDA**) e mais dois amigos. Sem rumo, paramos em um barzinho da orla e bebemos algumas cervejas. Os bares da orla são as táticas utilizadas pelos jovens de classe média antes das casas noturnas, já chegamos alegres nas boates, assim não gastamos tanto, bastaria "completar o tanque". Ao som de música *Techno* e regado a doses caríssimas de tequila, dançávamos e perturbávamos a festa inteira. Viramos a noite e deixamos a boate já com o dia nascendo. Embora acabados, compartilhávamos ainda um quente mingau de tapioca, víamos o brilho do sol despontando no horizonte, e com os primeiros raios do dia, a satisfação interna de que tínhamos aproveitado cada segundo daquele instante.

Um susto! Nesse exato momento, meu cachorro passa sua língua gelada sobre o meu pé e late, bem aqui, ao meu lado, e o seu latido leva o que restou de minha concentração nessa hora. É como se acordasse, perdido em meio à tela cheia de palavras que não sei ao certo sua origem. Está quente no canto da sala onde escrevo, vou ligar o ventilador e volto...

Aproveitei para tomar um cafezinho, três e dez da manhã. Puxa! Tentarei me conter para não digitar tantas exclamações como gostaria. Puxa! Como amo às exclamações e as reticências... Como seria bom também se não existissem as vírgulas e pudéssemos sair escrevendo, sem ordem alguma, apenas de forma espontânea. Mas falávamos do cafezinho que tomei, correto? Isso me lembra de que sempre fui viciado em café. Além de ter a sensação de me acalmar e manter-me mais concentrado, era uma ótima desculpa que usava para sair das salas de aula a todo instante.

A criatividade existe, não de forma ordenada, mas em proporções absurdas. As ideais não surgem do nada ou por acaso. É como se tudo que lesse, escutasse ou visse, ficasse guardado e registrado em "gavetas" separadas da mente. E um dia, quando menos se espera, um estalo, um *insight. Fiat Lux.*

DEMINCO sempre teve o sonho de escrever um livro. Sentia-se um poeta, um pensador ou na verdade um mero filósofo. Seus textos e suas reflexões encontram-se empilhadas em meu quarto até hoje. Muitos deles sem fim, outros fantásticos. Era sua tentativa de colocar tanta agitação para fora da cabeça. É fascinante ler seus textos cheios de erros ortográficos e sua dislexia aguda. A velocidade das palavras no embalo de seus pensamentos.

Por fim, tentou algumas vezes, em vão, escrever algo apenas sobre aquilo que pensava. Pelo que recordo não chegou à quinta página, logo se desligou desse projeto, mas não sabia que a ideia ainda permaneceria guardada em uma gaveta qualquer de sua cabeça confusa.

Logo descobre o **DDA** em sua vida e começa a estudar sobre o distúrbio. Percebe como o mundo tem pressa para tudo, como os distúrbios vão vindo em proporções preocupantes. Crianças que adoecem precocemente de doenças neurológicas. Lia sobre crianças depressivas aos três, quatro ou cinco anos de idade e nota que o mundo teria pressa demais para tentar entender os seus poemas e as suas ideias. Outra informação que fica escondida em algum departamento da mente.

Meu amigo também lia livros sobre a vida de gênios famosos como *Mozart* e *Beethoven*, e se questionava: por onde andariam os gênios? Será que eles ainda existem? Se o mundo tem pressa como iria notar um? Lembra rapidamente daquela frase, do coordenador de um curso de psiquiatria "O **DDA** É Um Gênio Ou Um Frustrado Em Potencial". **DEMINCO** sabe disso e, como uma bomba, surge um *insight*. As ideias saem voando das gavetas distintas e todas se encontram perfeitamente.

Volta o sonho antigo do livro mudando o tipo, vem a urgência de falar de coisa moderna (**DDA**). Lembra-se da pressa do mundo egocêntrico, que não se interessa mais em poesias e não tem tempo para interpretações complexas. É a prova final de sua vida, será um gênio ou um frustrado, não porque se sinta um gênio propriamente dito, mas sabe em seu interior o potencial das suas ideias e a dificuldade de terminar algo. O não concluir para um **DDA**, embora seja algo comum, causa-lhe também grande sofrimento.

INDECISÃO

Não sei se vem a ser indecisão, pois ela é invisivelmente tão grande, a ponto de tornar-se indeciso em descrever-me. A verdade é que acredito sempre: o que fiz, poderia ser ainda melhor, e talvez a baixa autoestima tenha me feito criar um escudo de um perfeccionismo idiota, sempre buscando estar próximo da excelência e, nessa busca, cobro tudo que posso ter e possa dar, e ainda que chegue perto, acho que estou distante do que é perfeito.

Controlo-me, mais uma vez, para não retornar aos capítulos anteriores e corrigi-los, modificá-los ou simplesmente me anular, isso se não me abater por uma crítica infeliz por causa daquela vírgula que tanto detesto e que não a coloquei no momento certo daquela linha torta. Como tudo em mim são polos extremos, assim como acho a ideia do livro formidável, sinto-me também fazendo um papel ridículo. Do mesmo modo que amo e odeio em frações de segundos. Ainda que a incerteza me acompanhe, vou até o final para desvendar se estava certo. Tudo em minha vida é imenso, posso sofrer demais com meu erro, como posso também logo superá-lo e voltar um degrau mais alto do que o que caí. São muitas as manias que carrego. Uma delas é a de sempre achar que por mais que detenha conhecimento sobre algo, alguém sempre saberá mais do que eu. Não sei onde perdi a segurança, não sei em que escola eu deixei as certezas, não sei qual dos apelidos me anulou, tampouco das coisas que adiei qual seria a mais importante, não descobri ainda em qual das minhas pilhas de escritas ficou guardada a minha melhor ideia, mas tenho sempre a sensação de que simplesmente o melhor ainda está por vir. Deve ser por isso que amo o futuro e não comemoro com toda emoção os aniversários, tenho plena certeza de que a melhor celebração ainda está por vir. Assim como o próximo capítulo...

CAPÍTULO 4

Começando Pelo Meio (Com Ritalina)

Então, aquilo que eu temia estava começando a acontecer. E a tarefa solitária de continuar escrevendo passava a virar um drama. Sozinho, diante do monitor, dava conta do tamanho da desorganização que se acumulava em trechos perdidos dos capítulos. Algumas ideias eram anotadas num caderno que levo no meu carro, parando em qualquer lugar para escrever cada pensamento "brilhante" que tenho enquanto dirijo outras salvas em muitas pastas separadas em arquivos no computador. Virou um quebra-cabeça de mil peças, como se estivesse começando do final e terminando no começo. Era quase impossível sentar e buscar onde estaria cada parte da sequencia.

Logo fui tomado por um tédio inexplicável, não tinha mais aquela determinação e nem a certeza do que estava fazendo. A vontade desaparecia, dando vida ao sentimento de fracasso. Fui dominado pelo desânimo, vendo as ideias nascerem numa menor proporção. Incerto, pensei em abandonar mais um projeto, faria outras coisas.

Percebendo, porém, estar a cair nas próprias armadilhas do distúrbio, passei a brigar contra a dúvida da minha capacidade. Tentava lembrar-se de todos os motivos para não me sentir um fracassado. Passei a focar-me nos grandes feitos realizados e recordar os elogios recebidos. Mesmo lutando contra tudo isso, parecia mais forte do que eu. E, com a certeza de ser mais um sonho abortado ou sem conclusão, mantive-me desligado de tudo.

Três semanas depois do capítulo anterior voltei a escrever

Nenhum lugar mais apropriado para descrever o início do meu **DDA** do que aqui, rabiscando com caneta azul, atrás do formulário desse longo curso de extensão em educação física. Primeiro, pela falta de identificação da aula com o que busco hoje. Segundo, que por mais que tenha nascido com essa disfunção, manifestando-se em muitos momentos da minha vida, seria justamente numa sala de aula, como esta, onde tudo começaria a ficar evidente.

Após uma longa semana arquitetando o que carregaria consigo para que pudesse acelerar os intermináveis minutos do curso, **DEMINCO** pensava que pudesse ser desde uma almofada para amaciar as eternas cadeiras duras de madeira até um rádio fone para preencher o fúnebre silêncio da sala de aula. Por fim, decidira levar apenas um caderno. Além de ser útil para escrever conteúdos do livro, seria uma opção a mais de distração. Meu amigo **DDA** está sempre esquecendo coisas metódicas assim, talvez, por isso, este capítulo ficou parcialmente perdido em páginas soltas como as da aula de ética.

Passando este texto escrito à mão integralmente para o computador, voltava a dar conta dos fortes traços disléxicos. É como se ele tivesse pressa em passar para o papel todas as ideias, na mesma velocidade dos pensamentos, por isso saía atropelando tudo.

DEMINCO ainda me conta que, enquanto criava este texto, tomou enorme susto ao receber em mãos a lista de presença. Sua agitação foi tanta que, na própria assinatura, não colocou inteiramente a letra I, substituindo-a apenas por dois pontos.

Narrando a dislexia nessa mesma folha, anotou: "O desconforto da disgrafia me causa um **CENRTO** (vejam como ele escreveu CERTO) nervosismo. Achei satisfatório **MANETER** (manter, outro erro)". Deixamos dois erros destacados para compartilhar com vocês mais uma agonia.

Pedia-me com certo constrangimento sigilo sobre os seus trocadilhos. Não sabia exatamente se vinha da dislexia ou de alguma espécie de demência.

Atualmente *psique* era a palavra mais vista e estudada e, embora lida quase diariamente, sempre tivera dúvidas de como a escreveria. Assim como até hoje meu amigo **DDA** não tenha certeza se é um exagerado com Z ou X, embora tenha escutado sempre ser um.

Meu amigo **DDA** fez uma pequena pausa na escrita tentando dar atenção ao senhor que comandava a aula. E por mais que tentasse manter sua mania de não desmerecer ninguém, dessa vez seria em vão. Olhava para o professor como se ele falasse mudamente.

Pedindo licença educadamente, **DEMINCO** deixa a sala de aula com uma cartela de *Ritalina* no bolso direito, compra na própria cantina do curso um copo pequeno de água. Decidindo, por nós dois, tomar um comprimido para disfarçar o que somos de fato por quase quatro horas.

Voltando à sala em curtos passos na direção da cadeira, ia sentindo aos poucos MARCUS dominando meu **DDA**, anulando assim tanta agitação por um momento infeliz de tornar-me "normal".

Aproximadamente vinte minutos depois, e já bem acomodado, percebia tudo girando mais lento. Era estranho, mas não tinha mais tanta pressa assim, as pessoas pareciam estar numa sintonia diferente. Logo todo o mundo desaparecia a minha volta. Poderia facilmente, de agora em diante, anotar todo conteúdo que o professor colocava cuidadosamente no quadro.

Aproveitei a presença de **Rita** (*Ritalina*, como fora mencionada anteriormente) para continuar escrevendo. Era como se tudo ao meu redor ficasse incolor, apenas eu, a mesma caneta azul e aquele formulário existiam. Mal conseguia reparar no arranhão do meu relógio que estava no mesmo pulso que, tranquilamente, segurava o caderno.

A concentração era tamanha que, somente ao decidir trocar de posição na qual já permanecia por muito tempo, senti câimbras nas duas pernas.

Logo eu sentado assim tão quieto? Por um minuto meu amigo **DDA** lembra-me que não sou tão calmo como me revelava naquele momento. Então, sabendo que sou mesmo agoniado e ciente de que estou sob efeito do medicamento, passo a testar a eficácia do remédio.

Resolvo propositadamente tentar desviar minha atenção. Largo a caneta já com calo no dedo indicador direito e saio olhando para todos os lados, procurando alguma coisa diferente, uma mulher bonita ou uma roupa bem colorida. Paro ainda por segundos para ouvir o simpático professor falando sobre Freud. Mas nada me atraía mais naquela hora do que aquela folha de papel toda rabiscada com letras indefinidas.

Olho no pequeno relógio acima do quadro negro. Pelos meus cálculos ainda teria aproximadamente duas horas e meia de absoluta concentração, tempo para descrever o início de minha infância.

A INFÂNCIA

Não sei se resumirei minha infância pela pressa que tive em ser adulto ou por ter perdido parte dessas anotações.

Tocando a campainha da casa de seu Próspero, na semana passada, ouvi bem de longe sua voz. Mesmo sem saber quem seria, foi mandando entrar dizendo que a porta estava entreaberta. Tranquilizando-o, disse-lhe quem eu era. Com os ruídos de meus pés caminhando pela sala sobre aquele mesmo chão com longas madeiras intercaladas num tom claro e escuro, meu amigo **DDA** ia lembrando-se de quantas brincadeiras foram vistas por aquele distante teto que me impressionara sempre por ser tão alto. Lá estava meu avô sentado, lendo um livro que não recordo o título. Na mesa, ao seu lado, uma pasta, o telefone sem fio e o jornal do dia ainda espalhado. Após interromper a leitura, colocando o marcador com cuidado na página onde parara, retirou seus óculos e foi alegremente cumprimentando-me satisfeito com a surpresa da visita.

Era verdade que há muito eu já devia essa visita, e que poderia vista-lo mais vezes do que o faço. Não que não tenha tempo, até tenho, mas trago um turbilhão na cabeça que não me permite parar quase nunca para ouvir ninguém, mas, às vezes que faço isso por vontade própria, estou intenso e inteiro.

Sem esquecer de gabar-se que também tinha sido atleta, ele ia repetindo sempre sobre sua fase de remador, e os tipos de aparelhos de musculação que se usava naquela época. E sabendo de cor as partes daquelas histórias que contava, eu notava sempre uma novidade num detalhe esquecido que me encantava a cada conto.

Escutei com carinho os onze cantos daquele pássaro saindo de dentro da casinha de madeira do antigo relógio cuco preso à parede, que meu avô fazia questão de dizer que o comprara muito barato, na antiga loja Mesbla.

Ao nosso lado, no canto direito antes da entrada da cozinha, sento na mesma cadeira de balanço em frente à televisão. Na mesma posição em que víamos os jogos da copa do mundo, sinto meu **DDA** fechar meus olhos com bastante força.

A escuridão em minha retina faz lembrar-me do escuro quarto no final do corredor no qual dormíamos ainda naquele casarão no Matatú de Brotas. De família classe média e com meus pais há pouco casados, dividíamos aquela morada com meus avós.

Aos quase três anos de idade, recordo com perfeição o vento forte entrando pela janela do *chevette* verde de meu pai, enquanto contornávamos o dique do Tororó. Eu, sozinho no banco traseiro, via na frente meu avô, no banco do carona, conversando num tom mais alto com meu pai que ia dirigindo muito agitado. Sentia que alguma coisa diferente estava acontecendo. Estas sensações marcaram o dia 23 de agosto de 1979, dia de nascimento do meu irmão. Marcou-me tanto assim porque pressenti que dividiríamos o centro das atenções, ou já previa, desde então, nossos desentendimentos futuros.

Contam que depois das tapeações comuns de pais com filhos enciumados: "ele é mais novinho que você, e você precisa ajudar mamãe a cuidar dele", ocorrem mudanças no comportamento dos filhos. Eu passei a acreditar nisso. Em dias mais frios, espontaneamente dirigia-me até o berço dele e, com todo cuidado, cobria-lhe dos pés à cabeça, esquecendo inclusive de deixar-lhe um espaço para que ele pudesse respirar. Eu já era um **DDA**, exagerado e inconsequente.

Ainda carrego em meu rosto uma pequena marca, do lado direito, adquirida na casa de meus avós. Assistia com admiração meu pai carregando nas mãos um copo de água, um aparelho antigo com a gilete ainda enroscada e uma espécie de vassourinha que ele exibia como fazer muitas espumas. Lembro-me do pequeno espelho frente a sua face, o piso vermelho escuro e um branco desbotado, a porta de madeira, coberta por tinta a óleo amarela e sangue saindo aos montes, após minha tentativa frustrada de barbear-me. Desde aquele dia havia sentido imensa vontade de também fazer a barba e, por incrível que pareça, amo essa cicatriz.

É verdade que ter descoberto hoje em minha vida o **DDA** torna-me mais **DDA**. Fiquei muito eufórico e bem mais agitado. Por receio e cuidado de perturbar-me ainda mais, minha mãe passava a filtrar muitas informações sobre minha infância. Ela ainda tinha medo que o distúrbio fosse alguma criação minha. Então, todos os traços que pudessem aumentar minha certeza, ela passava a filtrar, contando com naturalidade.

Só que Nane (um dos meus primos) diz não ter sido tão natural assim a dentada que dei em suas costas. Todos tinham saído nessa tarde, exceto minha mãe com a difícil tarefa de tomar conta dos três primos e ainda supervisionar meu irmão recém-nascido.

Com o piso num tom vermelho forte, cercado do pequeno muro branco com pilastras laterais, nós dividíamos os mesmos brinquedos naquela varanda, na área externa da casa.

Lembro-me dos carros espalhados pelo chão e os gritos, aos berros, do choro de meu primo. Minha mãe conta que apenas entrou para ver meu irmão no berço, e eu logo o ataquei. Nane diz ter sido sem motivo algum. E a minha tia Virgínia também não entendeu ao voltar tarde do trabalho e ainda encontrar a vermelhidão junto à marca dos meus dentes afiados.

Dentre os muitos brinquedos que tive, sem dúvida, tinha maior carinho pela moto que dávamos corda e ela seguia sozinha, o forte apache cheio de índios e todos os *Playmobils* e seus acessórios: capacetes, armas, escudos, etc.

Meus pais contam que minha concentração era tanta que, enquanto criava histórias com os bonecos, construindo casinhas, postos de combustível e hospitais, era comum passarem na porta do quarto e me escutarem falando algo para um amigo imaginário que eu mesmo chamava de Delso. Afirmam que ele permaneceu presente por alguns anos na minha infância e que acreditava tanto nele que, muitas vezes, pedia-lhe que pegasse algum objeto mais distante. Sei que também é normal essa criação infantil, mas Delso poderia tornar-se meu amigo **DDA** bem mais tarde.

Com a nossa saída da casa de meus avós paternos, mudando para onde vivemos até hoje, ficava pré-estabelecido nosso encontro familiar aos domingos e ainda estaríamos reunidos em todos os feriados festeiros como o São João, a copa do mundo e o natal.

OS DOMINGOS

Volto ao presente com a voz alta de meu avô dizendo-me ter refrigerante na geladeira... Continuamos conversando. Ainda balançando-me na cadeira, ia rindo com suas piadas mórbidas sobre sua morte. Conta-me já ter um lindo local onde vai ser enterrado, que muitos de seus amigos já se foram e que estão todos o esperando. Mesmo afirmando sempre que não vai viver até o próximo carnaval, eu levanto da cadeira dando gargalhadas, porque há pelo menos dez anos ele diz isso.

Abrindo uma lata de Coca-Cola light na cozinha, ia vendo aquela pia. Ah! Se pudesse mesmo voltar no tempo! Corresponderia com mais afeição cada meigo sorriso da minha avó Doly nos recebendo ali, todos os domingos.

Normalmente, quando chegávamos, ela ainda estava ocupada lavando os pratos ou preparando mais alguma coisa para o almoço. Meu avô certamente estaria nadando no Porto da Barra, apreciando as adoráveis mulatas. Eu, meu irmão e meus pais, como sempre, éramos os primeiros a chegar. Ficávamos assistindo algum grande prêmio de fórmula 1, aguardando o resto da família.

Não sei ao certo quem trazia a bola, mas lembro do araçazeiro e da pitangueira. A cor de barro molhado do quintal, onde travávamos verdadeiras batalhas de futebol.

As traves eram improvisadas de madeira, o chão desregular por causa de uma fossa que vivia entupindo, irritando meu avô. Mesmo assim, era o local mais que perfeito para nossas honrosas partidas.

Os times eram divididos de forma desigual: Paulinho, meu primo mais velho presente, jogava sozinho contra Adriano, Nane e eu. Provavelmente pela sua idade e porte físico. E por mais que deteste admitir ele ter sido o melhor, com toda certeza eu era o mais mascarado e o que vibrava mais a cada gol. O jogo só terminava por duas razões: quando uma das tias brigava, gritando pela janela já ter passado da hora de almoçar ou se a bola, por algum descuido, caísse no quintal do "terrível" vizinho Abas, mal-humorado, que não hesitava em furar a bola, devolvendo-a murcha.

Somente depois que todos já tinham almoçado, nós subíamos ainda bastante melados de barro para comer.

Tenho que admitir não ter gostado muito de feijão naquela época, mas ia reparando como minha tia Vera preparava um prato diferente para meu primo Adriano. A farofinha de sabiá! Farofa de sabiá nada mais é do que as carnes da feijoada bem desfiadas, regadas pelo caldo do feijão e coberto com muita farinha. Logo minha mãe teve que aprender essa técnica.

Bem concentrado aqui na cozinha, eu sou capaz de ainda sentir o cheiro da farofinha que comíamos, montando castelos piramidais com a palma da mão. O prato era acompanhado com dose única de Coca-Cola servida naquele mesmo copo de vidro azul e sendo sempre insistido por meu avô para comer um pedaço de doce de goiabada após o almoço.

Num desses tantos domingos felizes, não poderia deixar de citar uma imagem que guardo até hoje de minha saudosa avó. Não recordo bem o motivo, mas todos já tinham retornado para suas casas, exceto eu, Juninho (meu irmão) e meus pais. Lembro claramente minha avó sentada na frente da televisão, fazendo ao mesmo tempo duas coisas que adorava. Rezava o terço em suas mãos e assistia ao programa do Silvio Santos.

O SÃO JOÃO

Ainda na cozinha e com o refrigerante nas mãos, ouvi da sala meu avô indagando-me se havia lavado a boca da lata antes de bebê-lo. Disse-lhe que sim, mesmo sem tê-lo feito. Sentando-me à mesa ao seu lado, passo a folhear algumas revistas Playboy que ele recebe mensalmente. Mas, olhando para aquele quintal, através dos vidros das enormes janelas à minha frente, lembro-me de toda aquela fumaça e o cheiro de pólvora de cada festa de São João naquela casa.

As coloridas bandeirolas espalhadas pela casa, a mesa farta com vários tipos de comidas típicas, aqueles pequenos goles que eram permitidos para as crianças também provarem o licor de jenipapo feito por meu avô, após meses de infusão. Eu adorava toda aquela agitação, desde os sustos com estalos de bombas por todos os lados, até a expectativa de ver subir cada balão preparado cuidadosamente por meu tio Augusto.

Apenas uma única coisa seria capaz de entristecer-me nesses dias: era se dentro da caixa de fogos de algum dos meus primos tivesse uma bomba com a numeração mais potente do que as minhas.

Voltávamos para casa tarde da noite, todos imundos, com cheiro de fumaça e com os ouvidos ainda tapados por tanto barulho.

Sendo todas essas festas na casa de meus avós paternos, nada mais justo do que antes de cada encontro, visitarmos a minha avó Célia. Minha Galha, como a chamo. Nesses dias, já abria a porta apertando minhas bochechas e dando uma espécie de beijo com cheiro, repetindo sempre o quanto cada vez mais eu estava parecido com o Fábio Júnior. E acreditem: nessa época eu até gostava disso (risos).

Entrando, ao canto direito, era logo visível minha ainda viva bisavó, sentada, com seus longos vestidos de botão e arredondados óculos de armação bege. Tinha um agradável cheiro de talco e a aparência permanente de quem havia saído do banho. Sem esquecer jamais do seu inseparável radinho de pilha, colado em suas grandes orelhas.

Minha avó Célia estava separada do marido, meu avô Fernando, pai da minha mãe, já fazia tempo. Convivi pouco com meu avô materno e não era tão criança assim para perceber que se tratava de uma pessoa complicada. Embora generoso com os netos, errava sempre nas tentativas de reaproximação com minha mãe. Ele vivia num submundo de jogos e bebidas que acabaria levando sua saúde mais tarde.

Fernando, também era o nome do meu outro tio que, juntamente com o Mário, dividiam os dois quartos daquele apartamento.

PAREI! Sinto que a *Ritalina* está diminuindo o efeito aqui. Estou com impressão de que ficou difícil de compreender, então vamos lá...

Moravam meus dois tios: Mário e Fernando, minha avó Célia e minha bisavó. Melhor assim?

Jamais imaginaríamos naquela época que, por trás de tantas piadas contadas pelo meu tio Dinho (Fernando), e atrás de sua aparente satisfação com tão pouco, pudesse estar encubada uma terrível depressão. Foi triste, já mais tarde, presenciar seus desesperos inexplicáveis pela doença que dominou seu corpo logo após o nascimento de sua linda filha.

Entretanto, minha inteligência emocional faz-se ainda presente, lembrando-me de que estamos falando sobre festas, então, mais tarde, retornarei a esse drama, se por ventura não esquecer.

Ainda na casa de vovó Célia: talvez por não ter nenhuma criança naquela época, eu e meu irmão ficávamos inquietos esperando o encontro com nossos primos. Lá, cada um orgulhosamente exibiria sua caixa de fogos, e a inesquecível fantasia caipira. Amávamos aquelas roupas: a blusa quadriculada, o chapéu de palha, a calça costurada de estampas coloridas. Sem esquecer a maquilagem improvisada de barba e bigode, riscados como carvão, após esquentar uma rolha de alguma bebida.

Porém, se eu soubesse que minha maior herança genética encontrava-se presente ali, dentro daquele pequeno apartamento com carpete verde, no Engenho Velho de Brotas, talvez não tivesse tanta pressa assim para ir embora, e não me sentiria culpado até hoje por não ter comido tantos queijos tipo reino quantos minha avó "galha" cortava carinhosamente em formas quadradas.

INTERVALO

Dei essa pausa porque aqui estava evidente que os efeitos positivos do medicamento já não funcionavam mais. Dois dias depois, já em minha casa, voltei a escrever... Com o rádio fone tocando um CD de *Ludwig Van Beethoven* e sob o efeito mágico do remédio, percebo apenas meus pais passarem ao lado. Marlene, minha querida empregada, me oferecendo café e dizendo-me que alguém havia telefonado. Noto ainda o quanto estou suado nesse canto quente da sala, mas nada me tiraria desse parágrafo, nem mesmo a triste notícia no jornal da morte do Papa ou o defeito desse monitor que, irritantemente, pisca num compasso de estalos barulhentos, com as laterais de sua tela fechadas pela metade.

Justiça seja feita ao *Cloridrato de Metilfenidato,* por mais que perdesse meu apetite e parte de minha agitação, as ideias permaneciam vivas. Era mais fácil a estruturação, tinha mais paciência de concluir o raciocínio sem desviar-me do assunto. Pela primeira vez na vida conseguia parar, refletir, analisar e, como Kafka, buscar obsessivamente a palavra exata dentro de cada linha.

O NATAL

O pássaro sai da casinha de madeira por doze vezes no <u>relógio cuco</u>. Tirando minha vista do quintal e fechando a revista Playboy, que nem olhei, volto dos meus devaneios. Lá estava eu, frente ao seu Próspero e com aquela lata de refrigerante que ainda não bebera todo. Naquele momento, meu amigo **DDA**, sabiamente, aconselha-me a perceber quanto seria proveitosa a visita para escrever sobre a nossa infância. **DEMINCO**, então, faz-me reparar nos cabelos brancos de meu avô e fixa-me numa listra de tom vermelho na sua camisa. Associo rapidamente o cabelo cor de algodão e a roupa cor vermelha que veste o Papai Noel e fechando os olhos, novamente, estou dentro daquela casa vendo mais um natal.

Sem dúvida, meu dia preferido. Não apenas por todos os presentes que receberia e, também, pela indescritível sensação daquela espera tensa e até um certo medo do Papai Noel.

Fui o último dos primos, a saber, da verdadeira história do velhinho, todos os colegas já sabiam, exceto eu. E como poderia saber se já tinha estado cara a cara com ele?

Cada família chegava com seu representante carregando um enorme saco chcio de presentes. Após os cumprimentos, as longas conversas rotineiras e as pacíficas discussões sobre política. Alguém finalmente teria a brilhante ideia de começar a troca.

Todos receberiam algum presente, até mesmo aqueles que aparecem nas festas sem nunca avisar, pois é, esses receberiam uma caixa de chocolate Garoto.

É verdade que, após ter recebido todos os presentes, ficava chateado com alguns adultos que não compreendiam que criança detesta roupa.

Logo a festa ia ficando sem muita graça. Eu, Juninho e meus primos sentávamos apáticos na antessala, se é que posso chamar assim um quarto no meio do corredor. Para ser mais preciso, o mesmo quarto que dividimos eu e meus pais até os meus três anos de idade.

O natal ficava mais adulto. E mesmo as conversas já num tom mais alto não seriam suficientes para desviar nossa vontade de voltarmos para casa. Queríamos rapidamente dormir e saber a surpresa que estaria escondida embaixo de nossas camas.

Então, cada um dos meninos, bastante emburrado, se encarregaria de apressar aos seus pais.

Era maravilhosa cada uma daquelas manhãs que acordávamos abobalhados com todos laços e as fitas coloridas que embrulhavam tantos presentes. Depois de rasgarmos os papéis de embrulhos e curtirmos a alegria de cada lembrança, corríamos para a cozinha para ver o que o velhinho havia degustado em nossa mesa. Só depois dessa sequência, ligaríamos para nossos primos com a saudável disputa de saber quem havia ganhado a coisa mais incrível.

Agradeço a cumplicidade de minha mãe de ter acreditado na noite em que vi Papai Noel abrindo a janela do meu quarto. E também pela sua tristeza de contar-me a verdadeira história.

COPA DO MUNDO

Ainda olhava para a estampa da camisa de meu avô quando a auxiliar de enfermagem entra na sala com um prato de cozido. Meu avô me oferece. Sem aceitar, desculpo-me dizendo-lhe já ter marcado um almoço com um amigo. Na verdade não queria incomodá-lo.

Vendo-o cutucando um pedaço de abóbora, esperando a comida esfriar, viajava até aqueles pratos cheios de amendoins cozidos, ainda fumegando pela sala e todos angustiados frente à televisão naquele inesquecível Brasil versus França, 1986.

Apreensivos, quebrávamos as cascas uma a uma na ponta dos dentes, passando, num gesto mecânico para a palma da mão, suada e gelada de tanto nervosismo, e escolheria inconscientemente qual dos dedos trêmulos arrancaria cada grão de amendoim, sem piscar os olhos de cada lance. Os mais calmos tentavam se descontrair, criando uma espécie de bolão, associando a quantidade de amendoins dentro de cada casca com a possível goleada do Brasil.

Mas a esperança foi embora, junto com o pênalti perdido por Zico, e com meu tio Augusto que, silenciosamente, saía escondido da sala para chorar sozinho no mesmo pátio onde soltava seus balões.

Quatro anos depois, em 1990, tentaríamos ainda pela ultima vez reunir a família na copa. Com parentes, amigos e muita superstição estávamos todos lá. Nossa casa de praia enfeitada de bandeirolas verdes e amarelas, a televisão no volume máximo em cima de uma pequena mesa, embaixo do quiosque, no local que meu pai acreditava dar sorte. Mesmo com todos vestindo a camisa da seleção, tendo mudado o local que víamos anteriormente e trocado o ritual de amendoim para pipoca, nada poderia ser pior do que ter perdido para a Argentina.

Desculpem, mas não trago boas recordações desses dias, pelo menos, não entre os parentes. As duas copas do mundo que assisti o Brasil ser campeão mundial de futebol, não estávamos reunidos. Por superstição ou não, embora ame minha família, prefiro que não nos encontremos em tais ocasiões.

OS VERANEIOS

Despeço-me deixando meu avô ainda almoçando e saio com a boa sensação de que tinha estado presente inteiramente com ele. A auxiliar me acompanha à porta, que, sendo fechada às minhas costas, via a varanda, o portão, o muro e a certeza de que colhera boas lembranças para o livro.

No caminho de volta, continuei pensando sobre minha infância. Com o eterno sentimento de ter esquecido algo, que não sabia exatamente o que era, ia falando sozinho com meu eu **DDA**, que dizia:

— Por que essa impressão? Você sempre vai esquecer de algo mesmo.

Concordei.

— Mesmo fazendo tudo um dia, ainda vai carregar essa dúvida, tenha calma, sabemos que faz parte do distúrbio.

Ele tinha razão, e prosseguia:

— Eu sou a agonia que vive dentro de você, fazendo-o sonhar, criar e acreditar. Mas, dessa vez, precisamos terminar algo, e este algo é o livro. Respiremos fundo e pensemos juntos, estamos falando de sua infância. Retalhos, fragmentos, o que sua memória alcança. Certo?

— Sim, certo.

Não poderia discordar de minha própria sombra, do **DDA** que domina meu corpo. Sinto que ele também precisava de minha outra parte, o MARCUS (meus 10% não **DDA**) que diz:

— Sou seu bom senso, o seu equilíbrio e o que briga com suas desistências, fazendo-o concluir algumas obrigações. No início, não acreditei mesmo no livro, mas confesso estar ficando envolvente.

Meu **DDA** responde:

— É justamente isso o que não gosto em você, o pessimismo, a falta de sonhos, a descrença. **DEMINCO** segue ainda propondo um pacto:

— Já que gosta do que estamos criando, é a parte do meu Eu que ainda me faz voltar das fugas, dizendo-me que preciso terminar o livro, você pode nas horas de meus desânimos levantar-me?

MARCUS diz:

— Tentarei. Você é a maior parte do meu corpo e muitas vezes não escuta minhas cobranças. É difícil fazê-lo parar ou mostrar-lhe o caminho certo. Mas tentarei.

DEMINCO segue explicando:

— Sou intenso, mas sei que ainda tenho 10% seu. Aceitando, poderíamos estar inteiros nisso.

MARCUS concorda, dizendo:

— Tudo bem. Já que sou a menor parte de nós dois, preciso também da sua força. Poderia ter pouca consequência, combinado?

— Combinado.

E o meu monólogo prossegue:

— Agora, preste atenção na direção. Coloque o cinto de segurança e pare de correr tanto.

— Faço o que me pede desde que você siga o meu instinto.

— Tente não ser tão extremista agora, o que deseja?

— Faça o caminho mais longo até sua casa. Os caminhos curtos nem sempre são os mais proveitosos. Na distância, encontramos o inesperado e você sabe que detesto o previsível.

— O que pretende com isso?

— Logo vai saber, confie em mim.

Afinal, não relutei colocar o cinto de segurança e estou apenas a 60 km por hora. Desvio o trajeto e passando pelo local proposto pelo meu amigo invisível, ia seguindo seus instintos.

– Abra a janela, veja o sol, o mar e sinta esse vento úmido em nossa face. Essa sensação de liberdade o faz lembrar algo de nossa infância?

– A ilha de Itaparica?

– Sim, nossas férias no final de ano...

Então, por medo de não me recordar depois, paro o carro embicado para o mar e, com pressa, começo a escrever.

Meus cabelos quebrados e brancos queimados pelo forte sol de dois meses acampados na beira do mar da Barra do Gil, já bem pertinho da Penha. Mesmo com toda confusão de ferros, de lonas e de posições, meus pais e tios sempre conseguiam montar aquelas enormes barracas de dois quartos, no espaço mais limpo e nivelado da areia.

Um pequeno fogão de duas bocas com mini gás, um lampião e um barco eram o suficiente para ser inesquecível. As necessidades feitas no mato, os dentes escovados na água salgada do mar, os pratos polidos com areia úmida da praia. Tudo era pequeno diante da sensação de liberdade que se tinha.

Acordávamos todos os dias com os primeiros raios do sol penetrando a barraca com a brisa da manhã. Era um deleite. Por mais cedo que acordássemos, lá estaria na barraca ao lado o meu tio Augusto com iscas, anzóis, náilons e os outros apetrechos da pescaria, pronto para sairmos de barco.

Depois de um rápido café com pão, ovos e leite com Nescau aquecido, já estaríamos todos trajados de sunga consultando a tábua da maré e a que horas sairíamos para pescar. Duas coisas seriam sempre iguais: eu, meu irmão e meus primos estaríamos todos com os sufocantes coletes salva-vidas na cor laranja, e minha tia Vera permaneceria desesperada na areia, olhando por um binóculo cada movimento diferente do barco.

Em alto mar, chegando aos locais escolhidos e já bem afastados da praia, desligava-se o motor do barco. Após ancorar, aguardávamos meu primo fazer toda sua cena. Guto era o único dos primos que podia descer para mergulhar, fazendo caça submarina. Aí então alçaríamos as linhas.

Levávamos ainda uma espécie de bolsa de palha, o cofo de palha, na qual colocávamos os pescados. Meu pai e meu tio tinham sempre a mesma aposta: beberia o primeiro gole na lata de cachaça Pitu, quem pescasse o primeiro peixe. Embora o sol fritasse nossos miolos, e o movimento do barco, balançado pelas pequenas ondas de um lado para o outro, nos deixasse com ânsias de vômitos, ainda assim era divertida cada volta carregado de peixes, e muita história.

Regressando ao carro embicado na frente do mar, paro de escrever resolvendo descer para ir comprar uma água mineral. Sentado na agradável sombra que fazia embaixo de uma pequena árvore na quina da ciclovia, passei a olhar perdidamente procurando o final do oceano. Num gesto mecânico, desenrosco a tampa da garrafa e no primeiro gole volto à outra época dos veraneios.

Como era diferente aquele gosto de água fria do filtro de cerâmica vermelho na cozinha da casa de vovó Célia. Hoje, ao relembrar, não consigo entender como se acomodavam tantas pessoas naquela pequena casa de dois cômodos.

As frágeis portas de madeira, pintadas de azul claro, estavam sempre abertas, refrescando a abafada sala com chão de cimento liso cheio de areia que trazíamos grudada em nossos pés vindo da Praia do Duro, em Mar Grande.

Nas cadeiras reclináveis que tomávamos sol, sentávamos frente a uma televisão que pouco assistíamos. E daquele mesmo ângulo, através de uma cortina divisória, era possível ver-se as filas na porta do banheiro, aguardando o "banho de gato".

O banho de gato era uma espécie de asseio rápido com uma panelinha e a nossa merecida recompensa após enchermos o imenso tonel do banheiro, carregando baldes cheios de água da fonte.

Do lado direito da casa, havia a mercearia de seu Rosalvo, lá comprávamos fiado àquele refrigerante diferente, com gosto de morango, numa garrafa de cerveja, a Tubaína.

No lado oposto, víamos a ladeira de paralelepípedo pela qual seguíamos até o cemitério para ver quem seria o mais corajoso. Nessa trilha, além dos muitos cachorros latindo em desabalada carreira acompanhando cada novo veículo que entrasse na rua, havia a venda de dona Maria, que fazia os melhores biscoitinhos de goma que já comi.

Mais afastado, em frente à igreja, havia uma praça onde passeávamos todas as noites sob os olhares raivosos dos nativos. Acho que eles criavam rixas por acreditarem que os veranistas, além de ricos, paquerariam suas garotas. Creio que sobre o dinheiro estavam enganados, enquanto sobre as garotas, tinham suas razões.

Guto (o mesmo que mergulhava) e Claudinho, meus dois primos mais velhos, passavam as tardes lavando a velha Marajó do meu tio Augusto. Era o preço para uma volta de carro à noite.

Ainda que não soubessem estacionar e por conta disso sempre deixavam o carro afastado do movimento, os dois faziam muito sucesso com as garotas. Enquanto eu e meus outros primos éramos apenas aprendizes, até porque, além de muito novos, ficávamos constrangidos com a vigilância de nossas mães.

Além desses limitados passeios e as deliciosas pizzas com Tubaína na Cantina próxima à praça, dividíamos aquelas pescarias noturnas. Íamos para a ponte à noite, cada qual carregando seu jereré (uma espécie de artefato para pescar siri).

Tudo era divertido nessa época, até mesmo nos dias que acordávamos bem cedo pelo zunzum de algum adulto que resolvera comprar peixe fresco. Valia a pena ir junto para tomarmos um delicioso mingau de milho com canela, enquanto víamos lentamente as lanchinhas vindas de Salvador atracando.

OS ACIDENTES

Havia ainda poucos resistentes caminhando na orla, alguns surfistas na água e mais seis pessoas jogando vôlei na areia. Vendo uma carregada nuvem cinza aproximando-se, enxergo 13h30min., no pulso da policial parada ao meu lado. Com bastante fome, volto ao carro antes mesmo das primeiras gotas de chuva.

Ligando o limpador do para-brisa, sinto um pequeno desconforto ao lembrar que esquecera a garrafa de água no chão da ciclovia. Logo, chego ao estacionamento no qual guardo o carro, atrás da entrada principal de onde moro. Com a chuva já forte, fecho as portas e saio correndo para abrir o portão de acesso ao meu prédio.

Numa derrapada, saltando ligeiro sobre as poças de lama que se formavam, fui recordando as tantas quedas e acidentes. Não poderia ter sido diferente na infância de um **DDA**.

Daquela criança aos prantos, com gesso em um dos braços, acompanhada por sua mãe indignada, parada frente à minha casa, não recordo. Mas lembro das teias de aranha em baixo da antiga lavanderia amarela que ficava no canto da cozinha, onde fiquei por mais de meia hora de castigo por ter empurrado seu filho de cima de um muro com mais de dois metros de altura.

Ou a visível alegria de meu avô Fernando naquele dia, apenas por ter contratado um fotógrafo para fazer um pôster meu e de meu irmão no sofá da casa de meu outro avô. Mesmo naquela máquina antiga, onde o *flash* ainda era separado da máquina, a foto ficaria ótima, se eu não tivesse aprontado mais uma. Enquanto todos me procuravam, eu estava, com a tesoura de minha avó, escondido atrás da porta do quarto, cortando toda a franja do meu escorrido cabelo, fazendo um enorme buraco na cabeça.

Pouparei prolongar-me sobre o dia em que meu pai deparou-se com meu belo sorriso de fezes. Embora a psicologia explique que isso ocorre normalmente, numa determinada fase onde a criança ainda enxergue as fezes como sendo parte dela (corpo) saindo e queira colocar de volta, não é uma lembrança nada agradável.

Também teve o dia em que dona Cleide, furiosa, gritava para minha mãe acorrentar-me. Dizendo aos berros que, um garoto como eu, deveria ser criado amarrado. Acontece que ela não tinha achado nada demais a pedrada que seu filho Pedro havia me dado antes de tudo começar...

Depois do meu forte choro pelo arranhão que a pedra havia feito em meu braço, todos se voltaram a me tapear. Então, cessei o meu pranto e esperei pelo esquecimento de todos. Instante depois, dona Cleide e minha mãe, convictas de que haviam me ludibriado, já conversavam despreocupadas. Enquanto Pedro, sossegado, brincava na pequena praça frente à minha casa, eu me aproximei, lentamente, abaixando meu short e, sem errar uma única gota, lancei um forte jato de urina na sua cabeça.

Talvez dona Cleide estivesse certa e fosse ótimo que tivessem me acorrentado. Pelo menos assim não teria sofrido tanto por ter que "recosturar" a boca, após ter levado quatro pontos...

Uma queda com tudo e o queixo no chão da mesma varanda que dei a dentada em meu primo Nane. Lá estavam meus dentes afiados, e dessa vez quase atravessando o meu próprio lábio inferior. Escorria sangue, enquanto todos me levavam para o hospital mais próximo. Devo ter sofrido tanto nesse dia, que não me recordo sendo costurado.

Minha mãe sente ainda incômodo em relatar-me que, após sairmos do ambulatório, no táxi de volta para casa, os pontos simplesmente começaram a abrir. Tivemos que retornar com pressa à emergência, onde fui "recosturado" sem poder tomar novamente anestesia.

Não posso deixar de falar sobre minha infância e meus acidentes sem mencionar meu ex-vizinho Marconi...

Feitas com papel amassado dentro de meias, as bolas eram tudo menos redondas. As portas de meu quarto e as da cozinha eram as traves, e o campo inteiro era o pequeno corredor de minha casa.

Marconi era bem mais velho e sempre foi enorme em altura. Não devo mesmo ter ganhado muitas partidas dele, ainda assim agradeço-lhe por ter-me ensinado, ainda que sem querer, a não gostar de perder. Ele me pirraçava tanto a cada gol que, ainda hoje, ao perder alguma coisa, lembro da cara antipática que ele fazia.

Éramos amigos e estávamos sempre juntos aprontando algo. Aquela enorme lagoa próxima à nossa residência, em determinadas épocas do ano, atraía multidões de muriçocas e nós tínhamos uma forma bem diferente de exterminá-las. Mesmo com as janelas fechadas não tinha jeito. Ao anoitecer, as muriçocas estavam dentro dos nossos apartamentos. Era justamente quando entrávamos em ação.

Com uma caixa de fósforos na mão, mataríamos quantas desse até os palitinhos terminarem. Sem fazer ruído nos aproximávamos com o fogo já aceso e queimávamos uma a uma. Era engraçado, pois quanto mais gorda maior o barulho de estalo que dava. Era incrível como ficavam tostadas e pregadas na parede. Entretanto, um dia, havia avistado um monte delas sobre o vaso de plantas, na estante. Com a tática de sempre, cheguei em silêncio com o palito aceso nas mãos. Mas levei o maior susto ao chegar próximo do arranjo que rapidamente pegou fogo. Além de matar todas as muriçocas e ter queimado o teto da sala, todos saíram correndo enchendo copos d'água apagando o fogo de copinho em copinho, encharcando todo o tapete da sala.

Mais tarde, ao invés de muriçocas, eu já estava perseguindo as lagartixas. Após perseguir uma delas e tê-la cercada entre as pedras, apertei forte o fundo da garrafa plástica contendo álcool, jorrando-o em sua direção. Quando risquei o fósforo, dei conta que o álcool havia escorrido até meu pé esquerdo que, junto com o bicho, também pegou fogo.

Devo admitir que tive medo do escuro até os doze anos. Além de sempre dormir com luz acesa, era comum acordar apavorado no meio da noite e buscar proteção no quarto de meus pais. Com o travesseiro nas mãos e sem emitir um único ruído, ficava estático na porta, aguardando que se mexessem de forma que também sobrasse um pequeno espaço para mim entre eles.

Aliás, sempre detestava ter uma hora exata para dormir. Afinal, como alguém poderia adivinhar quando eu teria sono? Lembro-me do dia que me forçaram a ir para cama, após eu ter descoberto que não é prudente deitar-se imediatamente, após bater a cabeça. Que fiz? Dei um soco na parede e saí do quarto simulando ter machucado a testa. Pelo menos assim fiquei alguns minutos a mais acordado. Ao longo da infância foram muitas brincadeiras, confusões e traquinagens e talvez ainda lembrasse de muitas delas, se não estivesse agora entrando no meu prédio todo molhado de chuva.

CAPÍTULO 5

Nas Escolas Da Vida (Sem Ritalina)

"Ninguém te sacudiu pelos ombros quando ainda era tempo.
Agora, a argila de que és feito já secou e endureceu e nada
mais poderá despertar em ti o místico adormecido ou o poeta
ou o astrônomo que talvez te habitassem". (Saint-Exupéry)

Troco a música no rádio fone enquanto escrevo. Passei a escutar *Mozart*, ouvindo agora a quadragésima, o primeiro movimento. Nunca imaginei gostar de música clássica, é estranho, mas todo esse barulho na cabeça me mantém calmo, como se as sinfonias entrassem em sintonia com a velocidade dos meus pensamentos.

Sem a *Ritalina*, vejo os pensamentos surgirem com muita pressa. Sou imediatamente tomado por uma vontade eufórica de começar.

Já sentado e tentando digitar, percebo as ideias não terem ainda nenhuma forma definida. Pequenos ruídos passam a desviar minha atenção. Facilmente volto a ser atraído por outras coisas além do livro. Perco-me da escrita pensando no meu primeiro carro "completo" que tirei ontem da concessionária e me desvio, ainda mais, fascinado com a invenção daquele ar-condicionado que instalaram nele.

Muito agitado, sem conseguir ordenar a escrita, fico pensando no futuro, criando desde já a introdução de uma próxima obra. Nele me visualizo numa janela, dentro do quarto de um hotel em São Paulo, no dia do lançamento desse livro que ainda não terminei.

Sem sequência alguma, lembro de dois dias atrás quando saí para encontrar um casal de amigos que mora nos EUA. Sentando na mesa de um bar, fui apresentado a um deficiente físico que me cativou com a sua alegria e normalidade, ainda que tivesse seus dramas escondidos. Quem não os tem?

Parando alguns instantes, tentando analisar-me sem o medicamento, percebo como continuo apressado, futurista e desordenado. Imaginando-me já na introdução de um próximo livro, voltando a ser como antes e a fazer tudo ao mesmo tempo. Sigo aqui escrevendo, conversando com amigos *online* e checando meus *e-mails*.

Permanece viva a paixão inexplicável pelas exclamações! E essa incontrolável mudança de assunto... Sim! O que teria mesmo a ver minha saída com aquele casal de amigos, o ar-condicionado do meu carro novo ou tudo isso que escrevi com as escolas?

A verdade é que não sei ao certo por onde devo começar. Decidi também escrever sem a **Rita**, porque foi justamente com a agitação que ela me rouba, que passei por toda minha vida escolar.

Mesmo sabendo que a vida é a maior de todas as escolas, vivi intensamente em cada uma das escolas da vida. Não intenso propriamente dito na dedicação aos estudos, mas com os colegas, professores, serventes e aqueles que tiveram sorte ou azar de dividir uma simples escola comigo.

Φ Φ Φ

Dentre muitos sonhos assistidos através das janelas de algumas salas de aula e todos os meus devaneios, uma coisa me intrigava sempre na minha infância: De quem foi a terrível ideia de criar a escola? Por que inventou um lugar que se teria obrigação de frequentar todos os dias? Quem foi o desocupado? E obtinha sempre as mesmas respostas.

Só poderia ter sido alguém mais velho, de maior idade, portanto, inventou algo do qual já estava imune. Certamente, um velho sádico e detalhista, que arquitetou com minúcias seu projeto: "criarei uma coisa que ocupará vocês por bastante tempo, aprenderão muitas coisas sem lógica e ainda serão obrigados a vestir uma farda que muito provavelmente irão detestar, ainda que mudem de escola. Os professores não serão sempre os mesmos, serão substituídos a cada novo ano. Assim, se tiver a sorte de simpatizar com algum deles, provavelmente detestará o próximo. Por receio também de que criem laços com alguns colegas, implantarei varias instituições com diferentes preços e metodologias, pois vocês terão uma maior chance de se separarem mais tarde por motivos ideológicos. E assim passarão boa parte de suas vidas ali, como prisioneiros. Os pais estarão avaliando sempre os filhos a cada ano, como sendo maior ou menor por suas notas. Sim! Ainda serão avaliados periodicamente. E para os que se dizem mais espertinhos, pensando em omitir as notas vermelhas, criarei o boletim".

Quando deixava a minha casa, irritado com os uniformes e com o peso da mochila, ia reparando na quantidade de novas escolas espalhadas a cada esquina. E pensava: "como esse velho sádico e calculista planejara tudo tão certinho e depois ainda deve ter enriquecido, vendendo essa criação a rodo pelo mundo todo".

Embora os **DDAs** sejam donos das mais incríveis invenções, afirmo com convicção de que não teria sido jamais um **DDA** o criador dessa loucura.

Φ Φ Φ

Se o primeiro dia de aula é um drama na vida de qualquer criança, imaginem na cabecinha de um pequeno e assustado **DDA**, naquele seu mundinho de exageros. Calculem seu sofrimento deixando o aconchego do lar e a proteção dos pais pela primeira vez, entrando num lugar estranho, assustador, com normas e obrigações.

Embora quase todas as crianças reajam igualmente, talvez não seja difícil para o educador perceber qual dentre tantos pimpolhos seria o possível sorteado em ter **DDA**. Reparem sempre naquele que consegue chorar mais alto e o mais dramático de todos, esse sim terá um forte potencial.

Sabendo que o Distúrbio do Déficit de Atenção pode vir acompanhado da hiperatividade ou não, é um grande erro dos educadores dedicarem maior atenção as crianças mais agitadas, traquinos e desobedientes. Devem dedicar maiores cuidados também, para aquelas mais quietas, constantemente sentadas no fundo da sala, e se a sala possuir janelas então, devem reparar, sobretudo, nos que sentam próximos a elas, é que os **DDAs** amam olhar as nuvens.

Gritos de choro e um chute forte na canela da professora de jardim de infância. Foi assim que minha mãe me abandonou pela primeira vez numa sala de aula.

Todos ainda sentávamos no chão e um portãozinho de madeira trancava a sala. Papéis espalhados, tesouras, objetos de encaixe, colas e muita cor. Lembro-me de todos saindo da sala, formando filas para lavar numa mangueira as palmas das mãos, todas lambuzadas de muita tinta.

Ainda que hoje minha mãe não acredite, eu sabia que ela me aguardava todas as tardes, escondida, até a hora de voltarmos para casa, num banquinho, bem ao lado da diretoria. E me tranquilizava saber que ela estaria por perto. Acredito que ela permanecesse ali com intuito de acostumar-me aos poucos. Mesmo assim não seria o suficiente e eu jamais aceitaria ficar preso, perdendo as melhores brincadeiras no parque ou os jogos de bola na pracinha em frente à minha casa.

Mais tarde vieram os detestáveis deveres de casa, iniciando os tormentos diários com aqueles questionamentos rotineiros:

— Marquinhos, já fez a tarefa escolar?

Sempre as tarefas seriam feitas na última hora e, muitas vezes, concluídas na própria escola.

Passei, então, a receber as primeiras advertências sobre mau comportamento e apresentação do material incompleto. As queixas vinham frequentemente anotadas numa espécie de caderneta, que deveria ser devolvida no dia seguinte com a assinatura de um dos meus responsáveis. Assim se certificariam de que meus pais estariam cientes.

Apesar dos ditados, onde copiávamos cuidadosamente cada palavra dita pela "tia" e as complicadas tabuadas matemáticas, nada seria capaz de superar aquele livro marrom que eu detestava, que era a caligrafia. Recordo-me ainda com precisão algumas daquelas perfeitas letras arredondadas destacadas em todas as páginas. Éramos obrigados a copiá-las. Eu sempre me questionava desentendido:

— Seria a cartilha de Deus? Quem mais poderia ser o dono daquelas importantíssimas letras que deveríamos fazer igual?

Mesmo sendo um ótimo aluno até a quarta série e ninguém tivesse me explicado coisa alguma sobre distúrbio do déficit de atenção ou dislexia, um dia, descobri sozinho que realmente era diferente...

Morando numa espécie de conjunto residencial, onde resido até hoje, os blocos são quase colados, divididos apenas por uma parede.

Além de vizinhos de janelas, Gabriela e eu éramos colegas da mesma escola. Estávamos sempre grudados, ora nas brincadeiras, ora nas tarefas. Então, não seria difícil me encantar pela primeira vez.

Com um lindo cabelo liso de franjinhas e algumas sarnas no nariz, guardo até hoje na lembrança o brilho daqueles olhos verdes.

Fazia tudo para impressionar Gaby. Um dia, enquanto estudávamos em minha casa, na hora do lanche, fui capaz de comer uma vara inteira do pão de sal. Não me perguntem o porquê daquilo, mas acreditava que assim chamaria bastante atenção.

Os seus pais não tinham nascido aqui, em Salvador, se bem recordo vieram do sul. Seu pai, trabalhando numa empresa conhecida de salgadinhos, sempre trazia alguns sacos dos nossos preferidos "pingos de ouro", que dividíamos com outros colegas na hora da merenda.

Compartilhei com ela muito mais do que os deliciosos salgadinhos. Dividimos o primeiro afeto, a paixão inofensiva e ainda sem noção dos instintos. Nascia o primeiro amor, puro, verdadeiro e ingênuo. Não sabia ainda distinguir de qual forma a desejava: como namorada, irmã ou colega. Também não sabia ainda o que seria aquilo, apenas a queria sempre por perto. Era algo grandioso demais, tornando-se indefinido o sentimento. Aquela forte sensação de gostar tanto assim de alguém me fazia sentir poderoso e inatingível.

Caminhava pelas ruas acreditando que ninguém a minha volta seria capaz de carregar no coração o tamanho daquele amor que eu trazia. Comecei a acreditar que seria um anjo. E só poderia ser iluminado, era indescritível o tamanho daquilo. Ninguém sentiria coisa tamanha, eu tinha certeza!

Um dia, tomado por essa sensação de poder e com a certeza da anormalidade, cheguei irradiante na escola. Ao entrar, vi os meus colegas pulando na escada. Eles saltavam de dois em dois degraus.

Pela primeira vez na minha vida, senti aquilo, uma força, aquela luz e a presença de forma indomável do meu amigo invisível, meu **DDA** nascia ali naquela escada. Com meu coração vibrando de tanto amor, passo por todos os colegas, deixando um instinto mágico me mover até o último degrau (era como se não fosse eu). Simplesmente, sentia-me ter flutuado até o topo mais alto, onde entrei naquela sala vazia.

Surge algo em mim sem saber de onde, um impulso mágico. Abro rapidamente as trancas da janela e, lá de cima, vejo os outros meninos brincando. De repente, colocando meu primeiro pé na quina da janela, deixo uma voz gritar de dentro de mim:

– EU SOU UM ANJO E POSSO VOAR...

Carregando a real sensação de que voaria, salto de uma pequena altura com mais de três metros, esborrachando-me no chão e torcendo pela primeira vez o meu tornozelo direito.

Muitos conhecidos até hoje brincam comigo sobre isso. A verdade é que ninguém tivera, um dia, a certeza de ser algo tão grandioso assim. E, a partir daquele momento, jamais deixei de acreditar que era realmente iluminado. Sem esquecer que também amei ter colocado o gesso e como durante uma semana inteira não poderia descer para jogar bola, ficava colocando o pé direito pela janela, exibindo-o com orgulho para Gabriela.

Φ Φ Φ

Na quinta série, ainda acanhado e tímido, eu me sentia muito incomodado em relação à minha estética. Usava óculos de grau e tinha aquele cabelo lambido para o lado, penteado pela mamãe. Sabem como é?

Ficava escondido, assistindo os mais bonitinhos fazerem o maior sucesso com as meninas e serem os mais falados de toda a escola. Acreditem, isso não me deixava triste e nem mesmo me diminuía. Já pensava muito no futuro e sabia exatamente que meu dia iria chegar.

Ainda assim, reservado e relativamente bem comportado, foi esse o meu primeiro ano perdido. Lembro que, no dia do resultado, fui dormir na casa de uma tia, acreditando assim adiar o sermão que receberia.

Confesso também não ter sido uma experiência agradável perder de ano. E por mais triste que seja ficar atrasado diante dos colegas, o maior sofrimento, sem dúvida, seria o de estar desapontando meus pais.

No ano seguinte, eles me colocaram numa escola mais rigorosa. Uma instituição tradicional, com ensino rígido, e chefiado por quatro padres. Ali estava meu amigo **DDA**, pagando todos os seus pecados no Liceu Salesiano do Salvador.

Puxa! Como eram difíceis as normas, a média sete e ainda frequentar a igreja duas vezes na semana, não que não goste de rezar, mas ficar ali quieto, repetindo orações e músicas religiosas sem dar uma única risada, era um sofrimento.

Sofrimento que diminuía cada vez que via a coleguinha Ise com os primeiros seios entre as meninas da turma. Chamava atenção de todos os outros meninos e eu, ainda bastante tímido com as garotas, ficava apenas na minha. Mas que olhava, olhava.

A escola tinha uma piscina semiolímpica com aulas de natação, que me deixava feliz e triste ao mesmo tempo. Feliz, quando não tinha nenhuma das meninas ali me vendo, só assim eu nadaria. Triste, quando algumas apareciam de surpresa e eu não fazia a aulas com vergonha de ficar de sunga na frente delas, com aquele corpo "ridículo".

Ao longo do ano, aos poucos, fui familiarizando-me com o fundo da sala, com os atrasos intencionais, com as aulas filadas, e ia descobrindo como poderia ser mais aceito nos grupos.

Mesmo estando entre os mais levados e sendo o grande palhaço da turma, ainda assim não fora o suficiente para me incluírem no time da sala naquele torneio de futebol. Isso me deixou muito triste e deliberei fazer alguma coisa.

Doía aquele diminutivo apelido de "gordinho" e todas as críticas que recebia, enquanto desejava jogar bola na linha. Restando-me apenas a posição indesejada de goleiro, eu não contestava, porque, se não aceitasse, não me deixariam brincar. Mesmo assim meu amigo invisível continuava acreditando em mim, e ele sabia o quanto eu jogava bem. Junto ao meu eu **DDA** elaborei um plano.

Montei sozinho um time separado da minha turma. Criei uma equipe, batizada por mim mesmo de "rato de praia". Fiz também o desenho nas camisas padronizadas, com a pintura de um rato carregando uma prancha de surf.

Logo, garotos de outras turmas, quando souberam e constataram tudo tão bem feito, começaram a pedir para entrar no grupo. Não apenas os deixei entrar, como ia escolhendo os melhores entre eles.

Tratava-se de um evento importantíssimo, um torneio comemorativo do centenário de Dom Bosco. Não sei se os cem anos de sua morte ou outra coisa, porque também não lembro quem tinha sido D. Bosco. Com certeza, pelo nome Dom Bosco deveria ser um padre e, por estar recebendo tamanha homenagem, um clérigo importante para o colégio. Talvez tenha sido até o próprio criador da instituição e eu não sabia.

O que sabia era que aquele enorme ginásio coberto estava lotado a cada partida de futebol. Todos nas arquibancadas laterais gritando o nome do meu time, inclusive Ise e os seus pequeninos seios já saltitantes.

Vencemos todas as partidas. Sem dúvida, a vitória mais saborosa foi sobre a do time da minha própria sala. Bem feito. Quem mandou me excluírem?

O que adiantou tanto esforço para conquistar minha primeira medalha de ouro, ter sido o campeão, o técnico e ainda dono do time, se continuei longe de ser o preferido entre as meninas! Elas sempre se interessariam pelos da sétima ou oitava séries, pelos precoces e pelos problemáticos. Pensei em me superar.

Nessa mesma escola, perdi o dia de fazer uma prova por ter sido apanhado no supermercado em frente, pegando escondido chiclete do tipo *Babaloo*. Enchendo minha cueca com sacos de gomas de mascar, deixei a seção de doces daquele mercado, pensando ter feito tudo certinho.

Já sentia a luz do sol entrando pela porta de saída na minha face e esboçava os primeiros sorrisos para Chico, um colega que me aguardava do lado de fora. De repente, a palma de uma mão firme em meu peito me barrava. Lá estava um enorme segurança, de uniforme azul claro e chapéu preto que deixava seu rosto ainda mais assustador. Com uma voz grossa, me perguntou sem rodeios onde estava o meu furto. Sim! Foi esse o termo que ele usou: furto. Sentindo-me um verdadeiro criminoso, apavorado, chorando, eu mentia:

– Um pivete, seu moço, ele me obrigou com uma faca a roubar chicletes.

O segurança, rindo debochadamente, respondeu de um jeito que não deixava saída e, também, não esqueceria:

– Pivete não rouba chicletes, menino! Eles roubam é *blondor* com água oxigenada para pintar os cabelos.

Hoje não sei bem quem tinha sido o mais patético. Eu, querendo me promover com os colegas, distribuindo chicletes para todos, Chico que correu, deixando-me sozinho ou o segurança que, após a resposta tola, foi ainda capaz de me humilhar ameaçando por horas a fio ligar para meus pais.

Perdendo a data da prova, fiz um requerimento para uma segunda chamada, que também não foi feita, porque simplesmente esqueci a nova data.

Tive, então, de justificar as duas ausências ao padre Euzébio, o pior dos "carrascos".

Diante dele, na confortável cadeira de couro na sua sala, não sabia que desculpa daria. Ciente de sua posição religiosa, eu deixei que o meu amigo **DDA** criasse uma história.

Intencionalmente, sensibilizo-me recordando um fato recente que havia me causado muito sofrimento: a morte de meu avô Fernando. Com essa emoção interiorizada, mudo meu semblante naquele instante na frente dele e facilmente altero o dia da morte de meu avô para uma semana atrás.

— Sabe padre, Euzébio? No dia da primeira prova, estive acompanhando minha mãe no hospital. E a segunda chamada foi justamente no dia do enterro de meu querido avô, foi um drama padre, o senhor não imagina, não tive cabeça para nada.

Ele se deixou comover com a emocionante história contada e, mesmo tendo "rematado" meu avô, marcou uma terceira chamada.

Vocês já conheceram alguém que tenha feito uma terceira chamada? Um ano longo e, embora tenha ido para muitas recuperações, consegui passar. E aprendi muitos ensinamentos naquela rígida escola.

De agora em diante, olharia para as meninas das turmas mais atrasadas. Aprendi também a nadar borboleta, a enganar um padre e já seria quase aceito nos grupos. Ah! Só não aprendi sobre Dom Bosco, mas não me sentirei culpado ou constrangido por isso. Ninguém também me explicava coisa alguma sobre distúrbio do déficit de atenção.

Cheguei com mais firmeza à sexta série e ainda que fale hoje das minhas táticas como artimanhas premeditadas, era tudo involuntário. Tinha aprendido alguns truques sobre como seria aceito com maior facilidade entre os colegas. Já sabia beber uma garrafa inteira de cerveja com canudinho, ficando logo tonto. Sabia como participar dos torneios de futebol, se não me chamassem. Percebia que as meninas gostavam mais dos problemáticos e, principalmente, aprendi como tingir os cabelos.

Esses eram os nomes que o segurança imbecil tinha dito: *blondor* e água oxigenada. Então, pela primeira vez pintei meus cabelos. E, por incrível que pareça, ficou bem legal. Então, esse passou a ser o meu novo estilo. Loiro, "surfistão" e com a pele sempre bronzeada por muita exposição ao sol, cheguei mais perto de ser o queridinho.

Sempre sentado no fundo, só estava próximo dos piores alunos e ainda assim seria o mais problemático do grupo, não fosse aquele skatista sujo, apelidado de pernilongo e seus malditos cabelos compridos.

A impressão que tenho é que sempre estive atrasado. Quando tive cabelos escuros, a moda era os pintados, quando tive cabelos tingidos a moda seria justamente aquela do skatista.

Ainda insatisfeito com a minha estética, surgia à primeira menina da turma interessada em mim, a Bianca. Comunicado por todas as suas amigas sobre seu interesse por mim, por incrível que possa parecer, e para o meu maior azar, todas elas eram mais bonitas do que a própria Bianca. Lembro bem aquele rostinho, sem graça, lá na frente da sala, me olhando durante aulas intermináveis, com ternura e dúvida. Como se me questionasse o tempo todo se eu a aceitaria ou não.

Com cabelos crespos e uma boca absurdamente grande, ela era feia de doer, ainda assim fiquei bastante contente, afinal era o começo, pelo menos, alguma menina me notara. Não me atraindo em nada, pensei realmente em aceitar. Primeiro, com ela, eu aperfeiçoaria meus inexperientes beijos. Segundo, por nunca saber como dar um fora em alguém. Como lhe diria não?

Eu ficava horas imaginando como ela se sentiria sendo rejeitada. Certamente, ficaria triste, se sentiria feia e ainda me detestaria por isso.

Poxa! Mas porque Ise também não pensara assim na quinta série? Sem recordar o verdadeiro motivo que nos afastou, acabei não tendo nada com a Bia. Ainda bem.

Nesse ano a moda era a música mixada, todas as festas eram embaladas pelas remix. Como se fosse hoje um estilo discoteca com arranjos eletrônicos.

Passei a gravar fitas para os colegas contendo muitas das consideradas as melhores músicas desse gênero, me rendendo o apelido de D.J. (*Disc Jockey*, profissionais que comandam os sons das festas). Não era o apelido perfeito, mas era melhor do que gordinho.

Eu cobrava por cada uma dessas gravações e os colegas, para comprá-las, passaram a economizar o dinheiro da merenda. De uma forma ou de outra, todos acabavam pagando direitinho, exceto André, mas conhecido por *Piolhex*.

Como ele solicitara, gravei a sua fita contendo as melhores músicas de então. Ingenuamente entreguei-a antes que ele me pagasse. Mas como poderia confiar num cara com o apelido de *Piolhex*?

Ele tinha um cabelo bastante estranho, parecendo uma enorme peruca, onde muitos afirmavam já terem visto alguns piolhos.

Contente, *Piolhex* ouvia sua fita diariamente nos modernos *walkmans* da época, sempre dando desculpas esfarrapadas sobre o meu dinheiro. Ele não esperava o que estava por vir, aliás, nem eu...

A professora de Ciência pedia que todos arrastassem suas cadeiras formando um enorme círculo na sala e no centro colocara aquele treco, o reto projetor. A aula fluía normalmente com suas explicações sobre cada um daqueles intermináveis *slides*, até que eu voltasse a sentir novamente aquela coisa inquieta que vive dentro de mim. Erguendo-me rapidamente da cadeira, saio com fúria na direção daquele menino e sua cabeleira. Ele, sentado ao lado da professora Sandra, assustou-se ao ouvir de meu amigo **DDA**:

– Não precisa mais me pagar não. Tome isso! – Dizia antes de aplicar um soco bem no meio de sua testa que, com o impacto, lançava sua cabeça contra a parede. Lembro-me dele com as mãos na nuca, contorcendo-se de dor e uma expressão de medo e desentendimento.

Imediatamente, alguém saiu correndo para providenciar gelo. A professora, perplexa, apavorada, não teve coragem de expulsar-me da sala.

Nesse mesmo ano ainda recebi duas suspensões: uma, por ter sido flagrado pela própria Diretora matando aula atrás de uma barraquinha próxima à escola, jogando dominó e tomando cerveja. A segunda suspensão foi ainda pior. Além de ficar uma semana inteira sem poder pisar no colégio, deveria retornar da suspensão, acompanhado pelo meu responsável.

Dessa vez, havia catado na grama em frente à minha casa centenas de formigas gigantescas, colocando-as dentro de um vidro de maionese. Depois de deixá-las por um dia inteiro sem alimento, imaginando que famintas tornar-se-iam mais violentas. No dia seguinte, notei que muitas haviam morrido. Não desanimei, imaginei que sobreviveram as mais resistentes e as mais fortes, as quais eu soltaria no meio da aula, daquelas chatas apresentações de *slides*.

Cenário perfeito, todos focados no assunto e as luzes apagadas. Ninguém veria o autor da façanha.

Após o término da longa apresentação com o retroprojetor, no instante que se acenderam as luzes, todos se apavoraram com a quantidade de enormes formigas andando de um lado para o outro.

Mesmo sem a certeza de quem teria sido o autor daquele gesto, não seria difícil imaginar. Novamente fui chamado para onde já conhecia o caminho de olhos fechados, a direção. Lá assisti a chantagem daquela insuportável fulana de tal.

Eu detestava aquela cerimônia. Antes mesmo do esperado veredicto, nós tínhamos de aguardar tensos na antessala, esperando ansiosos quando a Diretora poderia finalmente fazer o sermão. E nunca me ofereciam um único cafezinho.

Frente à Dona Fulana de tal, não sei quem mesmo, mal me acomodei, ela arregalou os olhos intimidadores:

– MARCUS, foi você?

Embora goste de criar estórias e fazer artes, sou um péssimo mentiroso. Preciso sentir algo para tornar uma mentira verdadeira, como, por exemplo, aquela da morte do meu avô. Nesse dia, sentindo que não estava sendo tomado pela emoção e sem a presença de meu amigo **DDA**, timidamente, respondi:

– Dessa vez, não! Agora também tudo que acontece por aqui, todos pensam que fui eu?

Era incrível como ela conseguia abrir tantos os olhos e não piscar um só instante. E seguiu ameaçando:

– Se você não assumir a culpa, a turma inteira vai ser suspensa por isso.

Este seria, sem dúvida, o jeito mais fácil de convencer um **DDA**. Pois, por mais travessos que fôssemos jamais prejudicaríamos outras pessoas por conta disso.

Assumindo ser o único responsável, assisti ainda, naquela mesma sala, ao ridículo papel dessa diretorinha, colando com fita durex, um dos insetos mortos no livro de ocorrência da escola. Pagaria para ver, se aquela formiga permanece ali colada.

Nessa hora ela já relaxava suas pupilas e, enquanto preenchia minha suspensão, eu pensava: ser castigado por causa de umas formiguinhas? Se previsse isso, soltaria algo bem maior, um rato ou uma barata.

Ficar sete dias sem aparecer por lá não era tão difícil assim, mas vergonhoso era aparecer nas escolas com minha mãe.

Volto a pensar por onde andaria aquele velho sádico que inventara a escola. Certamente já estaria mortinho da silva, bem feito. Mas será que antes de morrer, ele também tinha inventado os cursos de inglês?

Além das aulas matutinas, continuava meu curso de inglês à tarde, durante três dias da semana. No início até gostava de estudar outro idioma, adorava me exibir cantando as músicas estrangeiras que aprendia. Depois, esse *marketing* pessoal passou a ser insignificante diante do sofrimento de comparecer a tais aulas.

Carregando aquele classificador azul claro com inicias destacadas em preto escrito **EBEC** (Escola Baiana de Expansão Cultural), saía de casa após o almoço, ainda com a calça jeans da escola que nunca tinha ânimo de retirá-la, já que sairia mesmo apressado.

Mal era feita a digestão do almoço, e eu seguia de ônibus, recebendo a claridade do forte sol das 13h30min bem na minha cara. Frequentemente, sentia fortes dores de cabeça naquele curto trajeto até o curso. No caminho, rapidamente passávamos pela orla e, avistando o mar, era possível saber as condições para a prática do surfe. Sempre que via uma onda quebrando, de dentro do ônibus era como se ela estivesse vindo em minha direção. Imaginava-me dentro da água de tal maneira que, por diversas vezes, gesticulava braços e pernas nos locais públicos, como se estivesse realmente executando alguma manobra na prancha.

Para fugir daquela rotina, passei a deixar minha prancha na casa de um amigo. E mesmo saindo de casa todo arrumado como de costume, dessa vez teria por baixo da calça jeans uma bermuda de tactel. Assim ninguém desconfiaria de nada, e passei a surfar por todas as segundas, quartas e sextas-feiras. Embora saísse no mesmo horário do curso e pegasse o sol ainda mais forte no rosto, não tinha mais aquelas dores de cabeça. Nessa época, não apenas perdi o ano letivo, como também fui reprovado no curso de inglês. Garanto, porém, que surfando eu era mesmo muito bom.

Φ Φ Φ

Interrompo agora o CD de *Mozart*, parando para tomar um café. Acabei esquentando-o demais e enquanto assopro tentando esfriá-lo, volto a lembrar daquela incrível invenção do ar-condicionado no meu carro novo. E se ele estivesse aqui ligado na direção da xícara, o café esfriaria depressa...

Desculpem mais uma vez a mudança repentina de assunto, é mesmo mais forte do que eu. Mas voltando às malditas escolas e àquelas sensacionais estrelas cadentes...

Após a quarta série, tornou-se previsível que eu sempre estaria nas recuperações no final de cada ano, restaria saber de quantas e quais seriam as matérias.

Em tais períodos, estaríamos quase sempre em Abrantes, nossa casa de praia. Numa pracinha próxima a casa havia um enorme jardim cercado com bancos. E ali, na posição que sentávamos todas as noites, não sei bem se a própria geografia, que desconheço com propriedade, explique, avistávamos, sem dúvida alguma, um dos céus mais estrelados que já pude ver. Era comum todo final de ano sempre assistirmos muitas estrelas cadentes por lá.

Sabendo daquela crença de se fazer um pedido, sempre que eu via uma, repetia o mesmo desejo: ESTRELA, ESTRELINHA EU QUERO PASSAR DE ANO... Parecia tosco e era realmente tosco, mas eu realmente clamava aos céus isso como o meu único pedido às estrelas. Confesso que repeti isso durante tantos e tantos anos seguidos que ficou encarnado de tal maneira que até hoje, quando tenho a sorte de avistar alguma estrela cadente, instintivamente ainda repito sempre este mesmo pedido. Mesmo sem mais a mesma necessidade.

Φ Φ Φ

Reprovado na sexta série, ainda assim minha mãe não desistiria de mim. Passava a procurar uma escola com dependência. Nela seria permitido estudar o ano letivo normalmente e, paralelamente, num outro horário, refazer as outras duas matérias perdidas no ano anterior.

Foi quando me matricularam em uma espécie de escola mal assombrada no final do mundo, o Colégio Status. Embora tivesse esse nome pomposo, era uma verdadeira baderna. Então, diariamente, depois de uma hora inteira naquele ônibus lotado das seis, eu chegava à Estação da Lapa, já pronto para voltar à casa. É difícil descrever a Estação da Lapa, é uma espécie de engarrafamento organizado. São muitos ônibus, que chegam e saem a todo instante, muitos pontos cobertos por longas filas de pessoas impacientes.

Cansado do longo trajeto, ainda me irritava com a multidão de camelôs ambulantes anunciando seus produtos aos gritos nos ouvidos dos passantes. Nessa época, não havia ainda os cartões telefônicos, eles vendiam cartelas contendo dez fichas para ligações. E conseguiam fazer um barulho ensurdecedor, sacudindo-as entre suas mãos.

Todo começo de ano, eu acreditava que seria capaz de estudar. E em cada nova escola tentava ser diferente. O cheiro das páginas do caderno ainda virgem trazia uma esperança de que, dessa vez, conseguiria fazer tudo certinho. No início, permanecia sentado nas primeiras cadeiras, ouvindo os professores explicando assuntos, anotando o conteúdo e não puxava assunto com os colegas ao lado. Nas semanas seguintes, já era bastante difícil controlar os impulsos. Mas ainda fazia força para permanecer tranquilo, mesmo com o desconforto de meu **DDA** inquieto por dentro.

Aos poucos ia me deixando seduzir por meu amigo **DDA**. Entrava na sala de aula e era quase impossível não ser atraído a sentar na última cadeira da sala, próximo às janelas. Em seguida, vieram as primeiras discussões com Antônio, o arrogante professor de matemática que, um dia, perdendo a calma comigo, dissera à turma aos gritos:

— Vocês terão de escolher: ou MARCUS deixa esta turma, ou saio eu.

Visto como antipático por isso, ele foi imediatamente substituído, a pedido de muitos colegas.

Eu passava aulas inteiras triturando pedaços de giz que, durante os intervalos, eram colocados cuidadosamente em cima de cada hélice do ventilador desligado. No retorno do intervalo, quando o professor o ligava, fazia uma bela fumaça branca. Fora algumas engraçadas esculturas que se fazia em forma de flor, entortando essas mesmas hélices de cabeça para baixo.

Muitos gostavam de mim, poucos detestavam, mas era, sem dúvida, um dos garotos mais falados entre todas as turmas. Já havia beijado algumas garotas, e até meninas de turmas mais avançadas me olhavam diferente.

Extremista como um bom **DDA**, se, por um lado, fui muito rebelde, também sabia ser doce, atencioso e amigo de todos. Os serventes que o digam. Eles alimentavam-me com ótimas prosas durante minhas fugas da sala de aula. Muitas vezes conversávamos escondidos dentro do banheiro da própria escola durante aulas inteiras, sem jamais me dedurarem, passaram a ser meus cúmplices.

Sentia desde cedo quando uma pessoa gostava ou não de mim. Hoje, sabendo mais um pouco sobre o distúrbio, tenho quase certeza desse dom. Poderia afirmar que naquela escola, além de alguns meninos por rivalidade com as garotas, duas outras pessoas não tinham afeição alguma por mim: o professor de matemática Antônio Um e o porteiro Antônio Dois. O professor de matemática tinha seus motivos, embora eu possa contestá-los: fora substituído na minha sala por colocar a decisão entre os alunos, afirmando que a sala seria pequena demais para nós dois. Eu até que concordava com isso, mas me senti culpado por ele ter passado por aquela humilhação. Já Antônio Dois, o porteiro, não tinha motivo algum, além do seu eterno mau humor.

Diariamente cansado daquela maratona na Estação da Lapa, eu chegava na escola saudando-o com um caloroso bom dia. Nas poucas vezes que foi correspondido, vinha de forma tão fria, como se ele me cumprimentasse apenas por obrigação. Não tem algo que me desagrade mais do que não corresponderem à minha educação. Comecei a passar direto pela portaria e já não olhava mais a sua desagradável face. Pois seria justamente esse velho mal-humorado que me entregaria mais tarde à Diretora.

Assumo ter detestado aulas, mas, bem ou mal, durante quase todas as manhãs, eu estava ali. E ainda por duas vezes na semana, permaneceria até o turno vespertino, para aquelas inexistentes aulas de dependência. Nesses dias, sempre almoçava na casa de uma tia que morava ali próximo. Seria conveniente se não fosse aquela perigosa caminhada tensa pela Praça da Piedade até o Largo Dois de Julho. Nesse mesmo local, um colega já tinha sido assaltado por pivetes que perambulavam por perto.

Embora gostasse quando, por algum motivo, não tinha aulas pela manhã, durante a tarde me sentia um verdadeiro idiota, quando algum funcionário da direção ia à sala, inventando uma boa desculpa para justificar as faltas de um professor que nunca aparecia. Passava a pensar na minha manhã inteira, juntando tudo àquilo que enfrentara para fazer-me ali presente. O ônibus lotado das seis horas, os camelôs gritando: "cartela de ficha oiiiiiii! picolé capelinha é dezzzzz! Cccccigarro! Ccccccigarro!". Lembrava meu almoço apressado, o medo dos pivetes, a agonia do trânsito barulhento e a multidão se esbarrando na rua do centro da cidade. Fazia-se uma verdadeira confusão em minha cabeça, logo sentia raiva de não ter nunca a tal aula.

Sem a presença do professor numa dessas tardes, a escola encontrava-se simplesmente vazia. Meu amigo invisível facilmente me convence a fazer aquilo. Escondido, entro na coordenação, pego uma garrafa de álcool e a levo até o cesto de lixo da minha sala.

Tomando o cuidado de cobrir o cesto com papéis por cima para que ninguém pudesse ver, saio da sala para comprar uma caixa de fósforos na mesma barraquinha que bebia cerveja para assistir as monótonas aulas de educação artística. Mirando aquele enorme quadro negro, volto à sala com meu amigo **DDA** já bastante agitado. Sinto-o pegar-me pelo braço espirrando álcool por todo o quadro. Imediatamente, lembro do meu pé queimado no dia da maldita lagartixa, então, fiquei atento e verifiquei, antes de riscar o fósforo, se o álcool respingara em mim.

Um tremendo susto. Jamais poderia imaginar que o fogo se espalharia tão rápido daquela maneira e, apavorado, deixo a sala correndo, esquecendo o álcool e os fósforos sobre a mesa.

No dia seguinte, acordei pressentindo algo estranho. Sentia um desconforto dentro de mim. Não sabia explicar, mas não gostava daquelas sensações. Era mesmo minha intuição sobre alguma coisa que estaria por vir. Chego à escola naquela manhã sendo visto por

Antônio Dois e, no fundo daquele olhar frio, eu poderia ler sua alma. Ele sabia de tudo, tive certeza disso.

Na primeira aula do dia, a servente Jô entra na sala carregando um papel na mão, e o lê em voz alta:

– Aluno MARCUS **DEMINCO** queira, por favor, me acompanhar.

A turma já não fazia ar de espanto, afinal de contas aviso com o meu nome não era algo tão anormal assim.

Jô era uma daquelas cúmplices que me acobertavam nas filadas de aulas. Muito minha amiga, confidenciava-me tudo de sua vida, inclusive coisas íntimas como suas terríveis brigas com o marido alcoólatra.

Descendo a escada e pelos três andares até a direção, ela ia me deixando a par de tudo:

– Parece que dessa vez você exagerou um pouco, não é MARCUS? Antônio Dois afirmou para a Diretora que teria visto apenas você dentro da escola antes do incidente.

Sem argumentos, ainda tentei saber mais:

– E como ela está?

Ela ainda esboçou um sorriso pálido dizendo:

– Não está nada feliz, inclusive sua mãe também já está sabendo e deve estar vindo para cá.

Percebendo que a notícia sobre minha mãe me deixara sem graça, Jô ainda tenta me distrair:

– Mas, quem sabe, com esse seu jeitinho você não consiga reduzir alguns dias da suspensão.

Quando finalmente cheguei, vi minha mãe totalmente abatida sentada diante da Diretora que, com ira nos olhos, gritava:

– Seu filho se comportou como um vândalo.

De pé, ao lado da porta, pensei o que deveria ser um vândalo. E, embora não soubesse o significado daquela palavra, pelo seu jeito de repeti-la por mais duas vezes, eu pressenti que seria algo terrível, como um pivete ou um marginal.

Aquela idiota não acreditaria, se lhe afirmasse não ter feito tudo aquilo por maldade, aliás, ninguém poderia acreditar, o que nem eu saberia explicar. Era como se fizesse coisas e apenas depois visse o tamanho do estrago delas. Somente nesses momentos "caíam as fichas" em minha cabeça, fazendo barulho como aquelas que os ambulantes vendiam na Estação da Lapa. Aí sim, dava conta do tamanho da besteira que havia feito e sozinho pensava: mais uma vez voltava a desapontar os meus pais. Outra vez seria advertido, suspenso ou expulso. Por que isso comigo meu Deus, por quê? Por que não descobri o **DDA** antes, por quê?

Em seguida, escutei a Diretora em bom tom:

– Seu filho está sendo convidado a retirar-se da escola.

Confesso, também, na hora não ter sido capaz de compreender direito. Em minha cabeça tonta, para onde sou convidado, vou se quiser.

Mas, nas lágrimas de minha mãe, entendi perfeitamente o que diziam aquelas educadas palavras.

É praxe a Diretora expulsar alguém assim? Eu seria um idiota ou ela estava me mandando ir à merda de uma forma mais gentil? Convidado a me retirar? Essa era boa.

Deixei aquela sala chorando por dentro e, pelo canto do olho, vi a face pálida de minha mãe, sem conseguir emitir nenhum tipo de ruído. Nada. Ela estava branca e muda. Ainda assisti Jô lhe trazendo um copo d'água, antes mesmo que quase desmaiasse naquele pequeno sofá da antessala.

Vendo minha mãe passando mal, meu cérebro processa tudo rapidamente: "Ela estava assim por causa das duras palavras daquela maldita Diretora. Bem! Já que fui expulso mesmo, nada pior poderá me acontecer".

Meu amigo **DDA** é tomado por uma revolta, volta à sala da Diretora, abre a porta num único chute e, antes de aceitar seu convite para retirar-se, avisa:

– Minha mãe está aqui passando mal, se ela tiver alguma coisa, eu te mato sua "porra, puta ou desgraçada". Não lembro com exatidão qual desses termos tenha dito, ou se disse os três.

Insisti tanto para interromper os estudos nessa época. Eu simplesmente detestava estudar. Queria mesmo era pegar onda e me dedicar mais ao surf. Tentei convencer meus pais do quanto eu era bom, que poderia me profissionalizar e conseguir um bom patrocinador. E no futuro retomaria os estudos.

A proporção da raiva que tive por não ter recebido esse apoio é menor que a gratidão que tenho hoje por não terem permitido.

Eu era um **DDA** sem freios, algo descontrolado e sem direção. Mesmo sem cumprir as regras e detestar normas e limites, precisava saber que elas existiam de alguma forma.

Vendo todos continuarem os estudos, passaria o resto do ano inteiro surfando. Ficava alegre e triste durante as manhãs, quando de dentro d'água, sentado na minha prancha, ainda bem cedinho, eu avistava os ônibus passando pela orla, cheios de alunos fardados. Por que eu não estava entre eles?

No intuito de diminuir os rotineiros sermões dos meus pais, arranjei um trabalho numa loja de surf. Assim, passaria a ficar por dentro daquele mundo que passara a ser meu. Estaria sabendo tudo sobre as novidades e competições.

Embora esse primeiro emprego tenha sido uma ótima experiência, foi desagradável a primeira ordem que recebi...

Naquele dia, o dono da loja pedira, sem muita educação, que retirasse um tênis exposto na vitrine e recolocasse o cadarço corretamente. Senti-me tão mal, que jamais apaguei minha primeira obediência como funcionário.

Assim, mesmo com o pouco dinheiro que recebia, financiei uma prancha de *bodyboard* novinha e ainda banquei minha primeira viagem para Itacaré, onde pegaria ótimas ondas e, depois, me tornaria campeão de *bodyboard* numa competição do bairro, ganhando minha segunda medalha de ouro. Mas quem ligaria para isso, já que eu não era o aluno brilhante?

Sem me prolongar mais sobre o surf, volto às escolas. No final desse ano, recorremos a uma "fábrica" ou "indústria", as famosas escolas "P.P": "pagou passou". Ainda assim, lembrando-me bem daquela Diretora quando falava com a minha mãe, dizendo "Vândalo", penso assustado:

— Essa nova escola certamente estaria repleta deles.

Ainda preocupado como seria naquela "fábrica", pergunto para um conhecido que ali estudava:

— Como devo me comportar? Existem mesmo muitos vândalos por lá?

Guardo ainda seus conselhos:

– Relaxe cara, lá ninguém tá nem aí pra nada, não vão nem reparar se tudo que eles apenas pensavam ou cochichavam e não tiveram jamais coragem de dizer. Ainda assim eu era querido por muitos.

Hoje, conhecendo a etimologia da palavra, vândalo: expressão derivada do latim *vandalus*. Refere-se ao Membro de um povo germânico de bárbaros que, na antiguidade, devastaram o Sul da Europa e o Norte da África. Afirmo que poderia até ser frequentado por alguns **DDAs**, mas nem mesmo naquela instituição haveria os tais "bárbaros devastadores". Além de jamais ter saído do Brasil, muito menos devastado regiões inteiras, receber esse nobre titulo por um simples quadro-negro, sem graça alguma.

Seria eu o único vândalo entre todos os colegas que tive das tantas escolas por onde passei, ou aquela Diretora seria mais imbecil do que deduzi?

Embora tenha estudado ali por quase dois anos, não me estenderei mais. Como pouco frequentava, não trouxe muitas aventuras de lá. Mas, lembro-me bem daquela prova questionando o motivo de Dom Pedro não ter feito alguma coisa, não sei bem o quê.

Afinal, eu havia estudado num colégio onde todos falavam diariamente sobre um tal Dom Bosco, e não sabia quem ele tinha sido. Como poderia saber o motivo de Dom Pedro não ter feito alguma coisa? Sem imaginar quem seria os tais "DOM`S", e com a pressa que tinha de terminar algumas provas, lá estava minha curta resposta: "A história conta outros motivos, mas a verdade é que ele estava com uma tremenda dor de cabeça". Sem outras avaliações, onde tinha maior disposição, criava contos mirabolantes e respostas tão longas que, certamente, os professores não se dariam ao trabalho de ler.

Φ Φ Φ

Não fui mesmo um aluno exemplar, estive sempre entre os mais medíocres da turma. Sentado no fundo de todas as salas, eu estava pensando em tudo ao mesmo tempo, menos prestando atenção nas aulas. Adorava apenas as dissertações, era o meu único momento, onde mesmo sentado, eu deixava a sala flutuando enquanto escrevia. Embora as provas de redação viessem sempre com uma folha para rascunho anexada e eu visse muitos colegas, ao lado, pacientemente, fazendo antes todo o texto a lápis, eu já estava agoniado com meus pensamentos velozes. Ia sempre com muita pressa para não esquecer, escrevendo de caneta mesmo, diretamente na prova. E se fossem repetidos aqueles temas previsíveis de sempre, eu simplesmente me perderia dele a cada instante, fugindo totalmente dos contextos.

Hoje percebo o quão fácil é escrever, assim como é simples demais falar. Seguir apenas escrevendo e falando coisas soltas, tolas ou descrentes, qualquer político ou medíocre sabe fazer. Difícil mesmo é colocar vida, verdade e sentimento nos textos, acreditando em cada uma das palavras que escreve. E era justamente assim que eu fazia cada uma daquelas redações, nas quais muitos professores riscavam com grandes letras e com caneta vermelha: *"O aluno tem ótimas ideias, não consegue estruturá-las"*, lembro-me de, pelo menos, cinco vezes que minhas dissertações voltavam assim, acompanhadas de uma péssima nota. Na verdade, eu viajava tanto em meus próprios pensamentos que tinha certeza de que as minhas ideias eram as mais brilhantes de todas as redações da sala.

Fui o líder de quase todas as turmas pelas quais passei, capaz de desafiar os professores mais temidos. Fui o palhaço das salas, o que conseguia descontrair as aulas mais chatas e a voz dos meus colegas tímidos, pois falava tudo que eles apenas pensavam ou cochichavam e não tinham jamais coragem de dizer. Apesar de tudo eu era querido por muitos. A Diretora de uma dessas tantas escolas, certa vez até me confidenciou:

– Quase todos os professores ligavam preocupados, querendo saber se você havia passado ou se eles poderiam te ajudar...

No meu segundo grau, estagnado, assisti os meus colegas querendo fazer uma universidade, exceto eu. Até poderia fazer alguma, se antes soubesse exatamente o que queria. Ainda assim, cursei Letras com Inglês até o terceiro semestre, abandonando-o em seguida. Enquanto cada colega ia formando, eu continuava inconformado. Bem! Acho que nunca soube exatamente o que queria, aliás, continuo sem saber até hoje. Mas, se soubesse, seria óbvio. E a previsibilidade nunca fez parte de minha vida. Muitos dos meus colegas permaneceram estudando para corresponder às expectativas alheias. Outros seguiram aleatoriamente para não se submeterem às duras críticas sociais. Alguns, sem ideologia, mas com pressa, tentaram as mais fáceis. Sem esquecer também da minoria que realmente gosta e se identifica com o que faz. E dentro desses, existem aqueles que carregam a esperança de uma grande realização profissional, enquanto outros aceitarão ser a prosperidade dos sonhos de outrem. Normalmente um pai ou uma mãe.

E muitos dos que almejam futuros brilhantes, ao alcançarem, pensarão erradamente que são pessoas importantes ou iludiram-se acreditando terem conquistado feitos concretos. Entretanto, não aprenderam lições importantes, porque estiveram entretidos com estudos, se ausentando das aulas de vivência que não foram lecionadas em escolas ou universidades: "Você nunca é algo ou alguém. Você está sempre sendo". Sábios não serão necessariamente os doutores diplomados. Nem tão pouco os *Bon Vivants*. Sábios serão os mestres que acatarem seu eterno papel de aprendiz, e os intelectuais que interpretarem os intermináveis ensinamentos da vida. Mais tarde, ao ter uma clara noção sobre os diferentes métodos de ensinos existentes, imaginei como deve ter sido um sofrimento para um "**DDA**zinho" como eu estudar numa escola tradicional. Já que não existem escolas especiais para **DDAs**, se tiver um filho com distúrbio do déficit de atenção, optarei por uma escola construtivista. Claro! "Se não sou, mas estou sendo" (aquele mesmo aprendizado). Como um ensino poderia permanecer sempre tradicional? Seria negar a evolução da espécie e eximir-se do aprimoramento.

CAPÍTULO 6

A Voz De Deus (Com Ritalina)

A casa encontra-se vazia, bem como a prefiro para escrever. Ainda organizo algumas coisas antes mesmo de tomar meio copo de água com meu último comprimido de *Ritalina*. Pensei não atender, mas não teria como me concentrar com aqueles insistentes toques ecoando por todo o corredor. Ah! O maldito telefone que havia me esquecido de desligar.

Talvez as minhas curtas respostas, sem deixar espaços para que o diálogo fluísse normalmente, não tenham sido suficientes para que Renan notasse o quanto eu estava ocupado naquele instante. Ele poderia ser breve, objetivo ou afirmar ter ligado simplesmente para saber como eu estava e nada mais. Aliás, por que as pessoas não ligam apenas para saber como as outras estão passando e depois desligam? E se ele me desse uma deixa, uma única chance para acelerar a conversa e chegar até as despedidas?

Já sei. Como há muito tempo ele não me via, logo perguntaria o motivo do meu sumiço. Ai, sim, teria uma boa saída. Afirmaria que andava mesmo muito ocupado, inclusive naquele instante estava terminando algum relatório importantíssimo. Claro! Um relatório. Todos fazem relatórios sobre tantas coisas. Por que eu não poderia estar fazendo um?

Normalmente, gosto de receber telefonemas, inclusive eu não evito uma boa conversa fiada com amigos. Mas não naquele momento, depois de superar aquela dificuldade que trago para conseguir uma mínima concentração. Tudo que eu queria agora era aproveitar o efeito do medicamento e encerrar a ligação o mais rápido possível.

Parecendo fingir não perceber a minha demonstração de impaciência, ele prosseguia:

– Sim, e no feriado, vai fazer o quê?

Pensei ainda em ser direto, tipo:

– Renan! Estou escrevendo, podemos conversar em uma outra ocasião?

Todavia, fiquei tão preocupado como ele reagiria se dissesse isso, que preferi não dizer nada. Como se as minhas sinceras palavras fossem capazes de lhe fazer algum tipo de mal, ou mesmo lhe ofender.

A verdade é que nada funcionaria mesmo. Ele ia prolongando o papo, dando voltas e voltas para, antes mesmo das minhas tão esperadas despedidas, convidar-me para acompanhá-lo ao banco.

Atônito, sem ter aprendido, até hoje, a dizer um maldito não, aceitei o convite facilmente.

Sou às vezes tão fraco que acabo sendo mais companheiro de muitos do que de mim mesmo. E sem coragem de recusar, lá estava eu, um cara que não dava jeito nas suas pendências, se prontificado a acompanhar o outro, para, juntos, resolvermos as dele. Também pudera minha insatisfação. Tomo *Ritalina* unicamente para escrever e não para sair por aí resolvendo todos os problemas do mundo, menos ainda passeando em bancos.

Como se diminuísse alguma coisa a minha agonia naquele momento, ele se prontificou pegar-me em casa, dizendo como se fosse a glória:

— Não se preocupe, pego você ai.

Acreditem, ainda agradeci:

— Ah! "brigado"!

Entrando no seu carro, dei-lhe ainda um largo sorriso, e ele jamais desconfiaria do meu descontentamento.

O som baixo do rádio ia sendo preenchido durante o percurso, por sua queixa, numa voz revoltada, sobre uma altíssima conta de celular.

Ele ia dirigindo e gesticulando simultaneamente, de maneira indignada, afirmando repetidas vezes que o valor só poderia estar alterado e que ele deveria mesmo era processar a tal operadora.

Chegamos ao shopping. A enorme fila do banco não me irritava tanto, talvez por ser um problema de outrem ou porque, naquele momento, a *Ritalina* estava no auge de sua eficácia dentro do meu cérebro. Mesmo assim, não consegui disfarçar minha felicidade, quando o amigo, decidido, resolveu adiar o pagamento, justificando-se:

– Sabe? Ainda faltam alguns dias úteis, deixarei para pagar em outro dia.

Penso comigo, ainda bem, da próxima vez não me esquecerei de desligar o telefone.

Após deixar o banco, eu permanecia tranquilo, diria que meio lento. Meus braços, já mais leves, iam esbarrando naquele amontoado de pessoas apressadas que não me incomodava mais. Nem as dondocas, que me irritavam sempre ao "frearem" com suas sacolas bem na minha frente para olhar as vitrines, seriam capazes de me tirar a paciência.

No meio de toda aquela agitação e do barulho ensurdecedor que se faz quando muitas pessoas falam ao mesmo tempo, consegui escutar uma voz longe dizer-me: Por que estava sempre deixando tudo para última hora? Por que esperei terminar a cartela inteira da *Ritalina* para pedir uma nova receita para Paulo?

Meu amigo **DDA** voltava aos poucos, atazanando-me os ouvidos: Como conseguiria logo uma nova cartela do remédio? Seria preciso ligar para o Paulo novamente. Somente ele poderia providenciar as tais receitas.

Lá estava eu novamente falando sozinho. Imediatista como um bom **DDA**, não poderia esperar mais um minuto. Teria que falar com meu psicanalista naquela hora, de qualquer jeito.

Ciente de que meu celular há muito tempo se encontrava sem créditos, pergunto ao meu amigo invisível: Peço a Renan? A ele, que havia passado parte daquela manhã resmungando sobre sua astronômica conta telefônica? Certamente se importaria.

É verdade que não paro muito tempo para refletir quando estou assim. Simplesmente vêm uns estalos em minha cabeça e, como se algo me movesse, preciso fazer aquilo imediatamente.

Antes de pedir-lhe o aparelho, sabia que ele refletiria sobre dois aspectos. No primeiro, pensaria que já estava no prejuízo mesmo, não seria uma ligação a mais que tornariam as coisas piores. E, no segundo, era como se ele sentisse alguma dívida pelo meu esforço e boa vontade em acompanhá-lo. Logo, aquilo poderia ser uma demonstração de sua gratidão.

De posse do celular, rapidamente, ligo para o consultório de Paulo.

Para minha surpresa ele mesmo o atende, mas imediatamente afirma estar ocupado. Falou que entraria naquele exato instante para atender um paciente, mas, no final da consulta, eu poderia retornar a ligação.

Todos sabem dizer simplesmente que estão ocupados. Por que não eu?

Agoniado, imaginando esperar ainda por uma hora inteira, acabei sendo inconveniente em tentar adiantar-lhe o que seria:

— Sabe, Paulo, terminei aquela caixa do medicamento. Preciso de uma nova receita para comprar mais.

Ele, mostrando como sabia distinguir nossa amizade do seu profissionalismo, respondeu:

— Sobre isso prefiro conversar com você pessoalmente. Me ligue mais tarde e combinamos alguma coisa.

A curta conversa servia somente para confortar Renan que, pelo seu tenso olhar, marcava cada segundo daquele telefonema.

Sentindo que dessa vez haveria certa resistência de Paulo e prevendo a dificuldade que enfrentaria para conseguir a *Ritalina*, permaneci mudo. Fiquei alguns minutos refletindo sozinho, até ser surpreendido por uma piada sem graça de Renan:

— Mandarei a conta do celular para você.

Mesmo sabendo do seu tom de brincadeira e ciente de que nem demorei um minuto se quer, meu amigo invisível resmungou:

— Filho da mãe! Se você preferir pagar-me em dinheiro o sacrifício de estar aqui com você, eu ainda teria um bom troco para receber. E se a forma de pagamento for a permuta telefônica, ainda teria bônus suficiente para ligar de volta para Paulo.

É incrível como mesmo brincando e, sem querer, muitas vezes dizemos coisas sérias. Eu não me sentia confortável para pedir seu celular novamente.

Sem mais o que fazer naquele shopping e com a cabeça nos intermináveis minutos que restavam para que Paulo finalmente terminasse a tal consulta, aceitei tomar um *cappuccino* com Renan antes de voltarmos para casa.

Enquanto ele se dirigia ao balcão daquela lanchonete para pedir os dois cafés, observei de longe um rapaz me lançando um sorriso. Parecendo ter-me escolhido entre todos ali sentados, tranquilamente aproximou-se em minha direção. Com a cor da pele bem bronzeada e uma aparência semelhante a de um índio, debruçou seus braços numa cadeira vazia ao meu lado e timidamente pediu:

— Senhor, não me leva a mal não, mas o senhor poderia me ajudar?

Visivelmente bem trajado para um pedinte, curioso, pergunto:

— E como poderia ajudá-lo?

Arrastando uma fala insegura, como se ainda não tivesse ensaiado o que diria, gaguejou tentando explicar-me:

— Sabe o que é, seu moço? Eu sou do interior, lá de Mata de São João, e preciso juntar algum trocado para minha passagem de volta.

Surpreendido, por também conhecer aquele lugar, ingenuamente, questiono:

— Bem, se você é mesmo de lá, certamente conhece Maurício Adonai?

Seu riso alargado ia fechando-se aos poucos. Meio sem jeito, ele responde:

— Conheço não senhor, de lá só conheço mesmo seu Joaquim (não sei das quantas).

Sabia que alguma coisa estava mal explicada. Era evidente que não se tratava de um simples mendigo. Se fosse realmente um necessitado não estaria tão bem vestido assim. E alguém que precise tanto viajar, certamente, não seria para um lugar onde conhecesse apenas um único Joaquim. Ao visualizar aquelas estranhas marcas roxas em seu braço, tive quase certeza do que seria.

Volto a pensar como tudo em minha vida é mesmo surpreendente. Justamente nos dias em que escreveria um capítulo inteiro sobre minhas experiências com as drogas, aquele rapaz surgira do nada diante de mim. Só poderia ser um enviado de Deus, era coincidência demais.

Então, vendo que Renan ainda estava na pequena fila do caixa, não hesitei em convidá-lo para sentar à mesa.

Ele não aceitou, demonstrando inquietude e olhando para os lados como se procurasse alguém. E certo de que teria pouco tempo, tento deixá-lo mais á vontade, propondo uma espécie de acordo:

— Aceito te ajudar e consigo parte do dinheiro para sua passagem, desde que você confidencie os verdadeiros motivos dessas marcas de agulhadas em seu braço.

Sem lhe dar espaço para responder, completei:

— Fique tranquilo, rapaz, sei que mal me conhece, mas pode confiar em mim. Eu também curto algumas drogas, mas agora quero saber sobre você.

É impressionante como gosto de saber da vida dos outros. E como tive certeza de que aquele "índio" não aparecera ali por acaso, pressenti que ele guardava alguma informação para mim, que poderia ser acrescentada ao meu livro. Sentindo, então, o quanto eu estava sendo sincero ao demonstrar interesse em suas histórias, ele inicia aos poucos:

— Sabe, moço? Usei heroína na veia por muitos anos, por isso as marcas nunca mais saíram. Mas hoje em dia só álcool mesmo e um baseado para relaxar, tô limpo.

Como alguém poderia julgar-se limpo bebendo e fumando maconha? Enfim, queria mesmo era saber mais sobre as suas experiências com drogas. Ainda tentei dar-lhe dois ou três conselhos, mesmo sabendo que ele jamais os aplicaria. Até continuaríamos conversando mais algum tempo, se não fôssemos interrompidos por um amigo dele que, chegou bastante esbaforido, e cochichando algo no seu ouvido.

Vendo que o outro também pedia dinheiro para as pessoas ao lado, deduzi que talvez já tivesse conseguido a quantia exata que precisavam. Ainda assim, conforme o meu prometido, dei-lhe parte do dinheiro mesmo sabendo que não seria para passagem alguma. Ele, saindo muito apressado, agradeceu convidando-me:

— Eu sou mesmo é pescador, seu moço, estou sempre no mercado do Rio Vermelho. Apareça por lá e te dou um peixe de cortesia.

Entendi, então, o verdadeiro motivo da sua pele queimada de sol e sabia que finalmente ele estava sendo sincero. Nesse momento, Renan volta à mesa, carregando os *cappuccinos,* água mineral e dois pedaços de torta. Ainda conversamos sobre algumas coisas até a hora do almoço.

Φ Φ Φ

Já em casa, muito agoniado, sentia que tinha algo a fazer, mas não lembrava exatamente o que era. E como me irritava aquela desagradável sensação de ausência de mim mesmo sai então, remoendo tudo que tinha pensado. No entanto, mesmo fazendo força mental para recordar o que seria, nada adiantava. Tentando ludibriar-me, penso ainda: ah! Deixa pra lá, se fosse algo tão importante assim, não esqueceria, certo? Errado. Também como poderia estar esquecendo de ligar para o Paulo? Pensei nisso a manhã inteira, estava tão ansioso para chegar rápido em casa e assim que chego, esqueço. Como pode?

A gravação da secretária eletrônica era o sinal de que ele não estava ou ainda estaria atendendo aquele mesmo paciente.

Mesmo sabendo que Paulo tornara-se um grande amigo e que jamais faria aquilo comigo, meu **DDA** faz-me pensar na possibilidade dele haver feito algo propositadamente para não me atender. Eu estaria sendo tão inconveniente assim?

Logo, fixo o olhar num número qualquer do telefone que ainda não desliguei e mergulho num rápido devaneio sobre como seria aquele paciente que lá estava. Estaria ele deitado num divã? Teria barbas? Estaria alucinado? Seria um esquizofrênico? Um louco de pedra? Ou apenas um **DDA** agoniado como eu?

Sem sequência lógica, eu penso como tudo estava dando errado naquele dia. Tomei o remédio e tive que ir ao banco com o Renan. Deixei a receita para a última hora, não conseguia falar com Paulo e mesmo aquele pescador não me acrescentara nada ao que imaginei. Isso tudo acontecendo e ainda era a metade do dia. Então, meu amigo **DDA**, ironicamente, aconselha-me: hoje vai ser mesmo um dia daqueles! Você não deveria mais arriscar sair de casa.

Tem dias que trago realmente essa impressão de que tudo não vai dar mesmo certo e dificilmente as coisas se revertem até a noite.

Acreditei que mudaria no final da tarde, quando coincidentemente encontrei com Paulo na academia. Após os cumprimentos, sentei na bicicleta ergométrica ao seu lado e seguimos pedalando e conversando.

Tentei fingir que nada havia dito sobre a tal receita e continuávamos sem tocar naquela questão. Na verdade, criei expectativas de que ele tocasse no assunto, afirmando que eu poderia ficar sossegado, que ele mesmo trataria de providenciar as receitas. Mas ele não dissera absolutamente nada referente a isso.

Contendo-me já por muito tempo, minha impulsividade falaria mais alto. E assim que Paulo perguntou sobre o andamento do livro, meu eu **DDA** desabafa:

– Pois é cara, o livro está indo bem, mas hoje não sei se conseguirei terminar sem a **Rita**.

Não sei se já era algo do seu costume e ele agia assim com todos ou apenas com as pessoas propícias à incompreensão como eu. Mas a verdade é que ele tinha um jeito cuidadoso nas suas explicações. E, com cautela me respondera:

— Sabe **DEMINCO**?! Criamos um laço maior de amizade. Poderia dizer hoje que você é mais um amigo do que meu paciente, por isso não seria ético se permanecesse como seu psicanalista.

E acrescentou:

— Tomei cuidado em procurar um ótimo profissional para você, inclusive com maior domínio sobre distúrbio do déficit de atenção.

Eu não estava interessado em outro especialista e poderia estar redondamente enganado, mas tinha certeza de que nenhum outro médico de saúde mental dominaria melhor o assunto **DDA** do que eu. Concordava também com Paulo na sua decisão de não mais me atender. Mas o que precisava naquele instante seriam apenas mais algumas cartelas de *Cloridrato de Metilfenidato*.

Saímos das bicicletas e passamos para a sala de musculação. Entre uma série e outra de exercícios, a conversa logo transitava por novos rumos. Ainda marcamos um jantar num restaurante de comida japonesa, antes mesmo de deixarmos a academia.

Minha insônia voltaria a incomodar-me naquela noite. E com a certeza da minha teoria em relação aos dias em que tudo começa errado, eles terminam da mesma maneira, continuava inquieto e pensando alto: "Como conseguiria o remédio?" Essas indagações pareciam vozes martelando minha mente.

Impaciente, mexendo de um lado para o outro, eu salto da cama e desisto de dormir. Na esperança de encontrar o sono perdido, ligo o computador na internet. E justamente na agonia dessa madrugada conheci aquele "maluco".

Dentre as tantas comunidades de que participo sobre psicologia, lá estavam àqueles irreverentes textos, escritos por um **DDA** com o nome igual ao meu.

Suas respostas nos fóruns virtuais eram como se fossem retiradas de meus próprios pensamentos. As semelhanças eram impressionantes. Suas ideias, atitudes e presença de espírito eram coincidentemente assustadoras. Simplesmente, passei a me ver naquele estranho sujeito.

A verdade é que por diversas vezes conheci **DDAs**, que se pareciam tanto comigo que ficava bastante intrigado. Mas com esse era pior: além de **DDA** com dislexia, também se chamava MARCUS.

Comecei a criar uma impressão nada agradável. Seria aquele cara real ou uma criação de minha própria mente?

E pensando sobre tudo isso, o meu eu **DDA** inicia um martírio. Será que esse negócio de **DDA** não é uma invenção pessoal sua para justificar tantos erros ao longo desses anos?

Assustado, ainda ouço suas incessantes perguntas: Já se indagou quantas vezes você esteve falando sozinho, certo de que teria alguém ali contigo? Seria, por isso, que muitos o olham na rua sem você entender o motivo?

Antes do meu total desespero, ele disse: Lembra-se do rapaz viciado que lhe pedira dinheiro hoje no shopping? Notou o quanto achou coincidência, o aparecimento dele quando você escreveria sobre drogas? Ele existe mesmo?

Tento ensaiar um riso da minha própria loucura, mas fico mais assustado, imaginando se o Renan não estivera ali comigo no exato instante em que falei com aquele índio, lá de Mata de São João, amigo do tal Joaquim.

Sem dar espaço, **DEMINCO** continua: e o livro, será que você está mesmo escrevendo tudo isso? E Paulo, é real? Acredita mesmo nisso tudo MARCUS?

Eu necessitava imediatamente de respostas que pudessem rapidamente superar aquele desconfortável delírio. Fecho os olhos e respiro fundo, vagando em busca das temerosas explicações.

Por um minuto, me acalmo, pensando nas mais diferentes ocasiões nas quais muitas pessoas também falavam com o Paulo, no mesmo momento em que eu estava presente.

Precisando provar-me ser mais uma daquelas tantas paranoias, desafio o meu amigo invisível: Sim, **DEMINCO**! Por que Paulo, com todo seu cuidado e ética, nunca me avisaria?

E meu raciocínio lógico, tentando manter-me o mais equilibrado possível, permanece confortando-me. Se fosse mesmo esquizofrênico ou ainda um louco, criador de tantas pessoas que não existem, ele, como um bom profissional, me diria.

Meu **DDA** ironicamente responde: Seria mesmo MARCUS? Não seria por ser tão mais grave o seu caso, o motivo para ele o abandonar, e a alegação de falta de ética para continuar acompanhando-o um puro pretexto?

Perplexo, ainda escuto **DEMINCO** lembrar-me da infância e daquele meu amigo imaginário:

– Lembra-se de quando você era bem criança, e todos o ouviam falando com um tal de Delso? E ele nem sequer existia.

Hoje, mesmo sabendo que alguns livros de psicologia já tinham me confortado em relação a esse comportamento, explicando tudo como sendo algo absolutamente normal na infância, ainda permaneceria intrigado.

Diante do meu computador ligado na internet, passei a viajar na triste possibilidade de tudo isso ser mesmo uma grande ilusão, até que um aviso de *e-mail* instantâneo me desliga um pouco dessa perturbação.

Mas quem também estaria navegando na internet àquela hora? Três e vinte cinco da madrugada? Vou apressado ler a inesperada correspondência virtual.

Curioso, imaginando tudo o que poderia ser, jamais seria capaz de prever o que meus olhos liam. Era dele o *e-mail*, aquele outro MARCUS.

Fiz tudo para iludir-me de que seria apenas mais uma coincidência, mas a minha paranoia voltava forte nos argumentos de **DEMINCO**. Esse *e-mail* foi escrito por você mesmo, enquanto se perdia nesses pensamentos.

Desentendido e assustado, volto a conversar com meu **DDA**:

— O que ele deve estar querendo, DEMINCO?

Tentando manter-me precavido, ele diz:

— É melhor você não abrir, assim não se certificaria de sua loucura.

Ele podia ter razão, mas eu precisava descobrir de qualquer maneira. Afinal, se ali estivesse mesmo algo escrito por mim?

Com a palma da minha mão direita gelada, o dedo indicador suado escorrega e dá um *click* no mouse, e os apreensivos segundos, que antecediam aquela expectativa, aumentavam ainda mais minha aflição. Seria mesmo a prova do meu delírio?

Mas as poucas letras maiúsculas pediam-me apenas o meu endereço eletrônico para que pudéssemos conversar virtualmente em bate papo naquele instante. Minha curiosidade transbordava tanto que mal poderia refletir sobre qual atitude seria a mais sensata. Então, instintivamente respondi.

Em rápidos minutos, letras coloridas me davam saudações na tela do monitor do meu computador.

Conversando pela internet, sua primeira escrita poderia facilmente ser identificada com o meu próprio pensamento sobre o que lhe diria:

– MARCUS com U? Assim como o meu, é bem mais raro. E você ainda tem **DDA** e é disléxico? Só falta dizer-me que também tem insônia?

Ainda cauteloso, pensando que poderia mesmo ser uma invenção minha, na defensiva, respondo.

– Pode acreditar que sim.

Ele então me deixa mais intrigado, perguntando:

– Coincidência demais, não acha?

Desabafo, falando sozinho:

– Deus do céu! O que ele queria dizer com aquilo?

Pensei dividir mais minha vida com aquele estranho, perguntando se ele teria a mesma sensação que a minha, mas desisto. Claro! Se ele não fosse mesmo uma criação minha, com essa atitude, certamente, ele teria motivo concreto de achar-me um louco.

A certeza de que ele era mesmo real só a tive quando retornei para aquelas páginas dos fóruns de psicologia na internet onde o havia visto antes. Aí, sim, podendo ler as respostas de outras pessoas sobre os seus comentários, pensei: quase quatro horas da manhã, mesmo que tivesse criado esse fulano, não teria condições de inventar cada uma daquelas diferentes respostas para ele.

MARCUS morava em outro estado e, embora tivéssemos mesmo muitas semelhanças, aos poucos fui percebendo as incríveis diferenças.

Continuávamos um bate papo típico de **DDA**, apressados e falando demais, sem nenhuma paciência de um aguardar a vez do outro.

Entre as nossas tantas mudanças de assuntos, ele confirmara ter sido diagnosticado há mais de três anos e, desde então, fazia tratamento a base da *Ritalina*.

Logo, começou a descrever as possibilidades de se utilizar o remédio para ficar "doidão". Contava-me como poderíamos associar a **Rita** com bebidas alcoólicas e passar uma noite inteira ligado na tomada. Afirmava ainda que se triturássemos os comprimidos, poderíamos inalar como cocaína.

E esse simpático doido que nem se quer me conhecia, foi sensivelmente capaz de compreender a minha necessidade de conseguir o remédio. Fascinado pela minha iniciativa sobre o livro, prontificou-se a me ajudar. Ainda que ciente dos riscos com a ingestão do medicamento, foi dele a ideia de enviar-me pelo correio uma cartela de *Cloridrato de Metilfenidato*.

Essa é, sem dúvida, uma grande vantagem de estar escrevendo um livro. Sendo isso algo ilegal, posso depois justificar ter sido apenas uma fantasia minha para incrementar a história. Ou será que não foi?

Isso não importa tanto. De fato, após quatro dias úteis, a correspondência finalmente chegara a minha casa, com o esperado medicamento.

Ainda sobre as experiências com drogas descritas por aquele outro MARCUS, eu tinha certa consciência da perigosa mistura que existe dentro de muitos **DDAs**. A intensidade que nos faz inconsequentes e curiosos é facilmente atendida pela nossa desenfreada impulsividade.

Desgovernados, queremos provar quase tudo que faça parte da vida. E foi assim, sem limite algum, que fui parcialmente dominado por aquela tal Senhorita Branca de Neve.

Φ Φ Φ

Antes mesmo do meu primeiro encontro com ela, já havia experimentado muitas outras sensações. No início, os goles de cerveja pouco importavam. Os rótulos ou as marcas seriam nada mais do que a minha introdução naquilo que muitos descrevem como socialização. E, nesse delicado processo de integração social, podemos exercer diferentes papéis inconscientemente. Somos capazes de fazer coisas, mesmo desgostando, apenas para sermos aceitos nos grupos, assim como podemos influenciar muitas outras pessoas a fazerem o mesmo.

Interagimos com alguns "amigos sociáveis" perigosos que podem nos desviar. Mas, sem perceber, também somos capazes de ser um perigo para muita gente. Tudo depende da situação, se estamos exercendo domínios ou sendo influenciados. Então, o meu primeiro "amigo sociável" me ensinaria como beber uma garrafa inteira de cerveja num canudinho. Talvez, assim como eu, ele também não gostasse de bebida alguma, mas era essa a sua receita para fazermos logo a "cabeça".

Com dinheiro regrado nas viagens com a turma e sabendo os gastos que teríamos com diárias em pousadas e alimentação, buscávamos sempre algo mais econômico, e que também desse uma "onda legal". Normalmente seriam os conhaques ou as vodcas acompanhadas por alguma fruta. E, mesmo detestando os arrepios dos goles que desciam queimando a garganta, já pensava ser o suficiente para estar entre a galera.

Na minha adolescência, passei por maus lençóis em um dos passeios com os colegas. Era madrugada e pretendíamos chegar juntos ao nascer do sol. No ônibus, bebíamos durante todo o trajeto até Valença. Na garrafa, uma mistura nada saborosa de aguardente com polpa de maracujá. Os meus goles, como sempre, eram os maiores de todos. Mas, dessa vez, paguei caro pelo exagero e por nunca saber a hora exata de parar. Desembarquei pela manhã carregado em estado de coma alcoólico. No dia seguinte, acordei e enxerguei com sobriedade o quão era verdadeiramente bonito, o Morro de São Paulo.

Era um segredo meu, mas nunca tinha gostado de bebida alcoólica alguma. E, às vezes, tive certeza de que muitos dos que estavam presentes comigo também não gostavam. Certamente, se tivéssemos um pacto de honestidade, onde todos afirmassem seus verdadeiros gostos, beberíamos mais refrigerantes e economizaríamos bastante com as doses de *Whiskys* falsificados que tomávamos nos botecos antes das caríssimas festas nas casas noturnas.

Mais tarde, aprendi a sentir prazer ao saborear uma deliciosa garrafa de vinho acompanhado por alguma mulher interessante. E mesmo sem saber se seria por conta da bebida ou pela companhia feminina, eu poderia facilmente afirmar que gostava daquela sensação de bem estar, pois o álcool me desligava um pouco daqueles pensamentos a mil.

Acredito que a bebida, por diversas vezes, nos deixam mais corajosos e, consequentemente, mais desinibidos. E isso provavelmente funcione também na cama. Pelo menos comigo funcionava.

Mas, na verdade, mesmo os prazerosos vinhos não eram degustados da maneira correta. Enquanto a garota, cheia de pose e classe, ia bebendo lentamente, eu já estava impaciente pensando em sexo. E com a minha pressa, saía virando rápido as taças. Isso quando não era tomado pela dúvida de qual seria a sequência mais proveitosa. Então, sem certeza se primeiro tomaria o tal vinho ou se iríamos logo para cama, algumas vezes, muito afobado, estava transando e bebendo simultaneamente.

Uma inexplicável necessidade de ocupar as mãos com alguma coisa que me destacasse mais foi talvez o que tenha me levado a experimentar os cigarros. Então, em diversas festas, eu já aparecia com cigarro e copo. Ainda assim, sempre faria tudo ao contrário. Enquanto muitos tomavam café para depois fumar um cigarro, eu preferia guardar no paladar o último gosto do café, achando mais saboroso do que o detestável hálito do tabaco. E qualquer fumante também acharia graça das minhas amadoras tragadas, sugava toda a fumaça possível e, depois, apenas soprava.

O segundo "amigo sociável", mais experiente, é que me ensinou as técnicas de como tragar corretamente um cigarro. Se já era terrível da forma errada como o fazia, seria pior tragando. Toda aquela fumaça causava-me tosses e não era nada agradável.

Atreladas aos cigarros, vieram às brincadeiras exibicionistas. Desde soltar as fumaças pelas narinas até vermos quem conseguiria a incrível façanha de dar um forte trago, beber um gole de alguma bebida e, só depois, soltar o que restaria da fumaça.

Descobri, então, o enjoo ao acordar depois das noitadas com aquele péssimo gosto na boca e um cheiro insuportável da nicotina que ficava entranhada nos dedos e nas roupas.

No primeiro carnaval não poderia deixar de ter sido batizado pelo terceiro "amigo sociável": o lança-perfume. Um lenço encharcado colocado em minha boca, os lábios chupando o vapor daquele líquido gelado e a deliciosa sensação de, junto à música dos trios elétricos, escutar aqueles barulhinhos finos, como apitadas zumbindo em meus ouvidos.

Eu gostava de experimentar tudo. Por mais que jornais e revistas descrevessem detalhadamente informações sobre os processos fisiológicos, como e onde as drogas reagem no cérebro ou os meios de informação nos alertassem sobre os males provocados pelas drogas, eu queria sentir, provar e ver a vida com meus próprios olhos.

Em algum interior, desses tantos por onde passei, surgiu, em meio àquela festa tradicional, a chamada Micareta, um matuto segurando um frasco de desodorante tipo *spray*. Afirmando que sentiríamos a mesma onda do lança-perfume com aquela mistura de formol com essência de morango. Do meu quarto "amigo sociável" discordei. O cheiro era totalmente diferente, minha cabeça pesava muito e o barulho que senti nos ouvidos eram menos agudos do que os da lança. Eu detestei o tal cheirinho da loló.

Mais tarde, muitos dos meus conhecidos já estavam fumando maconha. E enquanto assistia a todos dividindo os baseados, percebi que a única maneira de manter-me diferente seria não aceitando fazer o mesmo. Porém, nessa época, vivi um permanente conflito, se, por um lado, gostava de ser diferente, por outro, trazia uma curiosidade absurda. Então, mesmo desgostando da ideia de ser apenas mais um, acabei cedendo e fumando maconha por algumas vezes.

Na minha primeira vez, havia viajado para passar um feriado prolongado no litoral com dois amigos. Acampados à beira-mar e sentados na frente de nossas barracas, observei nas mãos de meu quinto "amigo sociável" como se preparava um baseado. Cuidadosamente tratava a maconha, desfazendo-se dos pedaços de sementes e galhos, depois colocava parte da erva dentro de um pequeno papel seda, aí, então, enrolava. Quando estivesse parecido a um cigarro, ele passaria a ponta da língua que, molhando o papel, funcionaria como uma espécie de cola para fechar.

Após fumarmos, partimos na direção daquela praia mais afastada, onde havia as melhores ondas, diziam. E no meio do caminho cercado de muito mato e pisando sobre um chão de areia molhada, comecei a notar algo diferente. Era como se estivesse andando e não saísse do lugar, passei a não sentir mais meu braço direito carregando a prancha. Logo, sentira uma espécie de cãibra por todo meu corpo e, parecendo ter peso sob as pálpebras, meus olhos começavam a fechar. Lerdo e sem reflexo algum, seria capaz de contar cada pingo da chuva que via lentamente caindo do céu, molhando meu rosto.

Explicaram-me também que cada pessoa tem uma "viagem" pessoal, quando usa algum tipo de droga. Embora todos afirmassem que ficavam relaxados ao fumar um baseado, eu detestava aquela "onda" de estar lerdo. Imagine um cara com a mente a duzentos por hora, ser freado assim bruscamente? E uma coisa me incomodava ainda mais com a maconha. Sempre que fumava com alguém, iniciávamos um papo que, em questão de segundos, esquecíamos sobre o que falávamos. Aí viriam as intermináveis crises de risos, sem compreendermos os motivos.

E ainda tentei gostar, quando esse mesmo quinto "amigo sociável" me disse que bom seria fumar um baseado e ir para cama com uma mulher. Ele explicava com propriedade que, desse jeito, teríamos um orgasmo mais prolongado. Então, curioso, eu não deixaria de experimentar para saber exatamente como seria.

Com essa ideia na cabeça e uma pequena quantidade de maconha no bolso da calça, acertei sair com a Laura. Chegando num motel, o primeiro obstáculo foi conseguir enrolar a erva na tal seda. Com os guardanapos que pedi pelo serviço de quarto, tentava, de todas as maneiras, mas nada funcionava. Ou o fumo se derramava pela cama, ou, quando já estava quase pronto, o papel se partia ao meio ao passar a ponta da língua. Pensando que poderia ser por conta do guardanapo, bastante fino, apanho um bilhete de loteria esportiva que não sei por que razão alguém tinha deixado na cama do motel. Talvez hoje eu fizesse aquele jogo, mas, naquele momento, tudo que desejava era provar o tal orgasmo prolongado.

Feito aquele "abará" (como se chama um baseado mal feito), acendemos com os fósforos. O gosto da erva era menos sentido do que o da fumaça do papel queimado. E, mesmo em meio àquela nuvem branca que se fez, aos poucos, fui tomado por aquela maresia. Veio a dormência no meu corpo, as pálpebras se fechando e, mais forte do que a minha própria vontade, um inesperado sono profundo. Resultado da experiência: não apenas deixei de ter o tal orgasmo prolongado, como também paguei mais caro pelo quarto, por ter ultrapassado o período de quatro horas.

Percebendo que os meus "amigos sociáveis" permaneceriam naquela de fumar maconha, eu tentaria driblar a normalidade de ser comum. Insatisfeito, necessitava fazer algo maior, precisava sentir outras sensações. Foi premeditado, então, o meu primeiro encontro com a Branca de Neve.

Φ Φ Φ

Sabendo o quanto meu sexto "amigo sociável" Arthur era bem relacionado (se é que posso dizer assim) no meio dos usuários de drogas, telefonei, numa sexta-feira, pedindo-lhe que me apresentasse a ela.

No dia seguinte, eu estava sozinho em minha casa frente a frente com dois gramas da Branca de Neve, como muitos apelidavam a cocaína.

Preparo o clima. Coloco uma boa música, tomo um banho sem muita pressa, procuro um prato liso onde colocaria o pó, corto um canudo desses que tomamos sucos por aí, e vou curtindo cada momento daquela ação.

E antes de abrir aquele papelote que segurava em minhas mãos, começo a ficar agitado. Sem conhecê-la ainda e com certa precaução, cheiro primeiro através do plástico que a envolvia. Impressiono-me com o forte cheiro exalado. Inexperiente, pensara sempre que a cocaína era apenas um pó branco e solto, algo parecido com talco ou farinha. Surpreendo-me, então, ao notar que no meio da droga havia também algumas pedrinhas mais sólidas. E com a ponta de um cartão de visita que algum fulano me dera, quebrei uma pequena quantidade de pedra branca naquele prato. Com o canudo colocado em uma das minhas narinas, lentamente inalo aquilo. Espantei-me também com o ruído que conseguia escutar, do ronco da droga entrando pelo nariz.

Um gosto forte na boca, a garganta fechada, as pupilas bem dilatadas e todos os meus dentes gelados. Agora, sim, sabia exatamente o que seria estar "travado".

Quebrando mais uma daquelas pedrinhas, ajeito até ficar parecendo uma linha fina. E aspirando essa minha primeira "carreirinha", eu sinto uma indescritível sensação de poder. Era como se a cocaína me deixasse mais forte, dinâmico e me fizesse capaz de tudo.

Perturbado, já não conseguia ficar sentado, e entre uma cheirada e outra era impossível ficar parado. Passei a andar de um lado para o outro da casa e aos poucos fui me deixando seduzir por aquela "senhorita". Na mesma proporção que ela me animava, me deprimia quando olhava o envelope e percebia que ela já estava terminando.

Virando a noite e conhecendo mais a Branca de Neve, fui pegar ondas na manhã seguinte. Só, então, teria dimensão do tamanho da besteira que havia feito. Sempre fora assim em minha vida inteira, fazia inúmeras coisas erradas e depois me sentia culpado. E, como um grande exagerado e extremista, do mesmo modo que amei a cocaína, sofri muito com o tamanho da culpa que carreguei.

Quem poderia dizer a um **DDA** o que é o certo ou o errado? Eu só conseguiria viver intensamente assim. E se não provasse disso tudo, não estaria aqui escrevendo um livro sobre minhas próprias experiências. Bastaria apenas copiar algumas matérias já escritas.

Passei a semana seguinte sentindo-me arrependido. Mas, na sexta-feira, Arthur me liga, perguntando sobre a qualidade da droga. Sem jeito de confirmar a minha inexperiência, leigamente afirmo ser de alta pureza. É claro! Havia amado aquele pozinho mágico e não conhecia mesmo nada sobre drogas. Ele, então, me aguça a curiosidade:

— Você ainda não viu nada, precisa provar é a marronzinha.

Eu, que pensava sempre na cocaína exatamente parecida com talco, jamais poderia imaginar que existiam outras cores ou ainda texturas diferentes. Então, confesso:

– Da marrom, é? Dessa nunca vi!

E lá estava o meu sexto "amigo sociável", fazendo-me prestar atenção no seu breve resumo sobre a pureza da droga. E, após a rápida explanação, com direito a explicações detalhadas, ele me convida para experimentar da marronzinha numa "sessão" com duas gatas.

Bem, as gatas deveriam ser duas mulheres bonitas, mas a tal "sessão" confesso não ter entendido logo de cara. Ainda assim aceitei.

Eu estava realmente cansado naquela noite e entrando no seu carro, mal reparei nas duas garotas que sentavam no banco traseiro. Após cumprimentar a todos, fiz questão de avisar sobre o meu sono, como se aquela indireta funcionasse como o manifesto desejo de voltar mais cedo. Fui surpreendido com um lindo riso pelo canto da boca de uma bela loira que, debochadamente, pergunta sobre a minha afirmação:

– Está com sono, tá?

Enquanto pensava numa resposta, acompanhei a direção do seu queixo que, maliciosamente, apontava para o lado direito, para que eu olhasse. Virando um pouco mais o pescoço, vi a outra garota preparando cuidadosamente, sob a caixa de um CD, aquela que seria a minha primeira cheirada naquela noite.

O sono desaparecia rápido e, pelo escuro no interior do veículo, não conseguia enxergar se seria a branca ou a tal da marrom. Mas via as meninas atrás comandando a ação. Elas seguiam elétricas cheirando e arrumando pequenas carreirinhas para nos servir. E rodamos de carro assim por mais algum tempo até que, finalmente, Arthur, com a sua lábia, solta a brilhante ideia:

— Ficar fazendo essa parada dentro do carro é muito arriscado. Que tal irmos todos para um motel?

Sem expressões alarmantes, as duas toparam e, então, aprendi o que seria uma "sessão" com sexo, drogas e *Rock and Roll*, como ouvia dizer.

Com quatro pessoas na mesma suíte, eu não seria capaz de calcular a quantidade exata, mas, tranquilamente, teria ali dez vezes mais do que aqueles meus dois primeiros gramas de cocaína.

Meus dentes pareciam querer trincar, tanto que os rangia. Os goles de *Whiskys* desciam suave como água e, em lugar das pequenas carreirinhas, desenhávamos iniciais de nomes com o pó. Com minhas mãos tremendo de tanta agitação e o cartão grudando no suor que saía entre os dedos, quase não conseguia ajeitar a letra M do meu nome na mesinha ao lado da cama. E, no meio dessa loucura toda, beijei minha sétima e última "amiga sociável", Camila.

Arthur também parecia estar se entendendo com a Geysa e, talvez, por ser mais experiente, já previa o que aconteceria. Por isso, não fez tanta questão, como o fiz, para nos separarmos por um tempo.

Eu queria apenas um pouco de privacidade. Compartilhar droga é uma coisa, mulher é outra. E, com os meus sentidos confusos naquela hora, acreditei que também sentiria excitação.

Antes de nos separarmos, decidimos dividir o pó. Bem, a partilha da cocaína é sempre uma coisa engraçada (mas somente depois), porque na hora da divisão todos olham de canto de olho, cobiçando a maior parte.

Sem roupas e sozinhos no quarto ao lado, Mila e eu continuávamos aqueles beijos afobados e sem saliva alguma. Já tinha acontecido outras vezes de travar na cama com alguma garota, mas não daquele jeito. Naquela noite, senti meu desejo sexual ser totalmente dominado pela droga e, aí então, descobri porque Arthur não fizera questão alguma de ficar sozinho com Geysa. Ele já devia saber que alguma coisa não funcionaria na tal "sessão". Mas, justamente, no sexo? A minha euforia e toda aquela agitação me faziam sentir tudo, menos a ereção.

Chegando em casa e lembrando o quanto tempo já estava sem comer nada, tento engolir tudo que via na mesa: pão, biscoito, frutas. Nada foi capaz de passar pela minha garganta, simplesmente tapada. Tomo um copo de leite e durmo.

Passaria por mais uma longa semana carregando aquele forte arrependimento que, dessa vez, fora ainda pior, pois lembrava de como fui capaz de não conseguir transar com aquela loira maravilhosa.

Precisava de uma chance para tirar aquela péssima impressão que ela teria a meu respeito. Tinha certeza de que Mila não toparia sair novamente comigo, mesmo assim, na sexta feira seguinte, arrisco procurá-la.

Certo de sua rejeição, eu fico surpreso ao perceber a demonstração de alegria com o meu telefonema. Intrigado, penso comigo mesmo: será que ela havia esquecido a minha falha, teria me perdoado ou estaria agindo assim por educação?

Após algum tempo conversando, ela me surpreende:

– O que pretende fazer nesse final de semana?

Imaginando a possível oportunidade para marcarmos algum programa, respondo:

– Não tenho ainda nada previsto, por quê?

Sem rodeios, ela explica:

– É que meus pais normalmente viajam nos finais de semana, daí se você quisesse, poderia vir para cá.

Assustando-me um pouco com essa direta, tento descontrair-me perguntando-lhe:

– E alguém não aceitaria esse convite?

Pronto! Era a minha chance para convencê-la de que não sou nenhum tipo de "broxa". Bem arrumado, chego ao seu apartamento pensando de cara justificar-me sobre o que ocorrera na cama. Eu colocaria a culpa na droga e asseguraria que isso não costumava acontecer comigo. E se ela não acreditasse em mim? Daí aumentaria ainda mais a minha responsabilidade de ter que fazer bem feito dessa vez. E, com essa dúvida, calei-me.

Nos conhecemos numa noite muito louca e sabíamos pouco um sobre o outro. Então, sem tocarmos no assunto de minha "broxada", passamos a dialogar sobre nossos hábitos, costumes, objetivos e outras coisas mais, com a finalidade de nos conhecermos um pouco. Depois de jantarmos alguma coisa, passamos a beber um delicioso vinho. Os beijos dessa vez já eram mais saborosos e umedecidos pelo doce da bebida.

Mais tarde, eu tirei o peso de minhas costas, quando finalmente transamos. E que alívio me deu! Fui muito mais um performático do que espontâneo e, modéstia parte, eu acredito ter feito mesmo tudo direitinho e ela jamais ousaria pensar que eu era impotente.

Além de linda, a Mila era uma das pessoas mais especiais que eu tinha, até então, conhecido. Para combinarmos ainda mais, ela possuía todos os discos do **U2**, inclusive alguns raros piratas que eu mesmo não conhecia. Passamos a cantar as músicas por um microfone e estávamos nos divertindo felizes, sem lembrar de droga alguma.

No meio da madrugada, escutamos o barulho do interfone de seu apartamento e o porteiro avisando que Tadeu já estava subindo.

Fico assustado, sem saber ao certo o que pensar. Quem seria esse cara? Enquanto ele subia, Mila tratava de me tranquilizar, explicando-me ser o seu irmão por parte de pai. Resume rápido também que ele era dependente químico e que, por divergências familiares, decidira abandonar a casa. Mas, mesmo não morando mais ali, ele se relacionava bem com ela. Então, sempre que se certificava de que não teria ninguém em casa, aparecia por lá para saber das novidades.

Duas coisas sempre serão engraçadas em um relacionamento familiar. Assim como dizem que *gay* é o vizinho, mas, sendo parente, é homossexual, o drogado, muito doido e viciado é um fulano qualquer, enquanto o pobre usuário, o dependente químico que requer tratamentos específicos, certamente é alguém de sua própria família.

Eu ainda estava preocupado sobre qual seria a atitude do tal Tadeu quando visse um estranho ali sozinho com a sua irmã, quando ele entra pela porta da sala, visivelmente "travado", com um hálito de bebida, sentido à distância. Após cumprimentar-me simpaticamente, brinca mandando que eu tomasse conta direito da sua irmã, demonstrando indiferença pelo fato de estarmos a sós.

Parecendo ter pressa, passa a convidar-nos insistentemente para uma "festinha particular" na casa de um amigo. Ainda que ficássemos curiosos sobre a tal festa particular, tanto eu quanto a Mila estávamos gostando daquele nosso clima tranquilo, por isso não cogitamos aceitar o convite.

Antes de sair, Tadeu ainda bebe uma dose de *Whisky* sem gelo e arremessa algo em minha direção, e diz:

– Seja bem vindo cunhado!

Embora não precisássemos de mais nada para aquela noite ser perfeita como ia sendo, não teria como desfazer-nos daquele recheado papelote de cocaína. Sim! Mas como um cara desses ainda me pede para ter cuidados com a sua irmã?

Três dias depois já não me sentia tão culpado e a vontade de repetir as "sessões" passaria a ser maior do que culpa ou arrependimento.

De uma família tradicional de classe alta, Mila sempre teria algum dinheiro sobrando para nos finais de semana comprarmos alguns gramas. Éramos dois inexperientes brincando com o perigo. Hoje, tenho a exata dimensão do tamanho das loucuras que fazíamos e dos riscos que corríamos nas poucas vezes que fomos juntos comprar cocaína nas mãos de um traficante dentro de uma favela.

Passávamos a esperar, impacientes, pelas sextas-feiras, quando ela estaria sozinha em casa. Muitas vezes, minha ansiedade era tanta que, durante a semana, tinha pesadelos. Neles eu via uma carreira pronta sobre um espelho e acordava, agitado, para cheirar com bastante força, ainda dormindo, e o pó não entrava pelo nariz.

Descobríamos junto todo este submundo, e ficamos atrelados por algumas das artimanhas daquela Branca de Neve e suas sensações: a vontade de tê-la sempre mais; a falsa impressão de alegria; o entusiasmo, o poder que ela nos dava, e a terrível depressão em que nos deixava, quando ia embora.

Não sentíamos mais a vontade e a satisfação de ficarmos juntos, ela se interpunha entre nós. A droga passava a fazer a diferença e a alegria dos nossos encontros, pouco importava se cantaríamos **U2**, comeríamos pipoca ou assistiríamos a um filme.

Embora adorasse inalar a cocaína despejada entre os seios de Mila e fosse o meu lugar preferido para cheirar, ainda assim eu não conseguiria uma ereção. Conscientes de que sob o efeito dominador da droga não manteríamos nenhum tipo de relação sexual, algumas raras vezes que estivéssemos menos agitados para começar uma nova "sessão", seríamos capazes de transar primeiro. Mesmo assim era estranho. Fazíamos como se fosse uma obrigação, porque a cabeça estava voltada para abrir o papelote.

Finalmente, fomos a uma das "festinhas particulares" de um amigo do Tadeu. Nada mais era do que uma verdadeira baderna que algum fulano resolve fazer enquanto os pais viajam. E lá dividimos um comprimido de *ecstasy* pela primeira vez. Embora todos afirmassem que esta seria a droga do amor, eu não sentia nada daquilo e ninguém me avisara sobre aquela sede incontrolável. Não trocávamos duas palavras sem que eu sentisse uma vontade irresistível de beber água. Como dizem que cada pessoa tem uma "onda" e uma "viagem" pessoal quando usa *ecstasy*, esta sede poderia ser coisa minha.

A verdade é que eu sempre tive um jeito e uma vontade de compartilhar as coisas com quem me cerca. Às vezes, quando estou em algum lugar lindo ou vendo uma incrível paisagem, quero que as pessoas que eu mais gosto também estejam ali presentes. Acredito que, por isso, eu goste de recomendar roteiros de viagens de locais onde já estive. Assim, quando degusto uma comida saborosa, meu desejo é que todos os que eu conheço também a experimente. Com a cocaína eu sentia a mesma vontade. Um dia, convidei dois conhecidos, Almir e Beto, para apresentar-lhes aquela senhorita em uma daquelas "sessões" no apartamento da Mila.

Descrevi, até aqui, os meus sete amigos sociáveis para mostrar como, por diversas vezes, somos medíocres ao culparmos outras pessoas por nossos próprios fracassos. Reparando como o Almir mantinha um corte de cabelo semelhante ao meu e fazia questão de usar um anel no dedo onde eu também usava um, percebi como, por diversas vezes, mesmo sem notarmos, estamos influenciando a vida de outras pessoas e podemos desviar o destino de muita gente, sem nos darmos conta disso. Sentia-me culpado porque, naquele instante, eu passava a ser o "amigo sociável" de alguém.

Tomei cuidado e fiz questão de nunca mais coagir alguém a ser cúmplice nas loucuras que eu escolho fazer. E continuaria fazendo por mais algum tempo se não tivesse escutado aquela voz.

Φ Φ Φ

Mila havia me telefonado dizendo que seu irmão passaria a noite inteira conosco e ele mesmo levaria grande quantidade de cocaína. Nesse dia, em seu apartamento, estávamos eu, ela, Tadeu e um cara visivelmente depressivo, o Daniel.

Enquanto iniciávamos essa que seria a minha última "sessão", ouvíamos os tristes desabafos de Daniel. Repetia algumas vezes seu descontentamento com o divórcio e as atitudes da ex-mulher proibindo-lhe ver o filho. Relatando esse drama, fazia questão de exibir com orgulho uma foto da criança guardada na bagunça de sua carteira.

Entre uma carreirinha e outra, ele passava a contar-nos o seu plano secreto e já arquitetado. Confidenciava, como se fosse algo banal, que pretendia se matar com um tiro na cabeça e deixar tudo para o filho, afirmando que assim a ex-mulher carregaria uma culpa para o resto da vida e perceberia o quanto ele amava a criança.

Eu nunca escutara algo tão mórbido e, embora já estivesse envolvido por todas aquelas sensações, eu conseguia perceber cada vez mais como aquele mundo tão deprimente não poderia jamais fazer parte da minha vida.

O inesperado é que este melancólico pai seria, sem dúvida alguma, o meu melhor "amigo sociável", por ter sido o único, entre tantos, capaz de dar-me dois ou três conselhos. E, nessa noite, lembro-me quando ele disse:

– Sabe, cara? Você é muito bonito, tem um corpo bem legal e isso tudo aqui não combina com você. Tome cuidado para assim, como eu, não cair nas armadilhas traiçoeiras das drogas.

Incrível como a cocaína encurtava distância e limpava pudores deixando-nos mais sinceros. Pena que tenhamos sempre dificuldade em seguir os conselhos mais coerentes, pois, mesmo concordando com tudo que ele tinha dito, eu não conseguia parar. Não ali, às onze horas da noite, depois de se ter começado aquela "sessão" no início da tarde.

Ainda restava um pouco de cocaína quando Daniel recebe uma ligação e resolve ir embora. Mesmo assim, Mila, Tadeu e eu não demoraríamos muito para cheirarmos tudo que ainda sobrara.

Eu precisava de mais e, desesperado, pensava em silêncio como conseguiríamos, pelo menos, mais alguns gramas até ficar parcialmente aliviado, quando ouço o Tadeu:

– Vamos até o meu trabalho, lá pegaremos mais.

Tudo escuro e fechado. Quando chegamos ao seu escritório, ele, "travado", sentia-se muito à vontade comigo e, enquanto abria a porta da sua sala, passa a contar-me como guardava ali grande quantidade de cocaína. Pelo que fui capaz de compreender, ele alugava o cofre para alguns traficantes conhecidos da polícia. Assim, eles não tinham a posse da droga e podiam ficar livres de eventuais flagrantes.

Confiando em mim, ele indicou políticos e cantores que os procurava para comprar a droga. Dominado por toda aquela adrenalina, mais uma vez eu não tive dimensão dos riscos que corria ali.

Presenciei-o também brincando antes de voltarmos e, enquanto apanhava uma mochila, dizia:

– Pronto! O que se tem aqui dentro deve ser o suficiente.

Mila abre a porta e Tadeu tira de dentro da sacola os inesquecíveis cinco quilos de tijolos brancos. Não acreditava no que eu via, estava dividido em sacos plásticos, cada um contendo aproximadamente um quilo.

Ele nos explicou que raspando uma parte de cada pedra, dificilmente os traficantes dariam por falta. A quantidade retirada por ele naquele cuidadoso processo de raspagem foi tanta, que voltamos a cheirar despreocupados de quando terminaria a "sessão".

Sem limites, as brincadeiras eram mais exageradas. Não escrevíamos mais iniciais de letras com o pó, passávamos a desenhar nossos nomes inteiros. Até que, mais tarde, no reflexo do vidro daquela mesa da sala, vi o meu rosto suado, os olhos sem piscarem e o sangue a escorrer lentamente pelo canto do meu nariz esquerdo, caindo sobre o pó.

Tadeu e Mila faziam expressão de susto e ainda acharam prudente que eu desse um tempo e parasse um pouco. Mas, para evitar que me interrompessem ou se preocupassem comigo, traio o efeito da sinceridade provocado pela droga, mentindo:

— Podem ficar tranquilos, isso já aconteceu algumas vezes comigo. É que tenho um vaso rompido por conta de uma bolada que tomei e até hoje sangra.

Eu já não sabia mais o que falava, simplesmente não queria parar. Num gesto inconsciente, tiro a camisa apressadamente, tapo o nariz para estancar o sangue que insistia em descer e, desenfreado, inalo loucamente pela outra narina, quando ouço aquela voz meiga:

— Você não deve continuar, pode ser perigoso.

Sem dar-lhe ouvidos, tiro do saco uma pedra grande. Mas, antes de triturá-la, aquela voz desafia-me:

— Se você não acredita em mim e no que digo, eu te darei um sinal. Se você for capaz de quebrar essa pedra que aí está, pode, sim, permanecer com isso.

Sem saber de quem seria a doce voz, teimo, tentando, de todo jeito, quebrar aquela pedra. Ela não se quebrava. De repente, escorregou da mesa ao chão e eu comecei a sentir aquele estranho desconforto. Suando frio, o coração batia aceleradamente, como se fosse saltar para fora. Minha boca já não conseguia mais abrir. Estava fechada pelos dentes travados e gelados, enquanto o meu corpo dava uns tremores involuntários. Tadeu pensou em ligar para um hospital. A Mila me deu um calmante. Também imaginei que seria legal tomar um banho. E, dali dia em diante, jamais voltaria a brincar com o perigo.

Fiquei triste porque, para tomar essa decisão, tive que deixar para trás pessoas que, embora sociáveis ou não, eram seres-humanos como eu, que tinham esquecido apenas de que uma experiência não poderia jamais dominar a vida de alguém para sempre. Mesmo assim, mais tarde, procurei saber notícias de alguns deles...

A Mila continuou por mais algum tempo até acabar sendo internada em clínicas de recuperação, mas hoje está melhor. O Almir, para meu alívio, seguiu os meus passos e parou. O Beto permaneceu com isso por muitos anos, hoje não sei por onde anda, espero que esteja bem. O Tadeu havia sido preso por um sequestro relâmpago. E o Daniel, dele eu nunca soube nada.

E sobre a voz que escutei, eu poderia afirmar que, dessa vez, não fora a do meu amigo **DDA**. Ela tinha um tom mais doce e um jeito delicadamente condenatório. Sem dizer nada, foi capaz de, em segundos, fazer-me "assistir longos filmes" sobre as riquezas da minha vida. E vendo esses *flashes* que se abriram naquela última "viagem", compreendi através do conselho silencioso de que eu não teria motivos para descuidar da maior de todas as minhas experiências: a de estar vivo.

CAPÍTULO 7

A Competição, O Carnaval, A Revista (Com Ritalina)

Após uma breve participação num desfile, fui procurado por aquele indivíduo, até então, um desconhecido. Um jeito político ao abordar-me, Ananias desenvolvia um diálogo aparentemente indefinido, fazendo-me imaginar que desejaria algo, além de me conhecer.

Apresentando-se como um dos sócios de uma grande agência de eventos, o que não diminuía o meu desconforto, ele visivelmente conversava desviando-se de um propósito.

Utilizando-se das minhas próprias estratégias quando desejo pedir algo, ele não me economizou elogios. E muitos, desde a minha aparência física até a simpatia, por ter-lhe dedicado atenção, aumentando assim a minha desconfiança sobre a sua verdadeira intenção.

Acontece que, aquela tensão criada por mim, interpretando receosamente cada palavra dita por Ananias, não me permitiu perceber o quanto ele também estava desajeitado para falar-me o queria. Então, receoso e sem saber ainda qual seria a minha reação, preferia continuar desconversando.

Depois de voltas e mais voltas, ele chegou onde eu tanto temi. E, respirei aliviado quando descobri o seu verdadeiro intuito: não fora o de assediar-me como havia deduzido. Ananias pedia-me apenas uma autorização, ainda que verbal, para encaminhar por intermédio da sua agência o meu material fotográfico para a revista *G-magazine*.

Cansado daquela desgastante conversa e desejando ver-me livre o mais rápido possível do incômodo, não hesitei em, antes de despedir-me, deixar-lhe algumas fotos do meu álbum.

Passado apenas uma semana, sem jamais imaginar que aquela ideia absurda pudesse render alguma coisa, a vida mais uma vez me pregaria uma de suas tantas peças...

De volta às rotinas diárias, já não lembrava daquele breve acerto com Ananias, até que, em meio ao silêncio de uma tarde comum como tantas outras, o telefone toca.

Afirmando ligar do escritório da *G-magazine*, Humberto ia sem rodeios. Primeiro, ele me confidenciou que todos de sua equipe tinham gostado muito do meu material fotográfico, além de preencher o perfil exigido por eles. Em seguida, ele me explicava também os procedimentos, caso aceitasse sair na revista. Logo, enviariam um fotógrafo para umas fotos "com menos roupa". Assim poderiam analisar-me de corpo inteiro, antes de assinarmos o contrato.

Assustado, naquele instante, eu sentia falta dos rodeios do Ananias em nosso primeiro diálogo, o Humberto era objetivo demais. E disse ainda com muita naturalidade:

– Agora depende de você, concordar ou não em posar nu.

Como se a ideia de sair sem roupas numa revista fosse uma coisa simples para assimilar... Passavam rápidos filmes na minha cabeça sobre as críticas, os preconceitos, a reação dos parentes e amigos mais próximos.

Mais uma vez, a minha agitação me tornava disperso. Havia simplesmente esquecido de perguntar o principal: qual seria o meu cachê? Quanto me pagariam por aquele tipo de trabalho?

Antes de desligar, Humberto deixou os seus contatos e despediu-se afirmando que voltaria a ligar dentro de mais algum tempo.

Perplexo, desliguei o telefone sem acreditar naquilo que acontecia. E pensei que talvez fossem necessários alguns dias para refletir sobre o assunto.

Aquela proposta despertava a agonia que vive dentro de mim e, deixando-me dominar pelo meu próprio **DDA**, não demorei muito para digerir aquela proposta.

Num primeiro momento, recordei dos ditos repetidos enquanto aguardamos ansiosamente por coisas que demoram a concretizar: *"Tenha paciência e tente relaxar um pouco. Quando menos se espera, as coisas simplesmente acontecem"*. Embora me irritasse profundamente sempre que me repetiam isso, hoje não contesto. Eu esperava tudo naqueles dias, menos aquele surpreendente telefonema.

Perdendo-me em entusiasmados devaneios, eu estava novamente sonhando acordado. Combinando desde já as peças de roupa que usaria nas tantas festas para as quais seria convidado. Delirava ensaiando antecipadamente as respostas que daria em entrevistas. Ou a melhor forma de assinar os autógrafos pedidos, após a fama das novelas que certamente faria.

Sonhador como sempre, meu amigo **DDA** fazia-me também acreditar que ganharíamos milhões, como divulgam por aí. E, com toda a pressa inconsequente, queria já comprar um carro zero, justificando-me:

— Como um cara estamparia as capas de uma revista andando a pé ou de ônibus?

Embora o lado racional (MARCUS) tenha funcionado conseguindo conter o seu primeiro impulso, não fui capaz de evitar o segundo. Passado dois dias do primeiro contato feito pela revista, **DEMINCO** decide telefonar de volta, afirmando que aceitaria fazer o ensaio.

Diante do meu pouco equilíbrio, tentando explicar-me que o sábio seria aguardar algum tempo, antes de aceitar facilmente fazer as tais fotos, meu amigo **DDA** não suportaria esperar.

Na primeira tentativa, Humberto estava ocupado, no meio de uma reunião de pauta, como foi dito pela secretaria. Educadamente, ainda teve o cuidado de anotar o meu telefone, afirmando que ele ligaria em seguida.

Ansioso e tentando dissipar a minha impaciência, enquanto aguardava o retorno da ligação, passei a imaginar sobre o que estariam falando na tal reunião de pauta. Possivelmente, estariam decidindo quando seriam realizadas as minhas fotos, o lugar, o cenário e acertavam ainda o valor que iriam me propor. Novamente, as cifras voltavam a ser altas em minha cabeça. Delirando, mais uma vez, na cor, no tipo e no modelo do veículo que compraria, me lembrei: isso tudo não seria possível antes de se certificarem da minha decisão. Por isso, me apressava em dizer sim.

Nesse pequeno intervalo, antes de telefonar-lhe novamente, a coerência voltou a duelar dentro de mim.

De um lado, a minha impulsividade gritava querendo imediatamente aceitar. Do outro, o bom senso ensinava que, se não fosse criado nenhum empecilho para sair nu na revista, Humberto me acharia disposto demais e, provavelmente, pagaria qualquer esmola para um cara tão fácil assim. Regido por tais argumentos, consegui me conter pelo resto da tarde.

Na manhã seguinte, o impulso falaria mais alto dentro de mim. E o meu **DDA** estava discando rapidamente os números do telefone para o escritório da revista.

Pensei que seria o meu dia de sorte quando fui atendido pelo próprio Humberto. Então, não contive a minha alegria e soltei uma irradiante saudação:

– Alôôôôôôôô!

Seguido por entusiasmados cumprimentos:

– Como vai você? Tudo bem?

Antes de confirmar a minha decisão, senti no tom frio que alguma coisa não funcionaria da forma como idealizei. Não que ele tenha sido mal-educado. Mas aquele jeito ríspido foi totalmente avesso ao glamour que imaginei ser tratado. Afinal de contas, eu seria a futura capa da *G-magazine*, não é verdade?

Não! Ninguém, além do meu próprio **DDA,** havia dito exatamente o que faríamos. Logo, perdi o chão que pisava à medida que escutava Humberto, explicando-me:

– Na revista, além do artista principal que faz a capa, tem um ensaio interno com uma outra pessoa.

A minha euforia desacelerava aos poucos, compreendendo que nas entrelinhas ficava claro que eu seria justamente a outra pessoa. A segunda opção.

Abatido, despedi-me tendo mais uma vez esquecido de perguntar sobre o cachê das tais fotos. Também pudera! Naquele instante nada mais me interessava.

Experimentei sensações nada agradáveis durante o resto do dia. Primeiro, a impotência, vendo-me como um mero coadjuvante, enquanto um outro seria o destaque. Depois a revolta pessoal com o meu **DDA** e a tola mania de sonhar acordado, antecipando fatos e criando um mundo diferente do real.

Guardei um medo enrustido sobre como Humberto reagiria à recusa. Provavelmente me julgaria um arrogante e não tornariam a convidar-me. Não seria fácil convencer o meu próprio **DDA** a aceitar ser apenas um figurante. Com receio de que a equipe da revista desistisse da proposta, passo a debater com o meu amigo invisível.

— Não acha melhor aceitarmos logo? Talvez seja mais oportuno.

— E quem disse que sou um fraco oportunista? Gosto de desafios MARCUS!

Naquele instante, **DEMINCO** parecia mais decidido do que nunca, queria aquilo tudo. Achou uma audácia o convite para um simples ensaio interno. E continuou:

– Faremos com que eles não nos esqueçam. Bolaremos algo que nos torne mais conhecidos. Assim nos convidarão para a capa, não menos que a capa.

Incrível, mas brotava uma força dentro de mim, sobrepondo-se à apatia. E diante daquela decepção, meu amigo **DDA** não desistiria.

Meses depois, encontrava-me no do vestiário daquela pequena academia. Olhava ainda com cuidado para me certificar de que não teria mesmo mais alguém ali por perto, quando de repente ele voltou...

Eu estava aéreo, perdido na frente daquele crítico espelho, medindo rigorosamente cada novo tono muscular conquistado por muitos anos de musculação. Despreocupado, tinha também tirado parte da minha roupa, permitindo-me assim reparar detalhadamente toda a plástica do meu corpo.

Analisando a simetria entre as definições dos músculos das minhas pernas até a altura dos ombros, incomodava-me ainda uma pequena gordurinha localizada no infra do meu abdômen. E, no instante que inspirava grande quantidade de ar, fazendo força para murchar a barriga, tomei um enorme susto.

Vira um vulto ou uma sombra rapidamente passando. Assustado, sem saber quem poderia ter sido, rapidamente me recomponho.

Timidamente, penso, meio sem jeito, na possibilidade de ter sido visto ali, fazendo aquelas poses. Certamente me julgaria um louco narcisista.

Devidamente vestido, volto à face na frente do mesmo espelho e lá estava ele, ironicamente, me olhando. O meu próprio **DDA**.

O que meu amigo invisível desejava justamente agora que tudo caminhava aparentemente bem na minha vida? Finalmente, conseguia viver "normalmente", cumprindo horários, normas e tudo que a maioria das pessoas faz sem grandes dificuldades.

Diante da própria imagem refletida naquele espelho, eu não poderia mentir: ainda faltava alguma coisa dentro de mim.

Já não gozava de plena felicidade e a nova rotina metódica funcionava como um disfarce. Desagradava-me a ideia de ter uma vida comum, previsível e sem muita emoção. Por isso, através do meu subconsciente, eu tenha feito força para **DEMINCO** aparecer novamente.

Conhecendo as suas artimanhas, tento desviar-me do jeito debochado que me olhava, iniciando um diálogo mais superficial. Mostro-lhe o contentamento com a minha estética:

– Você gosta disso?

Simultaneamente, faço contrações dos braços para que ele pudesse ver o aumento perceptível do volume dos meus bíceps.

Gesticulando com a cabeça, como quem diz "esse cara não tem jeito mesmo", ele responde com um certo desdém:

— Sim! O corpo tá bem legal, mas, e daí? Isso passou a ser tão comum, você não acha?

Sabia que ele escondia alguma ideia mirabolante. Então, rapidamente respondo-lhe:

— Concordo. Mas o que você deseja dizer com isso?

Para aumentar ainda mais a minha impaciência, ele dá longas explicações:

— É legal desfilar como modelo ou expor uma ótima forma física nas praias e academias. Mas precisamos de algo maior, uma motivação.

Sem conseguir conter minha curiosidade, pergunto-lhe:

— Como assim?

A minha pressa, tentando acelerar o desdobramento do que ele realmente ambicionava, demoveria a sua prolixidade. Por isso, continuava:

— Basta reparar quantos "marombeiros" existem espalhados por aí, com suas camisas justinhas. Nós não podemos aceitar ser mais um dentre eles.

Com receio do plano que estaria sendo arquitetado atrás daquele entusiasmado olhar, deixo o meu monólogo fluir:

— Você teve um pequeno trauma na infância quando todos o chamavam de gordinho, certo?

— Sim.

— E, de fato, isso já foi superado, não é verdade?

— Totalmente.

— Você também entrou numa academia por conta de um amigo que só falava de musculação, corpos perfeitos ou coisas do gênero, lembra?

— Perfeitamente.

— Hoje podemos facilmente afirmar que você está mais forte do que ele, não é mesmo?

— É verdade!

— Bem! Tendo passado por tudo isso, não precisamos provar mais nada para quem quer que seja. Precisamos agora provar, para nós mesmos, do que somos capazes de fazer e até onde podemos chegar.

DEMINCO sabia que, no meu íntimo, ainda restava uma insatisfação por ter sido convidado apenas para um ensaio interno. E, aos poucos, começa a instigar o meu ego:

– Você pode enganar a todos MARCUS, menos a sua própria sombra. Esqueceu mesmo a capa da *G-magazine*?

E prosseguiu desafiando-me:

– Afinal, em que decepção você deixou ancorado o nosso eterno espírito aventureiro?

Meu amigo **DDA**, voltava a incrementar a minha normalidade. E vinha dele mais uma incrível ideia:

– Vamos disputar um campeonato de fisiculturismo. Quando vencermos o campeonato, teremos uma história diferente para contar à equipe da revista, além de uma emoção a mais para vivermos. O que me diz?

Confesso que, de cara, achei aquilo tudo impossível. Mas, vendo o otimismo do meu **DDA**, imaginando-se vencendo o tal campeonato, acanhadamente, indaguei:

– Não sei **DEMINCO**, os caras parecem tão mais fortes do que eu, o que você acha?

Ele me disse, então, algo que jamais esqueci:

– Ninguém pode voltar de onde nunca esteve. Não se perde uma competição antes de competir.

E recordo-me, quando encontro obstáculos em meu dia a dia, das suas palavras:

– Sabe, MARCUS? Você aceita passivamente a imposição disfarçada que a sociedade faz para que sejamos todos iguais. O mundo avalia a nossa capacidade esporadicamente em forma de adversidades. Se cairmos em tais armadilhas, nós aceitaremos ser mais um. Precisamos ser audaciosos e desvendar tudo o que está por detrás de cada dificuldade, caso contrário, permaneceremos estagnados onde sempre estivemos. Sem argumentos, fui contagiado por aquela energia. Naquele instante, tudo passava a ser possível.

Percebendo que outra pessoa entrava no vestiário naquele momento, discretamente pisquei os olhos para a minha imagem que me fitava pelo espelho, demonstrando ter aceitado aquele desafio.

Numa noite do mês de junho, eu não poderia mesmo ter acompanhado a família à festa do aniversario de uma prima que, coincidentemente, fora no dia daquele campeonato de fisiculturismo.

Acomodado numa desconfortável poltrona de um teatro lotado, eu estava observando, atentamente, com o intuito de familiarizar-me, o mais rápido possível, com aquele novo mundo que passaria a fazer parte de um período da minha vida. Embora ministrasse diariamente aulas de musculação em academias e residências, eu era um leigo e não compreendia ainda como funcionava aquele tipo de competição.

Primeiro, descobri que os atletas seriam divididos em relação ao peso corporal. Em seguida, devidamente separados nas diferentes categorias, dirigiam-se enfileirados ao palco. Depois executariam simultaneamente poses de contração muscular, requeridas por uma espécie de juiz central. Por fim, entrariam um a um mostrando coreografias individuais que deveriam estar sincronizadas com as músicas escolhidas por cada um deles.

Reparava como pequenas coisas faziam a diferença numa disputa dessa natureza. Assistindo a vitória de um participante apenas por possuir panturrilhas maiores que a do seu oponente, renascia a minha insegurança diante de possíveis críticas. Imaginei, naquele instante, todos, ali dentro, dando gargalhadas da finura de minhas pernas, até então, totalmente assimétricas em relação ao meu tórax.

Atrelados, vieram os involuntários pensamentos de derrota, deparando-me com os atletas que possivelmente disputariam comigo (até 75 kg), ainda mais fortes do que havia deduzido.

Se me intimidava aquela situação de ser exposto, coberto apenas por uma ridícula "microssunga", e sendo julgado milimetricamente por cinco pessoas estranhas, por outro ângulo, existia também certa emoção. Aquele barulho dentro do pequeno teatro, dos gritos exaltados de alunos, de parentes e de amigos torcendo por um dentre tantos competidores, começava a excitar-me.

Logo, os ruídos que passei a ouvir do meu nome, enquanto me via, naquele palco recebendo o lindo troféu de primeiro lugar, seria infinitamente maior do que as outras tentativas pessoais de anulação.

E, nessa sensação de entusiasmo, me entreguei ao campeonato. Decidido a competir, nem mesmo a cômica "sunguinha" de uso obrigatório, me causaria qualquer desânimo.

Φ Φ Φ

Retorno à minha casa ainda exaltado. E, naquela noite de sexta-feira, telefono, compulsivamente, para muitos conhecidos, buscando as informações sobre a academia mais apropriada para o meu mais novo desafio.

Dentre os nomes sugeridos, uma delas onde treinavam os melhores atletas de fisiculturismo seria a mais indicada. Embora fosse a mais afastada da minha residência, não demorei matricular-me.

Dividindo um prédio antigo com um cursinho pré-vestibular, havia duas maneiras de acesso ao interior da sala de musculação. Um acesso era por um elevador que rotineiramente se encontrava quebrado e, subindo por ele, chegaríamos à recepção. Outro, entraríamos pelos fundos, enfrentando dois andares numa estreita escada até a velha porta de madeira, esbarrando-se, mesmo sem querer, nos estudantes ou nos malhadores que também frequentavam ali.

Nos primeiros dias, via um cenário arcaico, o avesso de todas as academias que já tinha estado. Em meio a tantos aparelhos enferrujados e um carpete coberto por poeira, chamava minha atenção a ausência costumeira de músicas naquele tipo de ambiente.

Sem som, o único ruído eram os estalos de pesos, quando as anilhas batiam umas nas outras, ou ainda um grito de algum fulano fazendo força sobre-humana para erguer cargas abundantes.

No início, nem o longo trajeto por uma hora inteira dentro do ônibus até chegar ao centro da cidade seria capaz de me desanimar. Embora fosse desgastante, justamente durante o percurso, eu recarregava as minhas forças. Na janela, driblava o cansaço e o desânimo, perdendo-me em meio à paisagem, sonhando acordado com o dia em que finalmente exibiria aquele troféu de primeiro lugar. Aí, sim, um campeão de fisiculturismo, certamente, seria convidado para fazer a capa da revista.

Aos poucos, naquela rústica academia, passei a adquirir maiores conhecimentos sobre fisiologia, alimentação e endocrinologia. Descobria como conciliar a ingestão de alimentos com secreção hormonal de forma proveitosa e qual seria o melhor horário para ingerir carboidratos e proteínas, além de aprender a verdadeira importância das gorduras nas dietas. Traduziria ainda o significado ao pé da letra daquilo que os fisiculturistas chamavam de "*off season*" e "*précontest*". "*Off*" é a fase que os atletas podem comer tudo. Eles ficam mais inchados, retidos e engordam. Nesse processo, o que importa é o aumento significativo de peso. Próximo às competições fazem o "*pré*". São rigorosas dietas, com o cuidado de eliminar o maior índice de gordura corporal, tentando manter a maior quantidade de massa magra (músculo).

Embora muitos afirmassem, nessa época, o quanto eu já possuía uma ótima forma física, sabia que, para uma competição, ainda deixava muito a desejar. Ciente de que precisava aumentar imediatamente de peso, realizei o meu primeiro "*off*". Passei a comer tudo, despreocupado com a quantidade calórica ou o índice glicêmico dos alimentos. Não demorei a engordar dez quilos.

Seria impossível, também, em meio aqueles caras exageradamente fortes não elevar gradativamente a carga dos meus treinos. Treinando mais intenso, espantei-me com as tonteiras e os vômitos involuntários após exercícios exaustivos nos músculos das pernas. Nesses dias, na volta para casa, a panturrilha doía tanto que mal conseguia subir os três únicos degraus do ônibus.

Mas era nos polêmicos debates de vestiário onde tudo se dizia. Passei a testemunhar esporadicamente conversas abertas sobre "bombas". Via frequentemente ampolas de *winstroll, testex, deca, primobolan* e outros esteroides anabolizantes transitarem de mão em mão. E não seria raro, ali dentro, encontrar seringas descartáveis jogadas na cesta de lixo ou mesmo presenciar algum irresponsável aplicando substâncias no braço de outro.

Caso a minha latente curiosidade não me movesse a pesquisar sobre os riscos de usá-los, seria irresistível não ter tomado algum tipo de hormônio ou facilmente deixar-me iludir pelas explicações sobre os benefícios, pois os que vendiam, exaltavam somente as vantagens das tais "drogas".

Se, por um lado, ouvia apologia no discurso de alguns afirmando não terem tido problema na administração dessas drogas, por outro, nos "bombeiros" estavam expostos hematomas espalhados pelo corpo, ginecomastia (aumento da glândula mamária), sem contar os casos dos que sumiam repentinamente da academia por algum problema de saúde.

Normalmente, eu ficava constrangido de ir ao banheiro e dividir um espelho com uns caras mais fortes do que eu que, por diversas vezes, saí da academia para urinar num shopping próximo.

Certo dia, encontrava-me com tanta pressa, pois surgira um compromisso importantíssimo e, provavelmente, me atrasaria, se passasse em casa para arrumar-me, que, depois de concluídos os exercícios, eu fui trocar de roupa ali mesmo. Desatento, enquanto fazia força esfregando minhas mãos na pia, tentando retirar as ferrugens que ficavam entranhadas aos calos, encontrei o Adamastor. Já nos conhecíamos, mas ainda mantínhamos um contato superficial. Trocávamos rápidas prosas em cursos, congressos ou eventos de educação física.

Além de requisitado *Personal Trainer*, Adamastor possuía duas grandes qualidades que se mostravam além da aparente montanha de músculos. Ele tinha uma simplicidade única que ficou ainda mais evidente, quando descobri que atrás daquele excelente profissional, existia também vasta experiência como atleta de fisiculturismo, da qual ele jamais se gabava. Já havia vencido inúmeras competições locais, regionais e tinha sido, inclusive, vice-campeão brasileiro.

Por ser uma característica oposta ao meu próprio comportamento, me causava maior admiração nele a calma e a paciência. Nada ou ninguém seria capaz de abalar o seu permanente semblante sereno.

Enquanto conversávamos e para saber sua opinião, eu confidenciei que pretendia competir. Adamastor não apenas me incentivou verbalmente, como de maneira humilde se prontificou a orientar-me no que fosse necessário.

Embora o seu único tempo disponível para malhar fosse o péssimo horário de meio dia, tratei de modificar a minha rotina e conciliei os meus treinos diários com os dele.

Acatando os seus conselhos, aprimorei a prática dos meus exercícios, substituí alguns aparelhos por outros mais vantajosos e mudei o tipo de suplemento alimentar que tomava.

Ele me contava também que, muitas vezes, o atleta perdia uma competição apenas por não saber expor o músculo. Logo, em dias alternados, passávamos a treinar poses frente ao espelho. E, com a sua calma interminável, corrigia-me até que eu aprendesse tudo com precisão.

Escrevendo hoje e relembrando aquele sacrifício, não sei como fui capaz. Além dos treinos exaustivos e diários e o desgastante ônibus até o centro da cidade, eu trabalhava como *Personal Trainer* o resto do tempo disponível. Embora ganhasse de cada aluno menos do que merecia, colecionei algumas histórias engraçadas.

Determinada ocasião, Elisa me procurou indignada. Ela malhava comigo no mesmo horário que o noivo Raí. Aparentemente se relacionavam bem. Pelo que recordo namoravam há mais de oito anos.

O que me deixava intrigado era que, embora malhando há meses, Elisa não emagrecia um quilo, enquanto ele, visivelmente, estava melhor. Acontece que Raí, além de bastante disciplinado nos treinos, mantinha uma alimentação equilibrada. E sempre que ficávamos sozinhos, contava-me em segredo que Elisa detestava fazer dieta e que, nos finais de semana, abusava das guloseimas.

Meses depois, por motivos pessoais, ambos deixaram de malhar comigo. Um dia Elisa volta a me procurar. Raivosamente ao telefone, passa a culpar-me pelo final do noivado, afirmando: "depois que Raí ficou mais bonito me deixou de lado". No momento, cobrei explicações, mas contra fatos não há argumentos.

Já o Dinei dirigiu-se a mim timidamente no dia de pagamento dizendo:

— Professor, eu quero lhe pagar uma quantia maior que a combinada.

Esse foi, sem dúvida, o dia que mais ganhei dinheiro como *Personal Trainer*. Porém, esse pouco dinheiro somado de um grupo de onze alunos seria rigorosamente destinado a pagar os meus gastos com a academia, com suplementos alimentares e com a dispendiosa alimentação dessa época. Não sobrava um trocado para desfazer-me daquela única calça de moletom rasgada e um tênis de grife falsificado.

Meu cansaço físico passava a ser tão grande que, nos últimos dias da semana, eu não conseguia subir na academia sem antes tomar um cafezinho com algum ambulante.

Embora esgotado, por vezes, eu exalava um otimismo confortante. Carregava mil desejos sequenciados. Primeiro ganharia aquela competição, depois me convidariam para fazer a capa da *G-magazine*. E com a dinheirama que receberia deles, finalmente compraria meu carro zero.

Um dia, irritado por aguardar passivamente tudo acontecer naquela ordem, meu **DDA** surge como uma flecha, rasgando aquela rotina e antecipando tudo, impaciente, para desvendar o posicionamento da revista depois que tomassem conhecimento de que ele havia vencido a competição de fisiculturismo.

Confiante de que aquilo potencializaria as negociações e ainda valorizaria o seu cachê, **DEMINCO** decide meses antes do campeonato ligar para Humberto mentindo. Afirmando ter vencido a competição. Entretanto, teria que aguardar o final de mais uma "reunião de pauta" e acreditar que ele retornaria a ligação conforme dissera sua secretária.

Por ter menos tempo ocioso naquele momento, ocupado com os treinos e trabalhos, não tive dificuldades para controlar-me e não ligar novamente. Porém, para a minha tristeza, no dia seguinte, o desdém de Humberto fora ainda maior. Depois de telefonar-lhe esperançosamente, ele não se deu ao trabalho de atender. Simplesmente, ouvi de outra pessoa que atendera ao telefone:

– O Humberto está ocupado. Mas, pede-me para perguntar-lhe o que você deseja?

Meu **DDA** respira fundo e consegue esconder a sua vontade, naquele instante, de mandar Humberto para aquele lugar e diz:

– Tenho novidades e é do interesse dele. – Isto foi o suficiente para convencê-lo a atender a minha ligação.

Dessa vez ele parecia menos seco e, com um jeito empolgado, diz:

– E, então, MARCUS! O que é que você manda?

Como se acreditasse que mandava alguma coisa e confiante que possuía uma grande cartada nas mãos, começo desafiando:

– Você havia me convidado para fazer um ensaio interno, correto?

Demonstrando certo interesse, concordou com ouvidos atentos:

– Sim!

Iludido de que ele mudaria imediatamente de ideia, digo me vangloriando:

– Acontece que ontem fui campeão baiano de fisiculturismo.

Humberto pressentia o meu interesse. E bastou iniciar o seu discurso: "veja só MARCUS..." para que o meu **DDA** novamente absorvesse que algo não funcionaria como havia fantasiado no seu mundo à parte.

Ele ia deixando claro que, mesmo com aquele feito, seria insignificante para justificar-me aos seus leitores como motivo de capa, mas ele mantinha a proposta para o ensaio interno.

O chão novamente se abria e eu mergulhava num profundo abismo de tristeza. Desorientado, tive raiva de meu próprio comportamento ao longo da vida. Mais uma vez, perdi tempo precioso por depositar tanta esperança em simples delírios. Precisava era crescer e encarar a cobrança social que havia deixado em segundo plano. Não podia continuar sendo uma eterna criança sonhadora.

Como retaliação ao meu próprio **DDA**, fiz força durante dias para ser "uma pessoa comum". Foi difícil permanecer com aquela nova personalidade que dissimulei. Mantinha-me mais sério, responsável, e não relutava aceitar ser mais um. Acomodei-me algum tempo com o pouco que tinha e podei algumas ambições involuntárias que surgiram.

Ainda num repentino gesto de limitar-me, pensei abdicar do campeonato. Afinal, havia traçado aquele objetivo visando apenas à capa da revista. Agora que sabemos o desfecho, nada mais justificaria permanecer naquilo. Deveria desistir.

Parece estranho afirmar, mas, por diversas vezes, gostava daquele sofrimento. Sabia que logo brotaria algo dentro de mim que me elevaria e faria superar as sensações de derrota. E surgiu do nada, aquela fúria do meu **DDA**:

– Você não vai desistir agora, vai? Não pode! Você chegou até aqui.

Meu lado MARCUS justificava:

– Aceitei, sim, esse desafio proposto por você mesmo, mas apenas pela revista. Agora não vejo mais razão...

Tampouco assim **DEMINCO** desanimava, e após me convencer a continuar treinando para a competição, premeditou outro plano:

– Já sobre a *G-magazine*... Eles estão acostumados a convidar celebridades, correto?

Meu negativismo diz, reafirmando:

– Claro! E isso nós não somos.

Meu **DDA**, ressurgido daquela efêmera depressão, prossegue:

– Não somos porque não queremos! Sabe MARCUS? Nós somos tudo aquilo que queremos ser de verdade. E se agora precisamos ser celebridade, seremos uma.

Meu desânimo me fazia mudo, mas a ambição permanecia sem trégua:

– Nosso contato com Humberto está muito amador e informal demais. Precisamos mesmo é incrementar tudo isso.

Sem compreender absolutamente nada, MARCUS pergunta intrigado:

– Como assim?

DEMINCO, então, assume sua parcela de culpa:

– Além de ser prolixo, sou flexível demais.

Em seguida, justifica:

– Se dessa maneira não deu nada certo, convocaremos uma outra pessoa para interceder.

E para formalizar nossa comunicação com Humberto, três dias depois minha namorada liga para o escritório:

– Alô! Por favor, o senhor Humberto está?

E ouve aquela rotineira justificativa. Humberto se encontrava na tradicional "reunião de pauta". Porém, já havíamos casado todas as possibilidades de resposta. E, sem perder tempo, Clara deixa o recado com a própria secretária:

— Aqui é a empresária do modelo MARCUS **DEMINCO**. Queira, por favor, tomar nota do meu número. E qualquer assunto relacionado a ele, de agora em diante, deve ser tratado primeiro comigo.

Dentro desse novo plano, todos os trabalhos de moda, por mais simples que fossem, seriam informados para a revista sempre de maneira mais glamorosa. E por *e-mail*, cartas ou telefonemas transformávamos meros desfiles como o maior de todos os já realizados.

Φ Φ Φ

Estava cada vez mais empenhado nos treinos, direcionados para a competição. Clara permanecia fazendo-se de empresária e mantendo contatos esporádicos com a equipe da revista. Humberto, por sua vez, mantinha-se irredutível, sem cogitar novas possibilidades, além daquele estreito convite para as fotos internas. Mas tudo mudaria, e aqueles sábios ditos fariam sentido: *"...* ***Quando menos se espera, as coisas simplesmente acontecem"***.

Próximo ao carnaval, Ananias volta a me procurar. Sua agência tinha sido contratada pela produção da cantora Margareth Menezes. Dentro de uma semana, seria realizada a seleção de quatro modelos que desfilariam pintados em cima do trio-elétrico, fantasiados de Deuses Gregos.

Mesmo vendo a possibilidade que se abria naquele momento, uma coisa poderia dificultar tudo. Eu estava bastante acima do peso. Naquele processo de *"off season"*, meu abdômen já não apresentava qualquer definição. E o que seria ótimo para o campeonato, era desastroso para uma seleção de modelo.

Meu **DDA** que me faz ter outra mania incontrolável, a de querer abraçar o mundo inteiro e fazer tudo ao mesmo tempo, visualizando no evento o combustível que precisava para voltar a sonhar com a capa da *G-magazine*, me faz confirmar com Ananias a minha presença na entrevista.

Tendo sete dias para perder alguns quilos, fui levado por uma pressa inconsequente. Comprei uma caixa de um diurético potente e passei a tomar dois comprimidos diários, associado a uma dieta cetogênica, alimentando-me apenas de proteína. Assim, com zero ingestão de carboidratos, passava a reter menos líquidos. Intensifiquei meus exercícios aeróbicos fazendo esteiras, corridas e bicicletas ergométricas, mesmo sabendo que tudo isso poderia comprometer a minha saúde.

Nesses dias e, em meio aquela correria, experimentei em segredo um desconforto tamanho. Carreguei uma culpa por ter ido apenas uma única vez visitar o meu tio Fernando no hospital. Mesmo me sentindo um egoísta, preocupado com coisas mesquinhas, enquanto o meu tio lutava para manter-se vivo, procurei não compartilhar daquele drama com minha família e fui adiante com o meu objetivo.

No dia da escolha dos quatro modelos, eu estava mais magro, com cinco quilos menos, em meio a um amontoado de gente. No final de uma imensa fila, ainda conseguia ver longe uma porta por onde os outros candidatos entravam um a um para a avaliação.

Após horas na tensa espera, busco autoconfiança, observando à minha volta aqueles que esteticamente fugiam do perfil proposto para o evento. Sinto brotar a pertinente insegurança que vive me testando. Parece estranho, mas, quando estou preparado para algo, acredito cegamente que outros possam estar melhores. À medida que a fila andava, sentia que dificilmente seria escolhido. Logo, sou tomado pela total descrença, fazendo-me pensar com convicção: "nessas escolhas há sempre cartas marcadas".

Tentei distrair-me ouvindo atentamente os comentários dos que já tinham encarado a entrevista. Um saía fazendo expressões descontentes, enquanto resmungava não aceitar a participação por causa do tipo de fantasia que seria usado. Outro recusava por conta do cachê oferecido, achando-o pouco, diante daquela exposição. E outras desculpas possíveis para ocultar suas limitações.

Entrando na sala, mantive-me de pé diante das três mulheres responsáveis pela escolha. Evidente que, para aquele tipo de trabalho, pouco importaria a minha vida acadêmica ou as minhas experiências profissionais. Respondo a um curtíssimo questionário. Uma entre elas demonstrava ser a principal responsável. Mônica dava as ordens, enquanto as outras anotavam atentamente os seus pedidos. Sem cerimônia, pedia-me ainda para que retirasse a calça e a camisa, permitindo assim ser avaliado criteriosamente dos pés a cabeça.

Em seguida, retiram alguma coisa dentro de uma caixa. De onde eu estava não conseguia enxergar direito o que era. Mas, para mim, bastou ouvir aquele tom suave e um pedido com delicadeza:

– Pode vestir isso, por favor?

Para me certificar de que nada na vida é mesmo tão simples como aparenta, via, em suas mãos, pela primeira vez, um "tapa sexo". Não tive como controlar as minhas sobrancelhas que saltaram involuntariamente e, com elas, uma expressão facial de surpresa me questionando: eu sairia no circuito Barra/Ondina sobre um trio-elétrico, pintado de prata e com a bunda à mostra?

Em silêncio, o meu semblante concluía: aquilo seria ainda mais ridículo do que as "minissungas" usadas nas competições de fisiculturismo. Bem que aquele fulano na fila disse ter recusado por conta do traje, e eu pensando que tinha sido desculpas.

Novamente, eu voltaria a sofrer por antecedência, se, dessa vez, não usasse do recurso de pensar na compensação e no que estaria por vir: a capa da revista e o meu carro zero. Respirei fundo e tentei deixar ao Deus dará. Se fosse o escolhido, me preocuparia com aquele "tapa sexo".

Fiquei feliz e tenso ao mesmo tempo, quando me telefonaram no dia seguinte afirmando que havia sido um dos selecionados.

Primeiro, não sabia exatamente como aquele trabalho repercutiria, nem como outras pessoas veriam aquela roupa estranha. E o mais importante: Humberto entenderia agora que MARCUS **DEMINCO** não seria jamais um figurante?

No primeiro dia do carnaval, acordei recebendo a triste notícia da morte do meu tio. Pensei, por instantes, abdicar tudo. Afinal, poderia parecer descaso. O meu tio morre e eu saio por aí pintado em cima de um trio-elétrico, como se nada tivesse acontecido. Não fui capaz de desistir de todos os meus planos. Obstinado, não apenas deixei de ir ao seu enterro, como também não derramei uma gota de lágrima. Fui simplesmente fazer aquele trabalho.

No hotel acertado, no início do percurso Barra-Ondina, os quatros modelos escolhidos deveriam chegar mais cedo. Foram mais de três horas no camarim, sendo pintados a pincel por uma artista plástica. Em seguida, derramado sobre nossos corpos uma espécie de *Glitter* ou purpurina.

Tentando diminuir a ansiedade coletiva, enquanto aguardávamos a saída do trio, passávamos a rir de nós mesmos diante da nossa constrangedora situação. Todos ali devidamente prontos, com movimentos limitados para não borrar aquela pegajosa tinta, e, ainda por cima, de "fio dental". Tudo patético.

Para uma maior descontração, fomos cumprimentados pela simpática cantora Margareth Menezes que nos apresentou a convidada especial do bloco, Cássia Eller que, para nossa surpresa, faria uma participação nesse dia.

Do lado de fora, os trios enfileirados e a Barra tomada por uma multidão. Imprensa, artistas e o nosso nervosismo que aumentava a cada saída de um novo bloco, quando alguém, finalmente, avisa que era chegada a hora.

Atravessar do hotel ao trio-elétrico, com a bunda coberta apenas por tinta, não foi uma das melhores sensações. Embora protegidos por uma escolta policial até subirmos no caminhão, não sairíamos imunes às inesquecíveis vaias nem dos tantos gritos ofensivos.

Mesmo com tudo isso, apenas quando o trio começou a andar fui tendo dimensão da loucura que seria aquele trabalho. Aliás, há situações pelas quais passamos na vida que, mais tarde, nos perguntamos o porquê de nos sujeitarmos a isso. E essa foi uma delas...

Era assustador o bafo quente que subia do asfalto por conta do povo pulando ensandecidamente pouco abaixo de mim. Meu corpo exposto como alvo aos arremessos de objetos dos mais diversos tipos. Minha vulnerabilidade em cima daquela plataforma de madeira fina, acoplada na parte de fora do veículo, fazendo-nos balançar a cada novo movimento. Os adjetivos ou gestos depreciativos que berravam do chão não passavam despercebidos, apesar do barulho ensurdecedor das músicas.

Nada foi mais inconveniente do que as indelicadas cantadas recebidas de muitos atores conhecidos. Era hilário, se não fosse desagradável, assistir as meninas gritando freneticamente por alguns daqueles famosos que dividiam o bloco, enquanto eles preferiam ficar nos assediando. E, diante de tudo isso, não podíamos esquecer de permanecermos imóveis, como estátuas gregas.

Não tive como me conter quando, no meio do trajeto, Cássia Eller soltou sua inesquecível voz, cantando *Smells Like Teen Spirit*, do Nirvana. Sem nenhuma semelhança com aquela mulher que eu pré-julguei ao tê-la conhecido no camarim, passou a despir-se inesperadamente, exibindo seus seios sem nenhum pudor. Com o microfone nas mãos dublava uma masturbação masculina e, por fim, cuspia água pela boca forjando orgasmo.

Enquanto a multidão era contagiada pela sua euforia, eu reparava a preocupação explícita dos outros músicos, olhando desesperadamente para se certificarem se, naquele instante, a imprensa ainda fazia transmissão ao vivo.

O longo percurso de aproximadamente cinco horas, somado àquela mistura de sensações vivenciadas por mim foi o suficiente para deixar-me exausto no primeiro dia de carnaval.

Na tarde seguinte, seria tudo igual, se não me deixasse ser coagido pelas ambições de meu amigo **DDA**.

Repetido o desgastante processo de ser pintado, já tendo encarado as temerosas vaias e ultrapassado a barreira da minha "bunda exposta", subo no trio com uma ideia fixa: eu sabia que não teria condições físicas de continuar por mais três dias repetindo aquilo tudo. Meu cansaço estava exposto nas bolhas na sola dos meus pés, pelas longas horas de exposição na mesma posição.

Determinado, o meu amigo invisível decide contratar um daqueles fotógrafos para tirar fotos minhas. Assim, juntaríamos um ótimo material para enviar à revista.

Lá de cima, um chamava minha atenção. Embora eu seja leigo em fotografia, aparentemente aquele encarnava o protótipo de um experiente profissional. Além de trajar colete e boné personalizados, portava os maiores apetrechos fotográficos. Instintivamente fora esse o meu escolhido.

Vendo que trabalhava no próprio bloco, faço-lhe sinais mencionando que desejava dizer-lhe algo. Tão logo subiu para acertarmos sobre as fotos, percebo que Mônica vigiava atentamente o nosso desempenho. E como obrigatoriamente deveríamos permanecer imóveis, aguardei um rápido intervalo no qual ela se distraísse.

Discretamente, digo-lhe o meu propósito:

– Preciso que você tire muitas fotos minhas.

Percebendo que eu estava sob vigilância e não poderia prosear, apenas piscou os olhos e assegurou-me que eu poderia ficar sossegado.

Acontece que interpretando uma estátua, eu deveria continuar mudo, porém o meu **DDA** não apenas falou impulsivamente, como permitiu, mais uma vez, aquela agonia de me fazer esquecer o mais importante. E agora? Como encontraria o fotógrafo sem o seu cartão de visitas? Sem saber o seu nome? E quanto cobraria pelas fotos com aquela máquina de outro planeta?

Minha única distração lá de cima até o final do percurso passou a ser caçar o fotógrafo. Em meio a tantos *flashes*, nenhum fora disparado por ele e, desolado, volto para casa.

Pior do que aquele lento processo de ser pintado, era a tentativa fracassada de remoção da tinta. Não teria como retirá-la por inteiro. Compreendendo que teria que passar por tudo aquilo, pelo menos, mais uma vez, eu fui dormir ainda pintado.

No penúltimo dia do trabalho, fui um dos primeiros a chegar. Ainda na entrada do hotel, coincidentemente, encontro o fotógrafo. A minha felicidade nem teve tempo de ser secretada, pois ele rapidamente se justificou:

– Cara, eu simplesmente esqueci de você ontem.

Nesse breve momento, compreendi que eu era apenas um figurante em meio a tantas celebridades que por lá desfilavam. E ficava latente cada vez mais dentro de mim que eu não exerceria novamente aquele papel. Logo, não conseguiria simplesmente aceitar o segundo ensaio da revista.

De nada valeu me assegurar que isso não tornaria a acontecer, nem garantir, que dessa vez ele não esqueceria de tirar as fotos. Aquele cara, definitivamente, eu não contrataria. Porém, para não perder mais tempo, fingi que acreditava em suas incrédulas palavras e deixei-o pensando que eu pagaria, se por ventura realizasse o prometido. Afinal, dessa vez, o interesse mudava de lado e foi ele quem se esqueceu de pedir o meu cartão.

Mais "antenado", troco a minha estratégia. Antes de subir no trio, passo a procurar pelo fotógrafo mais simples. Carregando uma máquina menor, investi no mais humilde a minha lábia para ter certeza de que ele iria fazer o que eu pedisse:

— Eu preciso que você tire muitas fotos minhas e de vários ângulos diferentes. Não deixe de fazer isso hoje porque será o meu último dia de trabalho. E pagarei o que for preciso por essas fotos.

Ele arregalava olhos cifrados e senti que aquele faria tudo direitinho. Ah! Também não deixei de guardar seu cartão com cuidado.

Durante o percurso, de minha posição estática, eu podia acompanhar aquele cara me seguindo e disparando *flashes* em minha direção. Entre uma foto e outra, sou surpreendido por um copo de água que, arremessada por algum infeliz, explodia em minha perna direita. Como o fotógrafo havia tomado novo rumo e eu não mais teria o que fazer ali, comecei a fingir fortes dores devido ao objeto jogado. Numa revolta verbal, passo a culpar a segurança do bloco, reforçando a minha interpretação. Mancando, deixei a frágil plataforma de madeira fazendo ar de indignação e não mais retornei ao meu papel até o final do trajeto.

Dentro do trio, finalmente curti o carnaval. Embora simulasse dores, no meu íntimo gozava de plena felicidade. Embalado pelas canções, brindava minha comemoração pessoal por ter concretizado parte do meu plano.

No final, quando deixávamos o bloco, e éramos acompanhados pela escolta policial até o carro que nos levaria de volta, sou interrompido pelos cumprimentos do fotógrafo humilde afirmando ter feito um ótimo material e o outro, com sua máquina espacial, preocupado em deixar-me ciente também de que havia feito o serviço. Acreditei porque, embora eu não tenha tido interesse algum em guardá-lo, dessa vez, ele não esqueceu de deixar o seu cartão pessoal.

Depois de longas horas dormindo com o corpo ainda coberto de tinta, acordo e ligo para a produtora da cantora Margareth Menezes, dizendo-lhe que eu tinha contraído uma forte gripe e não poderia realizar o trabalho. Mônica demonstrou compreensão e até preocupação, talvez, sentindo-se culpada e responsável pelo copo de água que eu potencializei como algo absurdo.

Após o carnaval a vida retomaria praticamente à normalidade. Uma desolada angústia ainda assolava a minha consciência. Às vezes, sou mesmo tão egocêntrico, enquanto sigo obstinado nas minhas metas, que sequer olho para o lado. Em outras, sou extremamente altruísta e quero carregar todos os problemas do mundo em minhas costas, assim como a minha desarmoniosa cumplicidade com o tempo. Em momentos sou o primeiro a falar, a pensar ou a fazer. Em outros, estou absolutamente atrasado. Com esse meu jeito completamente ao avesso, somente depois que tudo isso terminou, chorei com sossego a morte do meu tio.

Φ Φ Φ

Ciente do quanto aquilo tudo havia me prejudicado, mas sem desistir da ideia pertinente do fisiculturismo, na semana seguinte redireciono a minha vida para os exercícios físicos. Já tinha perdido muito peso por conta dos fortes diuréticos e restavam três meses para a competição. Tentando recuperar rapidamente o tempo perdido, eu volto a comer de tudo.

Aquela coisa dentro de mim, que não descansa nunca, junto à minha fórmula futurista de viver, fazia-me fugir da rotina, vagando no que ainda estaria por vir. Precisava imediatamente enviar o novo material para a *G-magazine*.

Entretanto, a minha pressa seria adestrada pelas circunstâncias. Embora não tenha aprendido até hoje saber esperar por algo, dessa vez, restava-me apenas essa alternativa. Eu teria que aguardar pacientemente. Primeiro, receberia o dinheiro pelo trabalho do carnaval, para, em seguida, ter condições financeiras de comprar as fotos.

Tentando driblar a impaciência, desenvolvi um plano mirabolante: passei a criar *e-mails* com nomes inexistentes, enviando sistematicamente para o correio eletrônico de alguns responsáveis pela edição da revista. Nesses *e-mails*, deixava-os informados, de forma exagerada, sobre o sucesso dos modelos pintados sob o trio-elétrico, sempre destacando um tal de MARCUS **DEMINCO**.

Dias depois, na agência de Ananias, enquanto recebia o cachê, tive uma despretensiosa ideia. Embora já possuísse o cartão pessoal de André (o fotógrafo humilde) e me comprometido verbalmente com ele, deixei a minha curiosidade sobrepor-se ao orgulho. Afinal, não custaria nada avaliar as fotos do tal "mascarado".

Após descrever suas características físicas e o tipo de roupa personalizada que trajava, não foi difícil para Ananias identificar quem seria. E, mesmo descobrindo que Fábio era um profissional da imprensa e que, por isso, tenha priorizado os artistas, não diminuiria em nada a minha mágoa por ter sido esquecido.

No caminho de minha volta para casa, passo primeiro no escritório de André. Por ter deixado tão explícita a minha necessidade daquelas fotos, ele permanecia fitando-me com um olhar cifrado. Embora tivesse gostado do primeiro material que vi, não poderia aceitar a tentativa de extorsão.

Despedia-me dele afirmando que trocaria um cheque e voltaria no dia seguinte. Entretanto, algumas coisas me intrigavam naquele instante: onde estava a minha intuição que sempre fora boa? Havia pensado naquele fulano como sendo o melhor apenas pelo tamanho do maquinário que portava e ele me deixou na mão. Enquanto o outro, que julguei ser amador, mostrou-se um verdadeiro mercenário. E eu estava frente a frente com o Fábio, que demonstrava orgulhosamente os recursos diferenciados e funções intermináveis de sua máquina de última geração. Como sei que essas exibições servem como prévias para justificarem um absurdo, eu continuava acreditando que aquilo custaria os olhos da cara.

Acreditem, a minha intuição andava me traindo. Com toda aquela parafernália tecnológica e a qualidade de suas fotos, indiscutivelmente superiores às do fotógrafo humilde, Fábio fez-me a metade do preço proposto por André.

Φ Φ Φ

Se antes mesmo do campeonato já tinha sido campeão de fisiculturismo e não tinha surtido efeito algum, aquele novo material enviado para a revista seria a última cartada. Não aguardei três dias. Selecionei cuidadosamente as melhores fotos. Anexei-as tomando como endereço do remetente a empresa de Ananias, acreditando assim passar uma maior formalidade e enviei aos cuidados de Humberto, sem esquecer o cartão de contatos da minha "namorada empresária".

Embora tenha parecido uma eternidade aquelas duas semanas antes de receber um posicionamento da revista, dessa vez, o plano funcionaria perfeitamente, ou quase...

Assim como senti saudades de Ananias, quando Humberto me telefonou pela primeira vez, simplesmente pelo seu jeito direto de falar, senti também a falta da objetividade de Humberto, quando procurado pelo tal João.

Diretor responsável pelo fechamento de todos os contratos da revista, João exibia um jeito extremamente arrogante. Mesmo depois dos seus ríspidos cumprimentos, eu tentei estabelecer algo mais cordial:

– Sim! E, então, o que acharam das fotos do carnaval?

Sem corresponder às minhas tentativas unilaterais de estabelecer um diálogo amistoso, João respondeu algo solto:

– Está legal.

E tratou imediatamente de falar sobre dinheiro. Primeiro me oferecendo uma quantia absolutamente insignificante ou pelo menos distante do carro zero que idealizei comprar.

Percebendo o meu desapontamento com o valor proposto, ele ainda tentou ludibriar-me. Afirmava com propriedade que, embora o cachê fosse baixo, muitas oportunidades poderiam surgir em decorrência da capa da revista.

Eu sabia que aquilo tinha certa coerência e acreditava realmente que muitas coisas aconteceriam depois da "G". Mas tentei valorizar-me e rebati dizendo:

— Bem! Sobre negócios você deve tratar apenas com a minha "empresária".

Acontece que João tinha uma resposta pronta:

— Posso perfeitamente tratar com ela, sem maiores problemas. Mas, a depender do seu acerto com ela, você talvez tenha que repassar uma porcentagem do cachê.   Existem empresários, por exemplo, que ganham quase (50%) cinquenta por cento dos modelos. Talvez fosse melhor para você negociarmos sem intermediários.

"E o que dizer?" Não poderia simplesmente mandá-lo tratar diretamente com ela porque para mim daria no mesmo, pois Clara era, na verdade, a minha namorada. E bastante sem graça, ainda expliquei:

— Na verdade seria melhor mesmo, você tem toda razão. Mas acontece que tenho um contrato devidamente assinado que me impossibilita de comprometer-me com algo sem o consentimento dela.

Ainda assim pedi um tempo. Afirmei que me reuniria com Clara e ligaríamos dentro de alguns dias. A decepção com o pagamento proposto não esconde a felicidade que demonstrei ao desligar o telefone. Afinal, João havia mencionado com todas as letras que eu seria a "capa".

Parece incrível como a ociosidade nos deixa vulnerável. Naquele instante, se não tivesse com outros sonhos, metas ou objetivos paralelos, teria facilmente cedido àquela primeira proposta. Mas dessa vez faria tudo ao contrário: deixaria a revista parcialmente de lado, mandando apenas mensagens anônimas perguntando pelo modelo MARCUS **DEMINCO**, focar-me-ia mais na competição e aguardaria as coisas acontecerem.

Φ Φ Φ

A antiga balança da academia marcava com precisão os meus oitenta e nove quilos e setecentos gramas. Restava-me pouco mais de dois meses para reduzir aproximadamente quinze quilos, atingindo assim o peso exigido para inscrever-me na categoria meio-médio.

Embora a rigorosa disciplina requerida nessa fase *"pré-contest"* fosse algo absolutamente contrária à minha naturalidade, eu não medi esforços para adaptar-me.

Tendo pouco tempo, tracei novas fórmulas que me redirecionasse o quanto antes para o caminho de volta ao meu objetivo. Substituí alguns exercícios físicos, priorizando as atividades que consumiriam um maior gasto calórico. Passei a ingerir suplementos alimentares que acelerassem o metabolismo e dediquei cuidados específicos à alimentação. Afinal, a dieta de um fisiculturista na véspera de uma competição é condição *Sine qua non* para a sua excelência.

Após o primeiro mês, o corpo correspondia visivelmente a esse processo. A pequena gordura localizada abaixo do meu umbigo dava lugar a "gomos" firmes e definidos. Nas costas surgiam músculos, até então, escondidos. Os braços cada vez mais rígidos pareciam querer saltar a cada contração. Nas pernas nasciam espantosas saliências musculares ao redor dos joelhos. E mesmo com um princípio de alergia nas axilas proveniente da ausência de pelos, também não fugi ao padrão, depilei-me dos pés à cabeça.

Enquanto seguia cada vez mais fascinado com aquela transformação, meu senso crítico me fazia reconhecer que ainda não me encontrava excelso para competir. Ainda assim, optei em acolher os sábios conselhos de Adamastor que afirmava com veemência o quanto poderia ser proveitoso, para mim, participar daquela outra prova, um mês antes da competição principal.

Carregando apenas uma mochila com duas peças de roupas, alguns pedaços de aipim cozido, um frasco com óleo de urucum, e muita expectativa desembarco pela manhã naquela pequena rodoviária de uma cidade interiorana.

Desnorteado, sigo atentamente os panfletos espalhados em postes que, com desenhos mapeados, direcionavam-me para o único ginásio de esportes daquela região. Era onde seria realizado o tal evento. Tímido, cumprimentei todos ali presentes. Afinal, dessa vez os papéis se invertiam. Eu, que tinha sido sempre um telespectador, absorvendo apenas conhecimentos superficiais daquilo tudo, a partir dali, passaria a observar atentamente como tudo decorreria. Observava de um outro ângulo.

Do lado de dentro, via uma disputa que começava com a simples pesagem. Enquanto alguns atletas subiam na balança com cara de poucos amigos, lançando olhares intimidadores aos adversários, outros mais sociáveis procuravam superar o nervosismo com conversas tolas. Uma coisa era comum: discretamente ou não todos, mediam criteriosamente a forma física dos oponentes.

Por ser realizada antes da competição principal, não alcançando assim o tempo necessário para atingir o meu peso ideal, eu não hesitei disputar numa categoria acima da minha. Afinal, imaginava apenas adquirir minhas primeiras experiências competitivas.

Tomando cuidados para não marcar a barriga com as dobras feitas quando sentamos, permanecíamos de pé, por muito tempo, em uma espécie de academia improvisada atrás do palco. Realizávamos movimentos repetitivos com os pesos até externarem veias que destacariam ainda mais os músculos. Em seguida, espalhávamos cuidadosamente muito daquele óleo por cada parte do corpo.

O "friozinho na barriga" desde a noite que antecedera à disputa e prolongado durante a viagem de ônibus até o ginásio, seria insignificante perto da euforia sincronizada com o tempo, enquanto aguardava a minha vez.

Lá de cima experimentei a perda parcial dos sentidos. Tudo parecia simplesmente desaparecer da minha frente. O coração dava a impressão de querer saltar para fora da boca que, sem saliva, colava entre os lábios, fazendo-me respirar afoitamente pelas narinas. Sabia que as pessoas estavam ali assistindo, que, na minha frente, havia uma mesa com cinco juízes me analisando. Mas era como se estivesse sozinho no mundo. Também não ouvia o nome das poses requeridas no microfone pelo árbitro central, muito menos recordava o que havia ensaiado com Adamastor. Apenas repetia instintivamente tudo que os demais competidores faziam.

Fui derrotado pelo meu amadorismo, pela disputa desigual numa categoria acima da minha, por um atleta que estava mais simétrico e definido. Isso aconteceu principalmente por causa do meu incontrolável nervosismo.

Não tive ânimo para assistir os próximos duelos acirrados, menos ainda motivos para participar daquela festa de confraternização que seria realizada no final do evento com todos os atletas. E mesmo podendo ser julgado como arrogante, ou ser visto como um péssimo perdedor, preferi regressar escondido para casa.

É incrível como sempre achamos que as pessoas inventam pretextos quando não se saem bem em alguma coisa, mas quando tais pessoas somos nós mesmos, sabemos e sentimos quais foram os verdadeiros motivos. Embora tivesse razões de sobra para não permanecer entristecido, afinal, havia conquistado com méritos o segundo lugar, competindo em uma categoria acima do meu peso, seria exatamente como alguém disse certa vez: "Não se ganha a prata. Perde-se o ouro".

Φ Φ Φ

No meio dos muitos telefonemas recebidos no dia seguinte, alguns para me questionar, outros com motivações e para me dar um apoio, nada me elevaria tanto quanto o daquele pessimista amigo. Intencionado em precaver-me ou por suas frustradas experiências pessoais de vida, ele, no meio da conversa, indagou:

– Rapaz, você apenas se imagina vencendo, é? Sempre espera o melhor em tudo, é? Já parou para pensar como ficará se por ventura perder?

O engraçado é que, realmente, eu jamais havia pensado nessa possibilidade. Sempre imaginava a mesma cena: carregando um enorme troféu de primeiro lugar, enquanto ouvia aplausos e gritos do meu nome. Ainda assim, seria involuntário depois daquele telefonema não pensar por instantes no fracasso.

Quanto mais pensava na derrota, mas exorcizava aquela possibilidade. Seria semelhante àquela detestável segunda opção da revista. Logo, não mergulhei em reflexões destrutivas e deixei renascer aquela incansável força dentro de mim. Afinal de contas, quem precisaria estar determinado seria eu e não aquele incrédulo conhecido.

Mais enérgico, resolvi interromper as outras ocupações paralelas. Adiei compromissos simples e cancelei, por um tempo, as aulas ministradas diariamente como *Personal Trainer* para focar-me, de forma integral, no objetivo.

Passava a observar criteriosamente tudo o que pudesse aprimorar nos treinos ou qualquer parte do meu corpo que exigisse um maior cuidado. Notando que perdia muito volume muscular por conta da rigorosa dieta, procurei contrabalancear elevando as cargas nos meus treinos. Então, duas semanas antes do campeonato, quando intensificava muito nos músculos dos ombros, tive aquela lesão.

No exato instante em que ergui o peso, houve um estalo doloroso e algo mexia como se o osso saísse do lugar e voltasse.

Sem saber da gravidade daquilo, lanço-me ao chão de carpete, sujo, misturando suor a um choro desesperado. Visualizava um filme de tudo. Atravessara um ano inteiro até ali com intensos treinos de pernas, que muitas vezes me deixava com ânsia de vômito, com a interrupção periódica de uma vida sociável e normal, com a comida sem gosto da dieta, com o trabalho do carnaval que quase me atrapalha, com a vontade de provar para meu amigo pessimista do quanto eu seria capaz. Todo esse empenho não poderia perder-se por conta de uma lesão.

Sentindo insuportáveis dores, enquanto massageava preocupado o meu ombro esquerdo, ouvia novamente aquelas palavras de meu próprio **DDA**, quando me lançou esse desafio: *O mundo avalia nossa capacidade esporadicamente em forma de adversidades. Se cairmos nessas armadilhas, nós aceitaremos ser mais um. Precisamos ser audaciosos e desvendar tudo o que está por detrás de cada dificuldade, caso contrário, permaneceremos estagnados onde sempre estivemos.*

A minha determinação me fazia irresponsável. Notando que me prejudicaria, abstraio a ideia de procurar um médico ortopedista como fui aconselhado. Afinal, nada adiantaria se fosse constatada uma grave lesão. Eu não podia e não queria desistir de tudo naquele momento.

Como a administração de alguns anti-inflamatórios causa inchaços, o que seria péssimo para a minha definição física, no dia seguinte, eu estava protegendo o local doído com uma atadura e colocando bolsa de gelo para amenizar a dor. Pouco me importava se agindo assim pudesse desencadear alguma coisa crônica ou não. Eu simplesmente continuei treinando pesado por cima daquela lesão.

Recordo também das paranoias psíquicas em que se transformaram o meu comportamento. Lia e relia repetitivamente o índice nutricional de cada alimento que ingeriria. Abstive-me do sal e dos carboidratos de alto índice glicêmicos. Nos últimos dias, encontrava-me tão obcecado, que não ruía mais unhas com receio de que pequenas cutículas pudessem engordar. Também não bebia água normal. Disseram-me que a do tipo destilada funcionaria como um diurético natural. Então, apesar do péssimo gosto de ferrugem, eu tomava três litros dela por dia.

Quatro dias antes, já não escovava mais os dentes. Afinal, se alguns atletas mais experientes afirmavam que o bicarbonato de sódio contido na pasta dentifrícia poderia reter os líquidos, eu preferia não arriscar. Sem esquecer dos imprevisíveis pesadelos que me perturbavam o sono. Sonhava constantemente que havia emagrecido muito e as minhas pernas afinavam ainda mais. Ou que os meus braços e peitos reduziam de volume assustadoramente. Acordava por diversas vezes tão impressionado que passava a mão cuidadosamente por cada parte do corpo para certificar-me de que estava tudo em seu devido lugar.

Superando tantas e inesperadas dificuldades, sem deixar jamais de acreditar em mim mesmo, cheguei confiante ao esperado dia. Pela manhã, fui um dos primeiros para a pesagem ou a *"prévia"*, como chamam. Serve para que os árbitros certifiquem o peso corporal dos atletas para dividi-los em suas categorias. Embora não previsse que a balança marcaria duzentos gramas a mais do que o limite exigido na minha categoria (até 75 kg), sabia que, quando alguém pesa um pouco acima do peso de inscrição da categoria, são concedidos alguns minutos para que esse competidor tente chegar ao peso exigido. Nada que uma rápida corrida, uma urinada forçada e muitas cusparadas não resolvessem.

À noite, não pensava em derrota. Se, por obra do destino, outro saísse vitorioso, estaria satisfeito. Tinha convicção de que ali havia atingido o meu limite biológico. Subi ao palco com passos firmes e tudo seguia quase em sintonia com o planejado. Eu estava surpreendentemente tranquilo, as poses saíam de maneira espontânea. Conseguia direcionar um olhar fixo aos juízes e não me incomodava mais com o pequeno detalhe: aquela desconfortável sunga.

Apesar da alegria de sagrar-me vitorioso, reconhecia que meu jeito exagerado me fazia criar situações surreais: o troféu fora metade do contemplado em devaneios, e os aplausos e os gritos bem menos ecoantes do que os ouvidos diariamente dentro daquele mesmo ônibus, enquanto me dirigia à rústica academia do centro da cidade. A verdade é que a partir dali, passei a carregar uma inabalável confiança de que tudo seria exatamente como eu idealizasse [...]

CAPÍTULO 8

O carro, a G-magazine, a Casa dos Artistas (Com Ritalina)

[...]**E**ntão, não teria argumentos capazes de brecar a impetuosidade do meu próprio **DDA** que, pela segunda vez, desejava comprar um carro. Já não suportava mais aquelas longas caminhadas, ainda com os primeiros raios de sol, até chegar a uma das academias onde trabalhava. Era mesmo muito desgostosa a sensação de impotência, enquanto dependia sempre da carona de amigos para frequentar festas, praias ou lugares inacessíveis.

Por diversas vezes, eu despistava o desânimo, motivando-me com as próprias ambições. Enquanto assistia o movimento corriqueiro do trânsito, com os veículos subindo e descendo a ladeira que fazia parte do meu caminho diário, idealizava através de cada um deles a cor, o tipo e o modelo que escolheria para o meu carro.

Mesmo ganhando menos do que o valor preestabelecido para as parcelas mensais e, ainda sem ter uma renda fixa como garantia, **DEMINCO** estava tranquilo quanto a isso. Planejava empurrar com a barriga as primeiras prestações e, em seguida, quitaria o restante com o cachê "certeiro" proveniente da revista.

Entretanto, uma coisa não funcionava como manda a lógica. Obviamente, antes de se comprar um veículo o indivíduo precisa possuir uma carteira de habilitação. Seria simples enfrentar os processos burocráticos para a aquisição desse documento, se eu não houvesse nascido um inconsequente **DDA** e fizesse tudo ao contrário.

Calculando que, se seguisse rigorosamente o trâmite burocrático, eu teria um gasto ainda maior, optei acrescentar aquela parte que seria destinada à documentação como soma a pouca economia de uma caderneta de poupança. Assim, investi tudo o que tinha na entrada no veículo.

Com uma dívida incalculável, sem experiência alguma em trânsito e a irresponsabilidade por não ter licença para trafegar, o meu amigo **DDA** deixa aquela concessionária. Quase sem dinheiro, planeja comemorar esse grande feito em um dos lugares mais bem frequentados e caros da cidade.

No caminho, MARCUS ainda tentava em vão argumentar dentro de mim:

– Mal restou verba para o combustível e você deseja ir naquele dispendioso restaurante?

Mas era um dia único para **DEMINCO**. Ele estava eufórico e nada seria capaz de brecá-lo naquele momento:

– Realizamos aquele trabalho no carnaval. Conquistamos em seguida o <u>campeonato baiano de fisiculturismo</u>. A revista está praticamente certa. Agora estamos aqui! Sinta só esse cheirinho delicioso de carro novo MARCUS! E você quer ir festejar aonde, numa padaria, é? Precisamos celebrar isso tudo com dignidade.

Antes de buscar Clara, tive o cuidado de manter os plásticos revestindo o estofado. Assim, junto com a ausência de placas, reafirmaria indiretamente para quem quisesse olhar que se tratava realmente de um zero quilômetro.

Confesso que, de cara, não gostei do restaurante. Primeiro, eu tive ciúme ao deixar as chaves do meu carro com um manobrista e raiva desse desconhecido. Por causa dele, teria que consumir menos do que planejava para ficar o suficiente para a sua gorjeta.

Do lado de dentro, o lugar era mais imponente do que a arquitetura externa. E mais refinado do que imaginávamos.

Enquanto éramos guiados por uma espécie de recepcionista, eu reparava estupefato cada detalhe. Pelo canto de olho, começo analisando discretamente os frequentadores daquele ambiente. Era estranho. Dificilmente chego a um lugar onde não conheça muitas pessoas, mas ali não avistava um conhecido. Definitivamente não era o meu mundo. E, mesmo trajando a minha melhor roupa, sentia-me praticamente despido sobre aquele belo piso de taco brilhoso.

Tudo bem que o lugar era grandioso, mas não nos perderíamos se aquele cara não nos incomodasse, seguindo-nos passo a passo até uma mesa.

Mal havíamos nos sentado, e fomos cumprimentados por um outro fulano:

– Boa noite, senhor! Alguma preferência?

Provavelmente, aquela seria a pergunta apropriada para os clientes habituados àquelas cerimônias. Nós mal sabíamos por onde começar a desenrolar as iniciativas, por isso, recebi a sua arguição como uma afronta.

Trazendo-me, imediatamente o cardápio, ele permanecia estático atrás de mim, mirando-me dos pés à cabeça. Lançou também um olhar desafiante, o qual traduzi intuitivamente assim: "Então, seu pé rapado, você sentou aqui porque quis, e agora vai pedir o quê?"

Por mais que todos naquele salão exalassem muito requinte, ninguém superaria em boçalidade aquela "múmia de terno", que me fitava com cara de desprezo ou de quem duvidasse das minhas condições financeiras.

Atônito, eu folheava página por página daquele caríssimo cardápio, e não encontrava um item que o montante guardado em minha carteira pudesse bancar. Também mantive a pose e a vaidade e jamais explicitaria que era um mero "classe média" querendo impressionar a namorada. Sem esboçar ar de espanto a cada preço astronômico que lia, permaneci fingindo naturalidade a tudo.

Também não tive um minuto a sós com Clara. Queria uma oportunidade reservada para me certificar de que ela tinha reparado naqueles maravilhosos lustres que acreditei serem cristais, ou na bolsa de grife da fulana engomada na mesa ao lado.

Precisava mesmo era pensar rápido como sairia daquela constrangedora situação em que me encontrava. Não poderia simplesmente dizer que a fome havia passado, muito menos confirmar não ter condição financeira para jantar naquele lugar. Por sorte, quando minhas mãos suadas chegaram às últimas folhas do cardápio, eu já visualizava a risada debochada daquele antipático garçom, como quem diz: "viu que você é pobre".

Deixo finalmente uma voz impensada sair de dentro de mim:

– O senhor me aconselha um de tira-gosto para começar?

O meu **DDA** ressurgia contornando tudo. Embora MARCUS desentendesse como uma pessoa com aquela desanimada cara de fome ou que acabara de comer alguma coisa detestável, seria capaz de sugerir almoço ou jantar. **DEMINCO** tinha um plano e acata a sugestão:

– Palitos de polenta, senhor!

Sem dúvida, fora a melhor escapatória. Por fim, após saborear as polentas, **DEMINCO** reverte às posições, agradecendo, com uma ponta de ironia:

— Estou tão satisfeito com a sua recomendação, que não vamos mais jantar. Traz a notinha, por favor?

Benditos foram os palitos de polenta que, juntamente às duas latinhas de refrigerantes, ainda restou o suficiente para o serviço, para a taxa do manobrista na saída, e saciarmos a fome em outro lugar tomando uma deliciosa tigela de açaí.

O entusiasmo com o carro novo permaneceu durante muitos dias. A possibilidade de poder passear por aí, a qualquer hora, sem depender dos horários imprecisos de ônibus ou ficar à mercê das caronas incertas, dava uma pequena sensação de liberdade.

Parecia descobrir um mundo à parte e era inevitável não formular pretextos para sair de casa a todo instante. A necessidade de realizar pequenas tarefas, mesmo nos lugares mais próximos ou os pedidos mais inadequados de favores, que implicassem apenas ter de dirigir, me dava um grande prazer.

Aos poucos, aquela empolgação inicial ia dando espaço a uma normalidade. Eu já não dirigia tão devagar e cuidadoso como antes. Colocar o cinto de segurança passava a ser algo prescindível. Dificilmente controlava os meus primeiros "cavalos de pau". Revoltava-me constantemente com o gasto absurdo de combustível. Os cuidados com lavagem, aspiração interna e higiene também não eram mais prioridades. A carteira de habilitação ficou para depois. Levar qualquer um, aonde quer que fosse, se transformou num grande estorvo.

Se, para muitos "depois da tempestade vem sempre a bonança", eu devo mesmo funcionar às avessas. Porque depois da realização veio uma perturbadora apatia. Como o carro passou a ser uma coisa absolutamente comum em minha vida, voltei àquela eterna inquietação e à certeza de que me faltava ainda alguma coisa.

Não foi difícil recordar o que seria. Na ordem imaginária das minhas metas incessantes, era a hora da revista...

Φ Φ Φ

Havia decidido com a minha namorada que aguardaríamos um contato por parte da *G-magazine*. E esperamos tranquilamente durante algum tempo, enquanto nos ocupávamos com uma série de conquistas. Mas a ausência de novos sonhos foi determinante para cessar a espera.

A secretaria dá o recado:

— João encontra-se ocupado numa "reunião de pauta!" A senhora desejaria deixar o seu número para que ele retorne a ligação?

Por inexperiência com aquelas artimanhas das negociações, Clara afirma ingenuamente:

— Diz para quando ele se desocupar, entrar em contato com a empresária de MARCUS **DEMINCO**. Ele tem o meu número!

Depois de muita espera, caía o final da tarde e João não retornava o telefonema. Carregando essa mania de tornar pequenas coisas em grandes preocupações, começa mais um duelo interno:

— Provavelmente, ele havia perdido aquele cartão com todos os contatos de Clara e, por isso, não teria como telefonar. Dizia MARCUS, tentando tranquilizar-me. Mas meu **DDA** sentia que alguma coisa estava errada:

— Levamos dias até fazermos um contato e, nesse meio tempo, eles nem sequer nos ligaram. Mesmo ficando evidente um desinteresse por parte da revista, a vontade de pensar que não, fazia-me descobrir outras justificativas:

— Essas pessoas são mesmo muito atarefadas.

Mas seriam todos os argumentos derrubados. E aquela baixa autoestima voltaria a gritar dentro de mim:

— Bobagem, MARCUS! Você parece é que nunca quer enxergar a realidade. Provavelmente, eles já desistiram do ensaio ou esqueceram de tudo.

Sem muita força, a coerência tenta amenizar:

— Lembra que da última vez João mencionava a capa da revista? Como ele desistiria do nada?

— E se não fosse do nada? E se ele tivesse um motivo concreto? Questionei ao meu pouco bom senso.

DEMINCO vaga mentalmente pelos motivos possíveis da fria receptividade. Num espanto:

— Já sei! Eles descobriram de alguma maneira que Clara é minha namorada. Só pode ser isso! E agora MARCUS?

Triste, via a minha estratégia descendo ladeira abaixo. Em meio a breves minutos de lucidez, sou capaz de rememorar os caminhos percorridos até ali e passo a casar todas as possibilidades de terem desvendado o meu plano.

Logo, certifico-me de que tudo havia sido tão bem feito, sem rastros ou vestígios, que descarto parcialmente essa possibilidade:

— Não teriam como descobrir nada!

Mas **DEMINCO** parecia não desistir de potencializar pequenas cismas:

— Essas editoras, assim como outras instituições possuem mecanismos para descobrirem a origem dos remetentes.

Como última conclusão, percebo que pouco importava aquelas hipóteses. Só teria mesmo uma maneira de me certificar: Clara ligaria no dia seguinte.

Embora dessa vez João não participasse das eternas "reuniões de pauta". Ainda assim, fez questão de bancar o difícil:

– Ele está ocupado, mas pede para que a senhora ligue dentro de mais alguns minutos – dizia aquela mesma secretária.

Não teria condições psíquicas de aguardar o tempo preestabelecido, muito menos corresponder ao "joguinho" de espera. Tudo que precisava era desvendar realmente o que estava acontecendo.

Sentado no sofá, assistia atentamente o desenrolar daquele diálogo, quando Clara finalmente conseguiu falar com João. Chamava-me atenção o modo como mencionavam o meu nome, fazendo lembrar um mero produto ou uma mercadoria. Então, comecei a compreender um pouco mais sobre os trâmites das negociações.

Ficou evidente o motivo pelo qual João demorara tanto a nos procurar e porque parecia fazer questão de desmerecer os meus feitos: ora, campeão de fisiculturismo, ora, destaque no trio-elétrico. Os empresários geralmente desvalorizam os produtos que pretendem comprar, pura artimanha para reduzir o valor do seu investimento. Naquele momento, eu era, para eles, mais um, entre outros tantos modelos, que faria a capa da revista.

Mesmo propondo uma quantia incompatível com o idealizado e tendo consciência de que mereceria ganhar mais, fui indiretamente coagido pela vulnerabilidade do meu ócio. Não demorei uma única hora para telefonar de volta e dizer-lhe que aceitava.

Mais uma vez, pagaria caro pela impaciência. Se antes esquecia sempre de questionar o valor a ser pago. Acordamos o cachê, simplesmente deixei de perguntar o que viria a causar-me muitos problemas: quando seria realizado o ensaio.

Não imaginaria que as fotos levariam meses para concretizar-se, muito menos que seria o motivo de tanta dor de cabeça vendo que, três dias depois, um contrato de aproximadamente quinze páginas chegou pelos correios em minha residência.

Lia o documento de cabo a rabo. Com pressa para que tudo fosse feito o quanto antes, recorro a uma amiga conhecedora de leis para traduzir-me os termos mais técnicos e algumas cláusulas complexas. Certificando-me de que todo o acordado pelo telefone estava realmente especificado ali, entre aquelas letras graúdas, envio-lhe de volta devidamente assinado e rubricado página por página na manhã do dia seguinte.

Acontece que, mais uma vez, as coisas não seriam tão simples assim... Passaram algumas semanas e nenhum representante da revista havia me telefonado, dando-me um posicionamento sobre quando seria realizado o ensaio ou mesmo onde seriam feitas as fotos.

Enquanto assistia despretensiosamente a uns programas de fofocas, fui compreendendo um pouco mais o verdadeiro motivo de tanto adiamento. Pela televisão via ex-músicos, ex-globais, além de cantores e jogadores de futebol decadentes, que tinham assinado o contrato depois do meu, entrarem em estúdios para serem fotografados. Embora eu fosse ilustrar a capa daquela revista, ainda permanecia, para eles, como um simples "produto de segunda". Iam priorizando aqueles que fossem mais conhecidos e, como já estava tudo documentado comigo, poderiam continuar empurrando com a barriga, como o faziam, a minha vez.

Procurei não me abater e manter-me otimista, afinal de contas, *"muitas portas se abririam depois da G"*, disse-me Humberto, no início de tudo, querendo convencer-me desde o nosso primeiro encontro. Acontece que aquela coisa de ficar à mercê era tudo o que eu não tolerava. Aos poucos, aquela incômoda situação de ficar sempre para depois começava a fazer-me mal.

Não conseguia gozar com plenitude cada momento e estava a maior parte do tempo distante e aéreo. Desanimado, deixei também de sair de casa. Não podia frequentar os restaurantes ou tomar cerveja com os amigos, precisava estar sempre à disposição da revista e em plena forma física para as fotos. Perdi parte da minha concentração momentânea e passei a dar aulas de forma relapsa, "assistindo verdadeiros filmes", enquanto preparava cada aparelho para meus alunos. Mesmo em meio às conversas mais interessantes eu não estava presente. Voava em constantes devaneios, imaginando tudo o que ainda estaria por vir.

Com os nervos à flor da pele, precisava ocupar-me com algo além daqueles pensamentos tormentosos, quando, pensando distrair-me um pouco, aceitei participar daquele evento...

A empresa de Ananias havia sido contratada para selecionar alguns modelos que distribuiriam brindes para clientes de um famoso cartão de crédito. O trabalho parecia ser bastante simples, bastava qualquer pessoa apresentar alguma fatura que comprovasse compras feitas com aquele cartão e imediatamente ganharia um brinde.

Eu estava como uma bomba relógio e não demoraria muito para explodir. Trajado, numa patética e colorida roupa, padronizada com a marca do cartão de crédito, chegamos a um dos locais determinados pelo coordenador do evento. Lembro perfeitamente daquele belo sábado de sol e as barracas de praia lotadas. Enquanto todos pareciam felizes comendo caranguejos e tomando suas bebidas preferidas, eu fitava tudo através da janela do veículo que nos conduzia. Preparava-me tranquilamente para descer, quando fui recebido aos berros:

— Uma hora dessas! E você ainda quer ficar se arrumando todo? Venha logo por aqui!

Pronto! Aquilo seria o estopim para exteriorizar toda a minha fúria. Fiquei cego naquele instante e, enquanto os gritos ainda ecoavam em meus ouvidos, eu não conseguia avistar nada à minha frente, além do dono daquela voz arrogante.

A cada passo firme e raivoso em sua direção, sentia o meu **DDA** tomando-me com ira. Diante do gerente nacional de *marketing* daquele cartão de crédito famoso, **DEMINCO** torce a gola da sua bela camisa e deixa sair toda a sua revolta: xingo aquele sujeito de todos os nomes que voavam em minha mente fervilhante.

Assumo ter descontado parte dos meus problemas nele, mas acredito que nada na vida aconteça por acaso, talvez, por isso, o seu azar de me conhecer justamente naquele dia. Ou a sorte, se, a partir dali, passou a refletir um pouco antes de tratar as pessoas de forma rude.

O engraçado é que, depois de tudo isso, continuei trabalhando, como se nada tivesse acontecido, enquanto à distância, ele me olhava fazendo cara de medo. No dia seguinte, por intermédio de terceiros, ele teve a coragem de pedir o meu afastamento do evento. E, também, por intermédio de terceiros, aquela minha consulta médica...

Na mesma época, de uma hora para outra, todo o meu corpo ficou adormecido. Fui tomado por uma espécie de formigamento em meus braços e pernas. Sentia a cabeça esquentando muito, tonteira e enjoo quando levantava. Minhas orelhas estranhamente eram tomadas por uma vermelhidão.

Desesperada, Clara pede para um vizinho nos levar ao hospital mais próximo.

Obviamente, não estava mesmo em meus dias de muita sorte. Naquela clínica, atendiam a todos os planos de saúde, exceto o meu. Entretanto, certificando-me que o de Clara estava entre os aceitos, não tive dúvida, passo para ela a minha doença. Detalhadamente explico tudo o que sentia e tudo que havia acontecido. E "terceirizado", obtive um diagnóstico como uma forte crise de *estresse*.

Na verdade, minha vida tinha estagnado e estava cada vez mais atrelada à *G-magazine*. Comecei a ficar inteiramente preso ao futuro. Só conseguia pensar no depois, no que estava por vir. Não podia assumir trabalhos duradouros, pois não sabia onde seriam realizadas as fotos, menos ainda quantos dias levariam até o desfecho. Mas eis que, num impulso desesperado, compreendendo o quanto aquela situação passava a me prejudicar, meu amigo **DDA** desenvolve um plano. **DEMINCO** chega ao seu limite e aposta tudo naquele *e-mail* para a Ana Fadigas, dona da revista.

Lembro ainda parte daquele texto. O título dizia o seguinte: Desabafo! Redigia de forma angustiante todos os dramas que passara a viver por conta daquela aflição. Queixava-me, sempre com cautela, que estava sendo tratado com descaso por parte deles.

Tratando-se de uma revista *gay*, **DEMINCO** facilmente deduz que ainda deveria enfrentar diversos preconceitos por conta disso. Então, ele passa a explorar um pouco desse aspecto no *e-mail*. Escreve que algumas pessoas a par da situação começavam a enxergar aquele adiamento como sendo puro preconceito pelo fato de MARCUS **DEMINCO** não ser tão famoso assim, ou por ser nordestino.

Confiante de que fora tudo bem feito dessa vez, finaliza afirmando que se demorasse mais, ele preferiria não mais fazer o trabalho. Pronto! Bastou falar em preconceito, aquilo mexeria com eles de alguma forma. Não gostariam de exercer um papel que certamente abominam.

É delicado apostar nas palavras, pois a escrita pode ser totalmente incompreendida. Poderia ser interpretado como um arrogante, um desafiador ou um antipático. Passei o dia inteiro aflito, sem saber como eles reagiriam. Talvez, ao longo da vida, o mais lucrativo fosse apostar alto, porque a partir dali recuperei todas as minhas fichas.

Além do *e-mail* da adorável dona da revista pedindo-me desculpas pelo transtorno, sem esquecer de mencionar que jamais agiria de forma preconceituosa, recebi no final do dia o telefonema daquele que seria o produtor responsável pelas fotos. Também houve um pedido de desculpas pela demora e Ayrton me assegurou de que eles agora priorizariam meu ensaio. Ainda assim, não seria o suficiente para que eu acreditasse. Quando veio uma deixa:

— Seria importante nos reunirmos antes para acertarmos os detalhes finais.

DEMINCO, intuitivamente, resolve interferir. E assim que Ayrton pergunta:

— Você não teria compromissos agendados por aqui por São Paulo por esses dias?

O meu amigo **DDA** não reflete um único instante:

— Cara! Que coincidência! Eu estarei aí em dois dias.

A agonia era tanta que não me deixava saber se haveria passagens aéreas disponíveis para aquela data, muito menos se teria condições financeiras para todas as despesas de uma desprogramada viagem. Precisava dar um jeito de ir, pois sabia que diante dele, seria mais fácil deixar tudo amarrado.

Para criar uma maior formalidade, **DEMINCO** tem mais uma ideia: antes de viajar telefona para um site de internet voltado para notícias de fofocas. Passando-se por outra pessoa, informa que o modelo baiano que havia saído pintado de prata no trio elétrico da cantora Margareth Menezes estaria embarcando no dia seguinte para São Paulo, onde seria fotografado para a capa da revista *G-magazine*. Demonstrando o seu profissionalismo, o site mostra-se interessado, perguntando se eu teria um contato direto com essa pessoa.

É incrível como esse pessoal de fofoca trabalha sério porque em menos de cinco minutos, precisei dublar uma voz para atendê-los.

Φ Φ Φ

Com o conteúdo da entrevista devidamente impresso e conforme o combinado, eu estava em São Paulo no, até então desconhecido, escritório da *G-magazine*.

Havia muitas contradições naquele nosso primeiro contato pessoal. Enquanto para Ayrton aquela conversa era algo rotineiro (apenas mais um modelo que ilustraria a capa da sua revista), para mim seria como um choque de sentimentos. O incontrolável nervosismo por estar diante da pessoa que dirigiria o meu ensaio era moderado pela realização pessoal por mais uma conquista de minha eterna procura por emoção.

Passamos a discutir temas, lugares e datas mais apropriadas para realizarmos as fotos. E, enquanto bebíamos um café, tentei corresponder a naturalidade com que olhava, mas involuntariamente o meu olhar era vago, relembrando tudo o que havia enfrentado...

Primeiro, eu não acreditei que aquela despretensiosa ideia de Ananias pudesse chegar tão longe, pois não era meu objetivo pessoal sair nu numa revista. Também não assinei o contrato, pensando caminhar por aí fazendo pose de galã. Nem apenas pelo dinheiro que viria numa boa hora. Acontece que fiquei indignado com a audácia de Humberto, propondo, para um cara como eu, um simples ensaio interno. Tomei aquilo como ofensa e, talvez por não me limitar quando desejo alguma coisa, tenha me sujeitado a algumas situações vexatórias. Mas meu *Alter Ego* faria qualquer coisa por aquela capa.

A verdade é que Ayrton jamais imaginaria tudo o que passei para estar ali presente. E continuava agindo com absoluta tranquilidade, como se nada tivesse acontecido, até sermos interrompidos por uma batida delicada na porta da sua sala, perguntando:

— Posso transferir uma ligação?

Impossível não reconhecer imediatamente aquela voz. Era ela, a secretária, a mulher que sempre atendia os meus telefonemas. E, pela primeira vez, ouviria aquilo com menos incômodo:

— Avisa para ele que agora não posso, estou no meio de uma "reunião de pauta". Pede para ele retornar a ligação mais tarde.

Embora percebesse que a partir dali eu seria a "pauta" em questão ou a bola da vez, por segundos ainda tive pena do fulano que tinha ligado. Estaria ele enfrentando metade do que enfrentei? Mas não me desviei do foco. E com o propósito de solidificar ainda mais os acertos feitos pelo telefone, tratei de mostrar-lhe a entrevista que tinha dado à revista de fofoca.

Notando que Ayrton insinuou uma condenação ao dizer que eu havia agido errado ao afirmar para a imprensa que tinha vindo a São Paulo para fotografar, dessa vez preferi me fazer de desentendido:

— Desculpe, eu realmente compreendi errado!

No fundo imaginei que, naquele jornal, ficara indiretamente registrado não apenas a minha palavra, como também a credibilidade da revista. E somando àquela outra possibilidade de serem vistos como preconceituosos, talvez obtivesse o resultado desejado para me levarem a sério.

Bem! Parte da minha missão já havia sido cumprida e sem mais o que fazer por lá, retorno a Salvador.

Φ Φ Φ

Com o tema: *"o que é que o baiano esconde"* e o intuito de passar a beleza da Bahia, ficou decidido que seria incoerente o trabalho ser realizado em outro lugar.

Por falta de contatos fora do eixo Rio/São Paulo, a equipe da revista também decide convidar Ananias para contribuir: ele funcionaria como uma espécie de coprodutor, ficando diretamente responsável pela escolha das locações. Com ele, fiz questão de receber no aeroporto os outros que tomariam parte daquele trabalho. Lá estavam o Ayrton, um fotógrafo, seu auxiliar, e quilos e mais quilos de parafernálias de iluminação e instrumentos fotográficos.

Lembro que estava tão eufórico, vendo tudo aquilo, finalmente começando a desdobrar as páginas de uma história que, enquanto mal cumprimentava a todos, minha agonia deixa escapar mais uma "pérola":

– É um imenso prazer recebê-los aqui! Mas quando vocês retornam mesmo?

Perplexos todos se voltaram para mim. Certamente, e com razão, interpretaram aquilo como uma indelicadeza. Mal desembarcavam e eu já perguntava quando regressariam. Era minha pressa ecoando de dentro de mim, fazendo-me dizer aquelas eternas "palavras sem freio" Quando me dou conta, elas já saíram.

Afastada do centro da cidade e próxima às belíssimas praias do litoral, aquela pousada parecia o cenário perfeito. Com instalações rústicas, um rio a sua volta e cercada de muito verde, criava uma espécie de clima ecológico. E fora o local escolhido por Ananias.

Cientes de que conviveríamos juntos por, pelo menos quatro dias, saímos para jantar na primeira noite. Afinal, precisávamos nos conhecer para tudo fluir com naturalidade. Fazia um clima agradável naquele restaurante à beira mar e todos pareciam tranquilos. O fotógrafo ao meu lado parecia adivinhar o meu desconforto e fazia questão de tentar manter-me tranquilo. Ayrton, na quina da mesa, acertava os últimos detalhes da produção com Ananias. Sem esquecer do auxiliar de iluminação que não fazia nada, além de ligar para todos os seus familiares, gabando-se por estar na Bahia.

No dia seguinte, apenas eu ficaria nu e, embora fizesse imensa força para relaxar, não teria como esquecer que todos ali me veriam despido.

A minha insônia era algo previsível para aquela noite, mas ninguém imaginaria aquela mudança repentina do clima na manhã seguinte. Com um céu coberto por nuvens cinzas e o tempo nublado, fez-se necessário mudar a sequência da produção. Tinham idealizado iniciar com as fotos externas, mas impossibilitados pela ausência de sol, decidiram de última hora que começaríamos pelo final.

Minha agonia aumentava à medida que assistia a arrumação do cenário. Forravam cuidadosamente aquela cama que eu deitaria. Escolhiam criteriosamente as cores das peças de roupas que eu logo vestiria. Checavam detalhes na iluminação, verificavam a lente mais apropriada para as fotos.

Quando tudo parecia estar pronto, eu travei.

Com estratégias e artimanhas, eles tentavam quebrar meu gelo com doses homeopáticas. No início começaram como uma espécie de esquentamento. Devidamente trajado, eu reagiria tranquilo a essas primeiras fotos, se minha mente futurista já não antecipasse tudo, imaginando-me sempre nu.

Em seguida, demonstrando absoluta naturalidade, pediam para que eu retirasse apenas a camisa. Minha boca secava visualizando o que viria depois. Então, vieram as fotos de cueca em vários ângulos e poses diferentes. Porém, já me sentia absolutamente sem nada. Depois de voltas e mais voltas, a dose avassaladora com a seguinte determinação:

– Pronto! Agora tira o resto.

O resto era apenas a última peça: a cueca. Sucumbi naquele momento. Embora esperasse por isso desde o início da sessão, imaginando e sofrendo antecipadamente, jamais poderia calcular o quão constrangedor seria ouvir aquilo.

Tão logo via aquelas luzes voltadas em minha direção e todos parados na porta do quarto a espera da minha atitude, pensei: eu não podia desistir ali, muito menos mandar a equipe da revista de volta. Afinal de contas, não fora eu que havia procurado aquilo tudo? Então, não me restava mais, nenhuma outra opção, afora a de retirar aquela cueca.

Confesso que nem mesmo ao sair dos banhos mais frios do inverno havia visto o meu "negócio" tão pequeno quanto nessa hora. "Ele" simplesmente se escondia. Com seu inapropriado senso de humor e para diminuir toda aquela tensão, **DEMINCO** não podia perder a deixa:

– "Ele" está assustado, mas posso garantir-lhes que não é tão pequeno assim!

Enquanto meu sorriso estampava os cantos da boca, uma outra piada não traria tanta graça assim. Moisés, o fotógrafo, rebateu:

– Nem se preocupe. Nas fotos com ereção, certamente, ele ficará maior.

Eu passava a compreender inteiramente a situação que meu imediatismo me colocara. Esse meu jeito afobado, aliado a uma mania de querer algo de forma tão determinada, muitas vezes, me deixa parcialmente cego. E, a me ver diante daquilo que tanto buscava, consigo enxergar a dimensão exata do seu peso. Então me questionei: por que quis tanto isso? E agora? Ele havia dito ereção?

Confesso que não foi nada fácil permanecer ali horas sem nenhuma roupa cobrindo minha timidez. E ainda ter que manter uma concentração fora do normal, fazendo mil e uma poses com absoluta cara de naturalidade. Porém, mal começava a digerir aquela ideia de ficar nu, viria outra bomba:

– Bem, desse jeito já tá legal. Agora faremos fotos em "ação"!

"Ação"? Meu cérebro funcionou rápido naquele momento. Seria essa a forma menos pesada de dizer aquilo que eu tanto temia? Como conseguiria uma ereção com pessoas estranhas me olhando? Ainda mais sendo quatro homens! Seria praticamente impossível.

Respirei fundo e tentei pensar como faço em montanha russa, quando estou desesperado: "ninguém nunca morreu, provavelmente, não serei o primeiro". Então, enquanto todos me mediam naquele quarto, procurei ficar tranquilo e pensando comigo mesmo: "bem, se todos que já fizeram a revista conseguiram ficar em "ação", certamente comigo não será diferente". Ainda assim, "ele" simplesmente não se mexia.

Tentei imaginar que seriam mulheres ali me olhando. Aí lembrei das mais deliciosas atrizes de filme pornô que já vi. Pensei também em todas as fantasias pervertidas que ainda não realizei. Mas tudo seria em vão e nada neutralizaria aquele cheiro insuportável de testosterona daquelas pessoas ao meu lado.

Por fim, mesmo recorrendo ao famoso comprimido azul, não senti nenhum tipo de contração involuntária. Tive náuseas, fortes dores de cabeça, enjoo e fome. Mas nenhum tipo de "ação".

Para tranquilizar-me, Moisés afirmava:

— Isso é algo extremamente comum na maioria dos ensaios, ainda mais no primeiro dia.

Sem intenção, conseguem deixar-me mais nervoso ao relatar casos de pessoas que não conseguiam de jeito nenhum e, por conta disso, tiveram que desfazer o contrato.

Involuntariamente, penso na possibilidade de acontecer o mesmo comigo. Em seguida, fiquei bastante aliviado quando ele me confidenciou sobre um famoso cantor. Tiveram que cancelar o ensaio porque o seu "negócio" era pequeno demais. Pelo menos esse não seria o meu problema.

Na manhã seguinte, o clima continuava indefinido, o que seria ótimo, porque, sem luz natural, eles não poderiam realizar as tais fotos externas e com isso eu ainda não sairia sem nada por aí, sendo fotografado no meio da rua. Em contrapartida, isso seria péssimo, porque assim retornaria aquela expectativa em torno da minha ereção.

Entretanto, dessa vez, tudo tenderia a fluir com uma maior naturalidade. Ayrton havia decidido deixar apenas eu e o fotógrafo a sós, na tentativa de diminuir meu constrangimento. Dentro daquele quarto e já devidamente arrumado, enquanto Ananias ainda retocava a minha maquilagem, Ayrton me passava as instruções e as poses que eu deveria fazer.

Acontece que desde o dia em que estive com ele pela primeira vez, em São Paulo, assustei-me com suas ideias mirabolantes. E, dentre tantas, duas simplesmente me apavoravam: ele queria de qualquer jeito fazer algumas fotos minhas subindo num coqueiro e outras com pimentas malaguetas espalhadas pelo meu corpo, justificando que assim passaria algo bem legal de baianidade. Depois de tudo que eu havia passado para chegar até ali, não arriscaria, nem ousaria contestar nada. Ainda assim ficava rezando para que ele simplesmente esquecesse aquela doideira toda. Ficava desesperado com a possibilidade dele se empolgar e decidir tirar fotos minhas sem roupa comprando acarajé no meio do Pelourinho, ou "nuelão" dentro do Elevador Lacerda. Vai saber...

A verdade é que, ali sozinho com o fotógrafo, eu conseguia burlar aquelas poses esquisitas que Ayrton pedia para que eu fizesse. Tentando deixar-me mais à vontade, Moisés daria a sua contribuição. Ficou acertado que ele permaneceria de costas para mim e assim que eu conseguisse a tal "ação", bastaria avisar-lhe e rapidamente se voltaria para fotografar.

Minha mente voava em busca de fórmulas estimulantes. Viajei relembrando as mais diversas aventuras excitantes que já havia curtido. Voltei a pensar naquelas atrizes instigantes e nas fantasias pervertidas que ainda não realizei. Embora conseguisse uma breve ereção, bastava abrir os olhos e lá estava eu diante da realidade. E nada poderia ser mais desestimulante do que a imagem de Moisés estático, de costas para mim.

Vendo-me quase sem saída, vago, desesperado, relembrando outras situações embaraçosas nas quais já estive e por um instante me acalmei confiante de que, no final, sempre consigo livrar-me delas. De todas, como, por exemplo, no dia daquele exame...

Eu estava sentindo alguns incômodos e dores enquanto fazia atividades físicas. Então, muitos conhecidos (daqueles que se acham médicos) afirmavam ser varicocele. Preocupado e sem saber o que seria aquilo, aceitei marcar uma consulta com um urologista. Dentre alguns exames solicitados por ele, um chamou a minha atenção: espermograma.

Tentei ser o primeiro a chegar na clínica onde marquei o tal exame. Assim que apresentei o cartão do plano de saúde, uma educada enfermeira, tentando agir com absoluta naturalidade, me acompanha por um corredor. Para em frente a uma porta, entrega-me em mãos um ridículo frasco, tipo de maionese, como se me apresentasse a uma maravilhosa mulher. Em seguida, entrei num banheiro como se adentrasse num quarto de motel. Devo admitir que, embora tenha mesmo uma ótima imaginação, ainda existem situações que anulam a minha criatividade. Não foi nada fácil concentrar-me ali, sozinho, com aquele patético frasco. Sem contar os ruídos de enfermeiras e médicos passando por trás da porta. Mesmo assim depois de muito tempo acabei conseguindo. Na saída, também fiz questão de fazer cara de naturalidade ao devolver o frasco.

Nada me faria relaxar dentro daquele quarto, deitado naquela cama. Porém, antes de desistir e já me dando quase por vencido, senti o meu próprio **DDA** possuir todo o meu corpo. Totalmente avesso à normalidade, **DEMINCO** decide utilizar-se de outro mecanismo para a tal excitação. Fechando meus olhos, não penso em absolutamente nada com conotação sexual. Simplesmente passo a imaginar vendo-me livre o mais rápido possível daquilo tudo. E se *"no caminho tinha uma pedra"*, a minha obstinação extirparia qualquer obstáculo que tentasse me impedir. Como a pedra do meu caminho naquele instante seria ficar em "ação", acabei conseguindo:

– Estou pronto!

Disse ainda tenso para Moisés que, rapidamente, se vira e toca a disparar uma sequência interminável de *flashes* em minha direção, aproveitando os segundos que eu seria capaz de permanecer "ativo".

No segundo dia, o céu deu uma rápida limpada. Decidiram aproveitar para fazer algumas fotos externas. Na margem do pequeno lago dentro da pousada, recomeçaram novamente aquele processo homeopático, para me acostumar aos poucos com o novo cenário. Então, vieram às fotos com roupas normais: bermudas, camisetas, etc.

Quando já estava de sunga, não teria como relaxar com aquele casal de namorados sentados justamente numa cadeira ali, bem próximo. Para que ficassem sabendo, Ananias decide dizer-lhes que faríamos um ensaio para a revista *G-magazine* e que, em seguida, o modelo (eu) deveria ficar sem roupas. Como se isso fosse o suficiente para me tranquilizar.

Sem graça, fiquei preocupado sobre qual seria a reação daquele sujeito. Imaginei que, no mínimo, sairia dali revoltado com sua namorada, esposa, amante ou sei lá o quê. Isso me deixou mais constrangido, afinal de contas, ele estaria coberto de razão.

Acontece que, para a minha sorte e alívio, ele surpreendera as minhas pessimistas expectativas:

— Fiquem à vontade! Nós somos apaixonados pelo naturismo e, por isso, também estamos aqui nessa paradisíaca pousada.

Parecia que estavam precisando apenas de um incentivo, pois, em seguida, o sujeito ficou absolutamente nu e a sua companheira retirou imediatamente a parte de cima do biquíni. Embora desentendesse completamente aquela reação, não quis compreender e muito menos contestar o fato dela ficar com os seios à mostra, enquanto eu era fotografado nu ao seu lado. Entretanto, se a atitude inesperada desse casal me deixou mais à vontade, surgiria logo alguma coisa para dificultar tudo.

Assim que mergulho sem roupas naquele lago gelado e me preparo para as primeiras fotos, tomo um enorme susto! Um cardume, de pequenos peixes, começou a morder insistentemente as minhas partes mais íntimas. Ainda assim não podia gritar ou me mexer, queria apenas que tudo aquilo acabasse. Já não suportava mais aquela situação. Mesmo, entre tantas mordidas que recebia por baixo d'água, permaneci ali fazendo aquela cara de normalidade.

Com os tímidos raios de sol na manhã seguinte, seria hora de finalmente encarar as temerosas fotos externas. Eu apenas olhava apreensivo pela janela do carro e começava a sofrer antecipadamente imaginando como iria ficar nu, diante de tanta gente. Quase ao meio dia, chegamos a uma famosa praia do litoral baiano. Despido, teria que continuar rezando para que Ayrton pelo menos esquecesse a doideira de tirar fotos minhas subindo num coqueiro.

Nessas situações, sempre penso: por que não sou um cara normal? Por que eu não estava ali, normalmente, entre aquelas pessoas, apenas curtindo um sol, tomando uma cerveja com amigos ou jogando uma pelada? Por que vivo nessa eterna busca de emoção? A verdade é que vivo atrás de algo diferente e quando me deparo com a diferença, descubro que talvez fosse mais prático ser comum.

Bem! Pelo menos todos na produção concordaram que teria mesmo muita gente e tiveram o bom senso de procurar um lugar mais afastado. Caminhamos pela areia até um canto mais deserto, o que não implicaria em não ter absolutamente ninguém.

Às vezes, sou tão futurista que me sobreponho às dificuldades do atual, contemplando o dia de amanhã. Então, passei a vivenciar aquele momento com mais facilidade, imaginando que dois dias depois tudo finalmente acabaria. E desprovido de vergonha ou pudor, eu estava tomando banho de mar sem nenhuma peça de roupa com pelo menos meia dúzia de pessoas, além de todos da produção me olhando.

Fiz questão de seguir à risca o que Ayrton pedia. E sentindo-me ridículo, rolando nas areias daquela praia, não contestei nada. Muito pelo contrário, daria tudo de mim naquele papel desconfortável de "bife à milanesa", afinal poderia ser a minha única saída para desviar a atenção daquelas ideias de coqueiros e pimentas.

Após o almoço, eles decidiram de última hora aceitar o convite de um novo artista plástico baiano. Seguimos, então, para o Pelourinho. Ele estava começando a sua carreira e acreditava que talvez fosse interessante divulgar o seu trabalho por intermédio do meu ensaio. Embora se mostrando uma pessoa bastante simpática e suas telas fossem realmente de extremo bom gosto, eu não acreditava que aquela seria uma grande estratégia de *marketing*. Pensava em sigilo que ninguém, além dele, compraria aquela *G-magazine* para ver seus quadros. Ainda assim aquilo pouco me importava. Queria, sim, que tudo acabasse e o mais rápido. Dentro do seu atelier, no meio do centro histórico da cidade, eu assistia passivamente a equipe da revista montando mais uma vez àquela parafernália de iluminação.

Quase acostumado com aquela situação e parecendo que as coisas finalmente fluiriam com naturalidade, não seguiria a imprevisibilidade da minha vida, se não acontecesse algo no mínimo engraçado nesse penúltimo dia.

Talvez por ter agido com descuido na praia ao ter vestido a bermuda com a pele tomada pelo salitre ou por tratar-se de uma parte mais sensível do corpo, tenha acontecido aquilo. A verdade é que toda a minha virilha encontrava-se bastante irritada, com uma espécie de assadura.

Ao tomar conhecimento, Moisés comenta com Ayrton que aquilo provavelmente apareceria nas fotos e não ficaria esteticamente bonito. Enquanto iam preparando o cenário, me pediram para comprar um tubo de **K-Y** com o intuito de disfarçar um pouco aquela vermelhidão.

Pela convivência com todos, já havia feito boa amizade com o nosso motorista. Chamei-o, então, para me acompanhar a uma farmácia próxima ao atelier. Joaquim também era baiano e, por trabalhar como guia turístico, sabia melhor do que eu deslocar-se por aquelas vielas.

Abdicamos do carro e decidimos seguir a pé. Conversávamos sobre coisas soltas, até chegarmos à primeira farmácia. Estava tão agoniado durante aqueles dias que somente ao questionar, num tom habitual, àquela farmacêutica se teria o tal **K-Y**, me recordei para que servia o produto. E enquanto ela me media de cima a baixo, me dei conta da besteira que tinha feito. Ela estava pasma nos olhando: eu, vestindo apenas uma bermuda e com o tórax à mostra, Joaquim, com seus traços fortes, a cor da pele negra e sua altura contrabalançando ao visível excesso de peso, dava uma ideia de "brutamonte". Certamente, no instante que nos vendia, também fantasiava com a convicção de que sairíamos dali direto para um motel. A verdade é que, depois daquela desconfortável situação, eu jamais esqueceria de falar mais baixo e estar desacompanhado, se por ventura precisasse comprar novamente **K-Y**.

De volta ao atelier, todos riram muito, quando Joaquim dublou a minha voz alta pedindo lubrificante íntimo como quem pede um simples colírio. Mas tínhamos criado um clima tão agradável e sadio entre nós, que jamais me incomodaria que rissem daquele feito cômico. Mesmo assim preferi mentir, afirmando que realmente desconhecia aquele produto do que confessar que minha agitação, às vezes, me torna relapso.

O ambiente estava aparentemente preparado, porém com uma novidade: aquele artista plástico funcionaria como figurante. Enquanto eu ia sendo fotografado, ele fazia algumas poses ao meu lado. Mas será que alguém que visse a revista acreditaria mesmo que ele estava pintando um quadro, enquanto eu estava sendo fotografado?

Eu já estava bastante à vontade com todo o trabalho e ficar nu para mim passava a ser algo quase banal. Entretanto, depois de algum tempo, Moisés ainda me assustava dizendo que seria interessante se fizéssemos algumas fotos em "ação" naquele novo cenário, justificando que as cores fortes das tintas nas telas funcionariam bem na revista. Muito embora soubesse que estava livre daquilo, relembrando que ele mesmo havia afirmado que as fotos em "ação" já eram suficientes, compreendi também o seu intuito profissional.

Assimilei que funcionávamos como uma equipe reunida em torno de um propósito: fazer um ensaio bem feito. Vaidoso que sou, não poderia permitir que o trabalho não saísse perfeito, justamente por minha causa. Não titubeei continuar dando o melhor. E se todos me deixavam sozinho novamente, aquele estranho permanecia ao meu lado fingindo que fazia alguma peripécia artística. Mesmo assim, fechei os olhos com força e não pensava em nada de sexo para me excitar. Bastava imaginar-me duas semanas depois.

Como no dia anterior, Moisés toca a disparar uma sequência de fotos para aproveitar meus breves segundos em "ação".

No último dia do trabalho, Deus finalmente interferia derramando suas bênçãos, através de uma forte chuva. Como as passagens de volta já estavam reservadas desde quando eles desembarcaram, e provavelmente cheios de compromissos agendados em São Paulo, não viram a menor necessidade de adiar o retorno, e se deram por satisfeitos com as mais de mil e cem fotos registradas.

Deixando a pousada, enquanto arrumava as malas para acompanhá-los ao aeroporto, vivi uma mistura de sensações: parecia estranho, mas estava tão acostumado em ficar despido a todo instante que estranhei a quentura dos tecidos, quando finalmente vesti uma roupa normal.

Tive também a falsa impressão de que fora tudo tão simples, ao ver aqueles dias ansiosamente aguardados, passaram-se tão rapidamente diante de mim. Embora não tenha sido nada fácil, já não relembrava aquelas dificuldades com o campeonato, o trio elétrico, o adiamento...

Guardo com carinho a convivência com todos. Eles fizeram parte direta ou indiretamente de mais uma história da minha vida, sem esquecer de mencionar o profissionalismo de toda a equipe: desde Ana Fadigas, a dona, mulher determinada, que mesmo à distância, pude acompanhar parte de sua luta, sobrepondo-se ao preconceito enrustido da sociedade para manter uma revista *gay*, *p*assando pelo Ayrton, mais do que um produtor, um conselheiro, prevenindo-me para as armadilhas disfarçadas das propostas após o ensaio. Sem esquecer do Moisés, que conduziu de forma compreensiva e paciente as fotos, surpreendendo-me com o resultado final de extremo bom gosto do nosso ensaio. Ao motorista, mesmo tendo esquecido o seu verdadeiro nome, deixo registrado como sendo Joaquim. Este, mesmo sabendo a finalidade do **K-Y**, foi cúmplice da cena da farmácia. A educada secretária de nome Gláucia, esta, embora me irritasse profundamente ao repetir muitas e muitas vezes aquela indesejável frase: "... encontra-se em reunião de pauta", sempre me tratou com muito carinho e atenção. Diria até com certa paciência naquelas tardes agoniadas em que liguei mais de três vezes seguidas. E, por fim, ao Ananias, responsável por esta ideia maluca em minha cabeça.

Ali mais uma etapa se fechava na minha eterna busca por emoção. Restar-me-ia apenas voltar para casa e aguardar tranquilamente pelo lançamento da revista. Preocupava-me com as críticas que provavelmente passaria a ouvir e estava bastante inseguro sobre à reação das pessoas diante daquele tipo de trabalho. Sem contar a curiosidade incontrolável para ser o primeiro a ver como ficariam aquelas fotos depois de impressas. Com tudo isso, eu até aguardaria pacientemente, se não fosse hipnotizado por aqueles tais programas de televisão...

Φ Φ Φ

Nunca estou completamente satisfeito com o que alcanço, logo sou movido por alguma coisa em busca de algo mais. Estranhamente, a revista passou a ser muito pouco diante da "grandiosidade" dos *Reality Shows*.

Transformando-se numa espécie de modismo, esses programas invadiam diariamente não apenas as televisões de todas as casas, como adentravam também pelos desejos e ambições secretas de muitas pessoas.

Imaginem comigo! Sempre fui mais do que um mero telespectador...

Nunca estive simplesmente assistindo aos filmes no cinema. Viajava em meus devaneios, vendo-me praticamente dentro das tramas que, muitas vezes, ao final de uma sessão, estava completamente exausto. Criava e modificava diálogos e cenas dentro das novelas, enquanto as via. Na copa do mundo de 94, estive praticamente com a camisa onze de Romário, ensaiando mentalmente como iria comemorar os gols nos estádios tomados de gente e emoção. Assistia aos novos shows de turnês do **U2**, delirando nos pensamentos, quase reais, de que fazia uma espécie de dueto com o próprio Bono Vox. Assim, como conseguiria assistir passivamente os entusiasmados *Reality Shows*, apenas sentado num sofá comendo pipoca?

Por vergonha ou receio de ser tomado por um idiota, no início tentei omitir quanto aquilo me excitava. Embora mantivesse esse desejo em absoluto segredo, logo tudo viria à tona pelo meu próprio instinto natural de ser. Então, exteriorizei o meu espírito desbravador e saí em busca daquela novidade.

Inquieto, enquanto aguardava o lançamento da "G", já havia me inscrito em todos os programas desse gênero. A minha cabeça estava totalmente voltada para *Casa dos Artistas e Big Brother*. Mesmo ambicionando os dois mais famosos, mal acreditei quando fui pré-selecionado para participar do tal: *Ilha da sedução*.

O **SBT** apostava muito nesse novo projeto. Quatro casais seriam escolhidos pela própria emissora para uma espécie de prova de fidelidade. Numa ilha paradisíaca, eles seriam separados e passariam a conviver por meses com outras pessoas solteiras, do sexo oposto. A primeira etapa da triagem havia sido feita pela internet. Através de fotos e respostas a um breve questionário, eram escolhidos aqueles que preenchessem o perfil do programa. Em seguida, a emissora deslocaria uma equipe de profissionais para algumas cidades do Brasil, onde fariam uma segunda avaliação com os pré-selecionados.

E lá estava eu, mais uma vez, entusiasmado e nervoso chegando a uma produtora de vídeo onde fora marcada a nova entrevista. Enquanto aguardava numa sala de espera, seria impossível a minha insegurança não ressurgir ali, em torno de uma única dúvida: e se eles agora afirmarem que sou bem melhor na foto do que pessoalmente? Por fim, concluo sozinho: certamente, esse é um dos principais motivos pelo qual viajaram até aqui. Precisam ver todos de perto.

Com as mãos geladas e sem saliva, entrei naquela sala. Diante de mim, dois produtores e principais responsáveis pela escolha dos participantes analisavam-me de forma criteriosa. Mesmo intimidado com tantas perguntas, me mantive surpreendentemente seguro nas respostas, além de bastante desinibido frente às inesperadas câmeras ligadas, enquanto me argüiam. Pela aparente satisfação que me fitavam, tive quase certeza que correspondi às expectativas. Ou, pelo menos, não demonstraram ter achado que sou melhor por fotografia.

Antes das despedidas, eles aumentaram a minha confiança assegurando-me que deveria permanecer tranquilo, repetindo que eu preenchia o perfil do programa. Fiquei radiante e, consequentemente, menos inseguro. Porém, tranquilo só na manhã do dia seguinte, quando recebi um telefonema da produtora confirmando que fui um dos selecionados. Bastaria fazer exames médicos, retirar um passaporte e passar por um psicoteste.

Fiquei ainda mais agoniado do que a própria natureza me fez. Comprei roupas novas, cortei o cabelo, tomei um sol e incrementei o visual. Afinal de contas brevemente estaria na televisão. Voltei, então, a antecipar os fatos e ficava por longas horas imaginando: como seria ali dentro? Como deveria me comportar? Que postura adotaria? Ensaiei alguns diálogos. Elaborei respostas. E frente ao espelho do banheiro de minha casa, ainda me certifiquei do ângulo que ficaria mais bonito diante das câmeras.

Sem perder tempo, dei entrada no pedido de passaporte e feito os exames médicos. Estava despreocupado em relação ao teste psicológico. Sim, porque, por mais que ao longo da vida sentisse muitas vezes certeza de que alguma coisa dentro de mim não funcionava perfeitamente, sabia também que não chegava à loucura. E não imaginaria que aquele tal psicoteste seria o meu calvário.

Arrumando-me com cuidado para não chegar atrasado, antes de colocar o tênis, vesti uma meia branca. Por não conseguir encontrar o outro pé, eu coloquei involuntariamente a que estava mais próxima. E com a pressa de sempre, saí de casa com um par de meias de cores distintas. Mesmo assim não dei a menor importância, afinal de contas, não seria a primeira vez que saía daquele jeito e, possivelmente, ninguém repararia naquele pequeno detalhe.

Sentado frente àquela psicóloga, eu não funcionaria tão previsivelmente assim. Após breves cumprimentos, um longo silêncio dava um tom indesejável. Intrigado, não sabia ainda qual atitude mais centrada deveria manter diante daquele olhar investigativo. Indeciso, não sabia simplesmente se começava falando algo ou aguardava que ela me questionasse. Acuado, tentei quebrar o gelo:

— Puxa! Mas a senhora é tão jovem...

Era como se aquela ausência de som me incomodasse tanto e visse na minha voz a fuga capaz de diminuir um pouco daquela tensão. Mas a doutora começou a deixar claro que tudo não passava de um jogo pessoal dela, com o propósito de me desvendar aos poucos:

— Por que o espanto? Esperava o quê?

— Na verdade, eu imaginava uma velha rabugenta e não uma mulher tão bonita assim.

Apostava também que ser agradável fosse o melhor caminho para criarmos inicialmente um clima amistoso. Mas, após uma resposta seca: "obrigada!", ela voltava a fixar aquele olhar intimidador em minha direção.

Embora conseguisse conter-me por minutos intermináveis, comecei a ficar nervoso. Era como se algo fervilhasse dentro de mim. Não tive forças para impedir que meu **DDA** me dominasse. Agoniado, deixei o meu impulso falar por mim:

– Bem! Sejamos francos. A senhora veio até aqui apenas para descobrir se sou maluco, não é verdade?

E ela se voltava, carregada de técnicas, táticas e estratégias psicológicas:

– Talvez sim, não pode ser?

Eis que, num gesto inesperado, **DEMINCO** levanta a bainha da calça e exibe aquilo que MARCUS tentava esconder:

– A senhora acha mesmo que quem usa um par de meias trocadas pode ser normal?

Desconhecendo-me, penso constrangido: "Por que eu tinha feito aquilo?" Era como se existissem duas forças dentro de mim: uma força tentando manter-me normal, escondendo as meias, lutando em vão contra a outra força, bem maior, que agia sempre instintivamente. Sem graça, sentindo que tinha feito algo tosco, sabia que aquilo fazia parte do meu jeito natural de ser e aceitava aquelas minhas próprias irreverências apenas como fórmula para reduzir um pouco daquela formalidade detestável. A doutora parecia não compreender nenhuma das minhas brincadeiras e, sem achar graça, seguia mecanicamente:

– O que mais faz de diferente? Fale-me sobre você.

– De verdade?

– Sim!

– Na verdade eu sou todo ao contrário. Mas não se preocupe. Aliás, a senhora quer saber se eu seria capaz de matar alguém afogado naquela ilha?

Definitivamente, aquele ali não era eu. As palavras simplesmente voavam da minha boca. E somente depois de dizê-las seria capaz de perceber: havia largado mais uma grande besteira. Mesmo assim, jamais poderia prever que alguém seria capaz de levar a sério minhas bobagens. Entretanto, aquela psicóloga seria. E me questiona friamente, como se tudo fosse mesmo uma possibilidade concreta.

– Isso poderia acontecer. Você não acha?

Puxa vida! Como ela era mal humorada e pessimista! Acreditava que eu seria capaz de matar alguém? Por que não dava uma risada com todas as minhas tentativas de descontração? Pensei com saudade do primeiro protótipo que criei: "se ela fosse aquela velha rabugenta que pensei, talvez achasse graça das minhas piadas". Sem noção alguma de bom senso, o meu amigo **DDA** tenta mais uma:

– Jamais mataria uma pessoa sendo filmado doutora, mesmo assim sugiro que não desliguem as câmeras!

Finalmente, ela me confortava com seu sorriso, mas não por ter achado aquilo engraçado. Esboçando uma risada artificial e levantando-se simultaneamente da cadeira, era uma maneira educada de dizer que a sessão estava acabada. Ela já havia traçado erroneamente o meu perfil. Ainda assim, deixei aquela entrevista ingenuamente feliz e satisfeito por ter conseguido arrancar um único sorriso daquele rosto sério.

Na manhã seguinte, já me encontrava ansioso para embarcar à noite, quando tomei ciência de que não mais viajaria com os outros participantes. Nem mesmo todos da produção do programa esperavam por aquilo. Tiveram, inclusive, que me substituir de última hora. Provavelmente, aconselhados pela doutora, providenciariam alguém menos "anormal" do que eu.

Fiquei abatido, questionando-me: Como uma pessoa que me olhava durante tanto tempo e de forma tão penetrante não fora capaz de desvendar que estava simplesmente tentando ser agradável? Hoje, após vários estudos sobre o meu próprio comportamento, sinto-me mais aliviado, vendo que o problema não foi comigo. Tratava-se apenas de uma psicóloga sem senso de humor e despreparada, que não sabia nada sobre distúrbio do déficit de atenção.

Por desentender, naquela época, o **DDA** brotava em mim, inevitavelmente, uma incômoda preocupação por ter sido o único eliminado no tal psicoteste. Seria aquela reprovação o atestado de loucura? Felizmente, não tive espaço para potencializar essa ligeira paranoia, porque alguns dias depois uma amiga me telefonou:

– **DEMINCO**! A sua *G-magazine* acabou de chegar às bancas!

Então, voltei a relembrar o que havia parcialmente apagado do meu foco principal. E, vendo que uma outra motivação manter-me-ia entretido, esqueci o rosto daquela doutora, que havia guardado com tanta raiva.

Φ Φ Φ

A surpresa com o inesperado telefonema, trazendo-me a novidade, não foi nada diante da minha própria perplexidade frente àquela banca: aproximadamente dez revistas enfileiradas, uma a uma, com a minha foto exposta ali, abertamente, para todos verem. Naquela hora, a vitrine funcionava como um espelho, refletindo diretamente em minha cara bestificada. Extasiado, fiquei parado ali por alguns minutos antes de decidir entrar para comprar uma.

O preconceito explícito no semblante do vendedor seria o presságio do que ainda estaria por vir. E, ali, comecei a dimensionar uma outra realidade: o fulano me olhava, causando-me tanto constrangimento por estar comprando uma *G-magazine*, que me senti coagido a dar-lhe uma satisfação:

– Sabe o que é, seu moço? Sou eu aqui na capa!

Com um tom debochado, diz: "Sei!", fazia questão de deixar claro que não acreditava em nada daquilo. E talvez fosse melhor não ter alarmado tanto, porque a dúvida do vendedor sobre a minha opção sexual estendeu-se para outros que também testemunhavam a minha justificativa. Antes de sair, enquanto todos ainda me fitavam estranhamente, pensei em dobrá-la para esconder o que carregava nos braços, mas a vaidade e o orgulho não me permitiriam amassar a minha própria foto.

Havia aguardado tanto por aquele momento que seria impossível também não pensar em arrancar imediatamente aquele invólucro e ver tudo ali dentro do shopping mesmo. Mas, se para comprá-la já havia me causado tanto desconforto, o que seria abri-la no meio daquela movimentada praça de alimentação? Contendo a minha afobada curiosidade, regressei para casa. Sozinho, no meu quarto, folheando pasmo página por página, sensações se oscilavam dentro de mim: à primeira vista, um contentamento com a qualidade das fotos de extremo bom gosto. Passava rápido pela realização pessoal, por mais um "grande" feito em minha vida. Surgindo inevitavelmente a preocupação de como amigos e familiares reagiriam aquilo. E mesmo uma leve conscientização, sem graça, de que muitos me viriam despido, em vários ângulos e poses diferentes. Por fim, uma incerteza: o que estaria por vir agora, após o lançamento?

Aí surgiram ininterruptos telefonemas de todos os lados. Convite **VIP** para as melhores festas em boates e casas noturnas. Pessoas que nunca tinha visto transformavam-se em espécies de amigos efêmeros e interesseiros. Elogios constantes atrelados a interesses pessoais, fossem eles com conotações sexuais ou simplesmente pegar carona nos meus breves minutos de fama. Assédio de ambos os sexos. Propostas indecorosas. Sem esquecer as fofocas depreciativas daqueles que preferiam me denegrir, antes de me conhecer.

Ciente de que enfrentaria tudo isso e sentindo-me relativamente preparado, compreendi aos poucos que existem e existirão sempre situações que nos mostrarão o quão ainda somos inexperientes. Como, por exemplo, o dia do telefonema daquele empresário de Belo Horizonte...

Ostentando ser dono de muitos negócios, primeiro me convida para ceder uma simples noite de autógrafos em sua boate *gay*. Oferecendo-me um bom cachê e se responsabilizando com as despesas de minha viagem, não titubeei. Afinal, em uma das cláusulas contratuais com a revista estava especificado que, sendo convidado, eu deveria viajar com finalidade de divulgação do trabalho.

Entretanto, vendo que não coloquei maiores obstáculos, ele não demoraria em expor seu verdadeiro interesse:

– Você tem que aproveitar bastante esse mês em evidência e juntar uma boa grana.

Embora concordasse em parte, optei em ficar mudo ouvindo até onde ele queria chegar:

— Aqui mesmo conheço vários modelos que ganharam muito dinheiro participando de orgias e festas de swing (troca de casais).

Percebendo que naquelas ilações, ele testava indiretamente a minha flexibilidade, tratei de antecipar-me:

— É! Mas existem coisas que eu jamais faria. Antes de concluir e, mesmo sabendo que ele havia compreendido, fiz questão de reafirmar:

— E por fortuna nenhuma desse mundo.

Ele despistava, mas não deixava de ser inconveniente de uma hora para outra assim. Logo demonstrava que estava mesmo decidido a conseguir alguma coisa comigo, propondo-me, antes de desligar, como sendo algo absolutamente banal:

— E fazer um filme pornô, o que pensa disso?

Lembro ter ficado tão sem graça quando soube que algumas colegas de trabalho da minha mãe me viram nu que fiquei dias sem conseguir uma única ereção. Se viesse a fazer um filme pornô, então, provavelmente morreria impotente. Mesmo assim, o agradeci recusando:

—Não! Não! Obrigado!

Por *e-mail* também veio descrito detalhadamente o plano mirabolante daquele outro empresário. Confidenciava-me a sua fantasia mais íntima: assistir a própria esposa transando com um outro homem. Anexando ao texto fotos e telefones para contatos, concluía ressaltando que eu seria o protótipo perfeito para realizar esse fetiche. Embora sempre admire a criatividade e a cumplicidade de um casal, esses não seriam atributos suficientes para que também não achasse tudo aquilo absurdo demais para a minha cabeça.

Era estranho e desconfortável receber diariamente cantada de homens e mulheres por prazer ou por dinheiro. Embora Ayrton tivesse me precavido para quase todos os tipos de propostas, temia escutar aquilo:

– Quanto você quer para sair comigo?

Normalmente, quando ruminava sobre essa situação, há anos atrás, imaginava que retrucaria imediatamente com socos e xingamentos. Mas fiquei tão desarmado e indefeso que seria mais fácil chorar do que agredir.

Incomodado com a facilidade dos que tinham acesso a mim e, para filtrar aqueles contatos imorais, resolvi convidar um colega para prestar-me uma espécie de assessoria. Trabalhando na área de publicidade e comunicação, Francisco passou a agendar os meus compromissos e responder em meu nome parte daqueles telefonemas improdutivos.

Devidamente assessorado, cheguei a uma rádio famosa, o próprio Francisco havia marcado uma entrevista. Mantendo-se sentado ao meu lado enquanto a apresentadora me entrevistava ao vivo, ele tentava gesticular ou escrever num papel as respostas que eu deveria dar. Mal sabendo que a impulsividade sempre surgia em mim antes mesmo da lógica e nada daquilo funcionaria. Logo a educada jornalista questiona:

— O que você faz da vida?

Renascia a imprevisibilidade de dentro de mim:

— Eu faço quase tudo, inclusive canto!

Surpreendido com a resposta, Francisco reage naturalmente tranquilo, afinal, talvez não me conhecesse tão intimamente assim e eu fosse mesmo um cantor aguardando uma oportunidade. A apresentadora, surpreendida, também não sabia da veracidade daquilo e resolve dar mais corda:

—Ah! é? E que tipo de música você canta?

Vendo que todos faziam menções quanto à credibilidade, me senti ainda mais livre:

— *Rock* internacional! Mas o meu forte mesmo é **U2**!

Pasmo com a novidade, meu colega e assessor de imprensa sussurra-me comedidamente aos ouvidos:

— Por que você não me contou isso? Fez aula de canto, foi?

Enquanto balançava a cabeça, negando, dando maior vida a sua preocupação, a entrevistadora ao lado sem trégua me intima:

— Pode cantar alguma coisa?

Eu não tinha como recuar e não sabia por que havia inventado de fazer aquilo. Sob pressão de mim mesmo, fui conduzido pelo meu próprio **DDA** que, absolutamente desinibido, sequer desafinou enquanto cantava _With or Without You_ ao vivo. Francisco arregalava os olhos e, boquiaberto, presumia ali que seu trabalho não seria tão simples assim: controlar um cara como eu seria quase impossível. O clima ficou mais agradável depois da brincadeira e tudo passava a fluir com mais descontração. Era também véspera da copa do mundo e existia muito descontentamento em torno do jogador Cafú. Aludindo a esse tema exaustivo em mídias, a jornalista ainda me pergunta:

– Quem você acha que deveria jogar na lateral direita?

Eu poderia ser simplista, se não fosse essa mania de burlar o óbvio. E mesmo estando, inclusive, satisfeito com o jogador e tendo outros nomes para opinar, o meu pensamento voava inconscientemente buscando a resposta mais inesperada:

– O pagodeiro Belo que se encontra foragido! Penso que ele seria um ótimo elemento surpresa no time.

Era mais forte do que a racionalidade querer associar involuntariamente duas polêmicas. Felizmente todos riram muito, pois ninguém esperava por aquela resposta, inclusive eu.

Deixando o estúdio e já dentro do carro, Francisco relutou antes de admitir que canto muito bem. Mesmo assim, assimilei a sua mensagem:

— Quando isso tudo passar, você pretende ser cantor?

— Não!

— Pretende trabalhar na polícia?

— Também não!

— Então pelo amor de Deus não cante mais! E esqueça que o Belo existe.

Dividindo parte da sua experiência comigo, sugere sabiamente para aproveitarmos mais aquele breve mês em evidência e direcionarmos para alguma coisa concreta. Então, decidimos em comum acordo ressaltar precavidamente a minha profissão. Assim, se por ventura nada de novo surgisse após a revista, pelo menos eu teria bem mais alunos para dar aula. Embora soubesse o quão difícil seria seguir à risca esses conselhos, tentei ser mais cauteloso para não desviar do assunto na outra entrevista dias depois, em São Paulo.

O programa seria todo gravado dentro de um quarto, num grande hotel nas imediações da Avenida Paulista. No seu interior, uma cama de casal e nela uma bela morena, trajando espartilho e cinta-liga vermelha que me entrevistaria. Em meio a esse clima erótico pairando no ar, não ficaria difícil prever: havia me metido em mais uma enrascada.

Mantive-me surpreendentemente sereno. Estava tão acostumado com situações esdrúxulas e perguntas escabrosas que dificilmente me surpreenderia com mais alguma coisa. Também tinha plena consciência de que havia feito uma revista *gay* e isso aguçava curiosidade sobre a minha sexualidade e meus fetiches. Não esperava simplesmente ser questionado sobre a minha religiosidade, time de futebol preferido ou sobre política.

Ao que parece, é praxe dos entrevistadores despistarem um pouco no início até o desdobramento do que realmente lhes interessa arguir. Em meio às primeiras perguntas rotineiras, fui coerente aos acertos com Francisco:

— O que faz da vida?

— Sou Personal Trainer!

— Como seus familiares reagiram?

—Eles me apoiaram...

Mas achava toda aquela obviedade sem vida. E aquele robótico previsível que tentava interpretar, também não seria eu. Não via graça alguma em responder tudo tão banalmente e já fervilhava de impulsos por dentro. Entretanto, de uma hora para outra, as perguntas finalmente começavam a esquentar e eu rasgava a monotonia esquecendo completamente de manter a seriedade:

— Qual a sua maior fantasia sexual?

— Queria mesmo era transar com a mulher maravilha. Desde criança, quando assistia a desenhos animados eu tinha tesão por ela.

Certamente, pelo seu semblante inexpressivo, ficou óbvio deduzir que ela nunca ouvira nada igual. E assim que se refaz do espanto, tenta seguir me intimidando:

— O que acha de sexo anal?

E, sob um duelo interno de ser criativo, mas também retrucá-la, respondi sem pausa:

— Isso depende muito! No meu ou no seu?

Para a sua sorte, o programa não foi ao vivo e na madrugada do sábado seguinte ao assistir, me certifiquei que foi feita uma boa montagem para cortar a sua falta de desenvoltura diante dessa resposta.

Também, em São Paulo, fui convidado para participar daquela outra novidade: um canal de entretenimento rodado ao vivo pela internet. As perguntas retiradas instantaneamente dos *e-mails* de internautas eram lidas por um jovem casal de entrevistadores.

Há dias sem falar com Francisco, tinha uma remota sensação de liberdade verbal. Até porque, estava quase insuportável continuar usando aquela máscara de formalidade. Após os breves cumprimentos, comecei a externar tudo o que sou de fato, rebatendo com irreverência àquelas primeiras perguntas, quase obrigatórias:

— O que você faz da vida?

Àquela altura, estranhamente, não mais desejava continuar apenas como *Personal Trainer*. Queria algo além. *"Muitas portas se abririam após a G"*. Essas palavras se tornaram permanentes em meu otimismo. Seria inevitável um sonhador, como eu, não se deixar seduzir pela vontade em participar de novelas e *Reality Shows*. Por esse motivo, não dei a devida importância em fazer *marketing* pessoal sobre a minha profissão, muito menos recordei de tudo que havia combinado com meu assessor:

— Bem, faço um bocado de coisas: escovo os dentes diariamente, almoço, janto, urino, durmo e, quando ninguém está vendo, faço inclusive algumas indecências.

Embora eu fosse sincero, todos sempre riam nessas horas. Talvez fosse uma forma de meu inconsciente, de forma indireta, protestar, extravasando todo seu descontentamento ante aquelas mesmas perguntas previsíveis. O bate papo debandava por outras vias e, em meio a outros assuntos, mal pude acreditar naquele *e-mail* que a entrevistadora relia em voz alta:

— Quem você acha que deve substituir o Cafú?

Era a deixa que meu **DDA** esperava. E não me permite pensar duas vezes:

— Já disse isso em outra ocasião e volto a repetir: o pagodeiro Belo!

Para a minha sorte, Francisco não havia assistido e dias depois a polícia federal finalmente encontra e prende o cantor. Não que tenha nada contra ele, em absoluto, muito menos deteste pagode a esse ponto. Mas aquilo tudo parecia ficar entranhado em algum lugar dentro de minha mente confusa e sempre viria à tona associado à outra polêmica como, por exemplo, a do jogador Cafú na copa do mundo.

Aproximadamente três dias depois, entre idas e vindas, lá estava eu desembarcando num belo final de tarde em Recife. Embora desentendesse completamente porque alguém iria querer o meu autógrafo e não me sentisse a tal celebridade apenas por ter pousado nu para uma revista, não contestaria o acordo que Francisco havia feito com a dona daquela boate *gay*. E numa espécie de pacote promocional, Joana havia me contratado para uma noite de autógrafos, um mini *Strip Tease* e uma breve entrevista. Tentando ludibriar-me para tornar aquilo tudo simples demais, falo comigo mesmo:

— Relaxe! Lá, todos já te viram sem nada. Qual seria o problema ficar apenas de sunga agora?

Mesmo vendo certa coerência nesse raciocínio, concordei, pensando no bom dinheiro que receberia.

Entretanto, o que parecia mais fácil, seria o maior problema. Joana pretendia num determinado momento da festa, enquanto todos estivessem dançando na pista, interromper a música. Em seguida, um telão exibiria ao vivo a minha entrevista dentro de uma sala **VIP**, no interior do próprio estabelecimento.

Tudo seguiria aparentemente tranquilo, se não fosse uma única pergunta que ela antecipou, logo quando me recebeu no aeroporto com uma entonação de expectativa:

– Rolou algum clima entre você e o fotógrafo? – afirmando – Todos querem saber sobre isso, e essa vai ser a minha primeira pergunta. Algum problema?

Sem reação, respondo apaticamente:

– Não! Não!

Mas aquilo começou a atazanar-me o juízo. Afinal, se aquela seria a sua primeira pergunta, que diabos viria em seguida?

À noite, a boate estava completamente tomada para o lançamento da minha *G-magazine*. Eu era o centro das atenções. Muitos vinham me cumprimentar pelo belo ensaio. Outros vinham com propostas, convites ou aquelas cantadas inconvenientes de sempre. Mesmo assim, nada me desviaria daquela expectativa: o que aquela maluca ainda iria me perguntar?

Sem dúvida, essa foi uma das maiores boates *gay* por onde estive. Mas, nem mesmo em meio aquele enorme espaço físico, eu teria a sorte de não esbarrar por vezes com Joana. Parecendo me seguir, virava uma espécie de assombração. E por todos os cantos que ia, lá estava ela fazendo questão de me irritar:

– Você já pensou na resposta?

Mal prevendo que, naquele instante, já havia ensaiado mentalmente pelo menos duzentas maneiras de não ser indelicado ao respondê-la, além de ter feito análises combinatórias de todas as probabilidades possíveis de outros questionamentos. E rindo, ironicamente, fazia ainda expressões de quem carregava plena convicção de que tive mesmo alguma coisa com o fotógrafo:

– Responda a verdade na hora, tá bem?

E sem perceber que eu não achava a menor graça naquilo e, por isso, não correspondia ao seu riso unilateral e antipático, ela ria sozinha, parecendo sentir-se a grande intelectual por ter arquitetado aquela tola pergunta. Demonstrava também tanta expectativa em torno da minha resposta que se a aguçasse mais um pouco, seria capaz de triplicar o meu cachê, se eu criasse alguma história mirabolante ou inventasse ter tido alguma coisa com o fotógrafo. Realmente era só o que me faltava acontecer.

Naquela altura já não me incomodava com o tal *Strip Tease*. Aquilo passara a ser muito pouco, diante da preocupação latente com a entrevista. Embora não beba, lembro que nessa noite tomei pelo menos quatro doses de *Whisky* com energéticos.

Finalmente chegava a temida hora. Joana me intima a acompanhá-la à sala **VIP**. Minha aflição aumentava em sincronia com os meus passos. Minhas mãos geladas e trêmulas denunciavam o quanto estava tenso. E o relaxamento do álcool era sobreposto ao nervosismo, deixando-me absolutamente "de cara". Sentando ao seu lado, assisto estático, ela com microfone em punhos gritando:

– Atenção, todos! – O som da música interrompia-se, dando espaço a sua voz alta: – Estamos aqui essa noite com MARCUS **DEMINCO**, capa da *G-magazine*!

Minha boca não salivava, fazendo os lábios grudarem, enquanto ela continuava:

– Farci um batc papo rápido com ele.

Depois de sofrível espera e agonia, disse-me:

– **DEMINCO**! A pergunta que não quer calar...

Porém, naquele instante, quando ela tentava ainda repetir o resto daquela asneira, o microfone começava a emitir um ruído estranho, fazendo uma espécie de microfonia. Posso dizer que nunca um adágio popular foi tão bem empregado como nesse dia, porque fui realmente "Salvo pelo gongo!". Ninguém ali dentro foi capaz de consertar aquele abençoado microfone.

Φ Φ Φ

Em meio a essa correria, minha vida havia mudado de ponta a cabeça. Noites de autógrafos, entrevistas em rádio e televisão, presença em festas e boates *gay*. Eu passava a fazer parte indireta de um mundo até então desconhecido. No início, foi quase impossível me manter menos espantado com cenas frequentes que passava a presenciar. Não conseguia conceber com naturalidade como pessoas do mesmo sexo poderiam estar juntas, de mãos dadas, se beijando, como algo absolutamente normal. Entretanto, um inesperado *e-mail* me faria enxergar tudo com menos preconceito e mais humanismo.

Talvez por não me conhecer pessoalmente ou jamais imaginar que o responderia, Felipe tenha se sentido à vontade para confidenciar-me em letras um pouco de sua vida.

Chamava à minha atenção a forma respeitosa que escrevia, distinguindo-se dos demais. Cuidadoso, ele começava fazendo rodeios para elogiar as fotos. Em seguida, timidamente, afirmava ter sido a minha uma das mais belas revistas *G-magazine* que já tinha visto. Porém, antes mesmo de chegar ao final do *e-mail*, uma contradição me deixou absolutamente intrigado: por que alguém que afirmava ter gostado tanto do meu ensaio, depois o rasgaria ou jogaria fora, como ele mesmo confessava? Mesmo assim, Felipe logo me faria entender, ao justificar-se:

> Descobri o homossexualismo aos onze anos, na mesma época em que descobria a sexualidade. Enquanto todos os colegas na escola contavam que pensavam em algumas meninas da turma ao se masturbarem, eu já pensava nos meninos. Mas eu era ainda tão criança que não me dava conta do que estava acontecendo. Mais tarde, eu tentei então namorar garotas para corresponder às cobranças, ora dos meus pais, ora de parentes que sempre perguntam sobre isso [...] Mesmo assim, não conseguia sentir atração alguma por elas e ficava muito infeliz. Chorei me achando doente, tentando de tudo para evitar esse instinto, mas parecia realmente ser mais forte do que eu. E volta e meia, lá estava novamente pensando nos garotos. Hoje, aos meus dezoito anos, vivo em meio a toda essa angústia. E para piorar ainda

mais, sou filho único. A minha mãe coitada, mulher tão religiosa, fala sempre sobre homossexualismo como sendo coisa do diabo. O meu pai, descendente de família militar, tenta manter uma educação rígida. E sempre que surge esse assunto em reuniões com parentes ou amigos, eu o escuto repetir com orgulho que em nossa família não existem Gays. Acho que jamais terei coragem de me assumir. Vejo-me até infeliz no futuro, casando com uma mulher simplesmente para não desapontar a todos. Ninguém aqui em casa jamais poderia descobrir que sou gay, e por isso tive que rasgar a sua revista. Você me entende?

Confesso que essa historia me tocou profundamente, e tenho até hoje o Felipe como um amigo. Mesmo sem nunca tê-lo visto. Trocamos *e-mails* com certa frequência. A partir dali, passei a imaginar o drama semelhante de muitos outros homossexuais e aos poucos fui recebendo a maior lição daquela nova etapa de minha história. Mais valioso do que todo o dinheiro que consegui juntar depois da "G" foi, sem dúvida, a fortuna impagável de aprender verdadeiramente a respeitar com igualdade cada ser humano.

Era como se ali compreendesse que mais um ciclo havia fenecido em minha vida. Se homossexualidade vem a ser herança genética, conduta de comportamento, ou influência do fator ambiental, para mim, hoje, isso pouco importa. O que vale mesmo é que, por conta da história de Felipe, não tornei a julgar alguém por causa de sua identidade sexual.

Mal terminava o mês, toda aquela novidade que, no início me excitava bastante (os elogios frequentes, os convites para as melhores festas, as propostas do além, o ego envaidecido pelo assédio costumeiro, todos querendo me conhecer...), tudo isso passou a ser pouco. Porque diante de minha necessidade instintiva de fazer histórias, prevalecia a sede insaciável de viver. Sentia que precisava alçar novos voos.

Não sei se faz parte do distúrbio ou carregue comigo um espírito teimoso e persistente. Mas é verdade que alguma força dentro de mim nunca me deixa desistir completamente de tudo aquilo que ambiciono com vontade. Fica apenas um pouco quieta, sossegada e vagando por algum lugar. Mas, tão logo a minha inquietação incessante faz-me recordar de que algo ficara por ser conquistado, isso tudo volta à tona com o mesmo desejo e entusiasmo inicial. E assistindo televisão em alguma daquelas noites apáticas, voltei a atinar-me para aquilo que havia deixado adormecido: os meus fantasiosos *Reality Shows*.

Depositava tanta esperança em cada nova inscrição aberta para a *Casa dos Artistas* ou para o *Big Brother* que sofria sempre quando o programa começava, pois até o último instante, acreditava que seria chamado. Evitava também relembrar daquela psicóloga mal amada e como cheguei tão próximo de participar da tal *Ilha da Sedução*, se não fosse aquele maldito psicoteste.

Assistindo diariamente a esses programas, ficava me contorcendo no sofá e fritando o juízo, arquitetando as mais diversas maneiras de como conseguiria participar de algum. No final de uma das edições da *Casa dos Artistas*, enxerguei uma oportunidade.

Enquanto o vencedor agradecia emocionado o convite feito por Fernando Rancoleta, eu anotava cuidadosamente aquele nome. Seria esse cara, o principal responsável pela escolha dos participantes?

Ainda decepcionado, vendo que nenhuma porta foi facilmente aberta após a revista como muitos me fizeram crer, via naquilo uma única brecha. Sem perder mais tempo, corri buscando as informações para me certificar dessa primeira suposição. Pela internet, acabei descobrindo. Tratava-se mesmo de um dos diretores de elenco do **SBT** e o principal encarregado pela seleção do programa. Restar-me-ia, em seguida, planejar como chegaria a ele.

Por sorte ou coincidência, um parente, se é que posso denominar assim, um primo de segundo grau, trabalhava na própria emissora. "Bahia", como todos o conhecem, é uma daquelas pessoas que nasceram para arte. Fazendo jus ao apelido, um homem que carrega o nome de um estado inteiro não poderia se limitar ao provincianismo. Cedo abandonou o nordeste, indo para São Paulo em busca dos seus sonhos. Artista nato, músico e compositor, escritor de poemas e de peças de teatro, ator de muitas falsetas, e sem dúvida, um dos **DDAs** mais agoniados que já tive o prazer de conhecer. Talvez, por toda essa sensibilidade, tenha compreendido facilmente aquela minha ambição fictícia.

Certamente, algum outro não **DDA** me julgaria um verdadeiro cretino por sair de Salvador apenas para conhecer uma pessoa. Mas, parecendo dimensionar o quanto aquilo mexia comigo, ele também não titubeou marcar uma entrevista minha com o tal Fernando.

Esperançoso, desembarquei no Aeroporto Internacional de Congonhas. Bahia, que já me aguardava, prontificou-se me acompanhar até a sede do **SBT**. Chegando lá, seria quase impossível reagir a tudo com naturalidade. Mantive a pose e pelo canto do olho via fascinado aquele novo mundo: atores conhecidos de um lado para o outro, ônibus desembarcando com verdadeiras caravanas para os programas de auditório, mulheres bonitas a rodo e eu, meio perdido, deslumbrado com o que só via pela televisão.

Mas seria dentro da sala do tal Fernando Rancoleta que eu ficaria ainda mais espantado. Demonstrando simpatia ao me receber, agradou-me, de imediato, mesmo sem querer, quando pediu que a sua secretária nos servisse um café expresso. Depois, passou a ouvir-me atentamente:

— Imagino quantas pessoas devem importuná-lo, repetindo essas mesmas ladainhas. Mas é difícil para mim, ficar longe, assistindo passivamente tudo isso pela televisão. Precisava fazer alguma coisa e por isso vim até aqui...

Sem permitir que eu concluísse a fala, ele me interrompe brevemente. E com um jeito espontâneo, me desarma ao assumir que já me conhecia: "Mas como aquele cara tão importante sabia de mim?" Entretanto, contou-me um segredo que preferiria jamais ter tomado conhecimento:

– Sabe **DEMINCO?**! Você havia sido selecionado para participar da *Casa dos Artistas*. Mas, quando descobrimos que a sua revista estava nas bancas, tivemos de excluí-lo. Sem saber como reagir diante do que acabara de escutar, continuei atônito aguardando sua conclusão:

– Naquele novo propósito do programa, buscávamos pessoas desconhecidas e não passaria credibilidade alguma aos telespectadores um anônimo estar estampando a capa da *G-magazine*.

Pouco importava naquele instante se a emissora havia adotado uma postura eticamente correta e eu virava a prova do mérito de sua idoneidade. Sem chão, mal podia acreditar naquilo que acabara de ouvir. Logo aquelas detestáveis frases voltavam a fazer sentido: *"A fruta amadurece no tempo certo"*, *"Tudo na vida tem a sua hora"*. Havia me desesperado tanto enquanto aguardava impaciente a concretização da revista que, finalmente, quando lançada, fora a responsável direta pela extirpação de outro "sonho".

Parecendo pressentir o meu sofrimento, Rancoleta tenta diluir o meu drama, afirmando veementemente estar impressionado com a minha determinação. Mostrando-se sensibilizado, convida-me também para a seleção da próxima novela. Mas nada seria capaz de me curar. Deixei aquela sala, absolutamente desolado.

Revoltado, atravessei amargos dias. Questionei inúmeras vezes o motivo daquilo ter ocorrido justamente comigo que sempre fora tão otimista. Sem respostas, briguei com Deus. Acreditei em azar, inferno astral, praga, macumba. E por ainda carregar resquícios de negativismo ou não possuir mesmo algum dom para a teledramaturgia, não tenha me saído tão bem na seleção da novela *A pequena travessa.*

Meses depois, também não tive ânimo para aceitar o convite de outro *Reality Show*: "O conquistador do fim do mundo". E não me envaideceu saber que a minha revista fora eleita pelos internautas como a mais bonita entre as últimas edições. Entretanto, surgiu inesperadamente uma nova inscrição para a *Casa dos Artistas* que ressuscitou em mim aquela eterna motivação.

Já havia sido aprovado nas primeiras etapas. Mais experiente, tomei todos os cuidados no dia da entrevista. Recordei do desastroso psicoteste e antes mesmo de deixar a minha casa, lembro ter verificado atentamente se havia calçado o par de meias da mesma cor. Frente a frente com os produtores, fiz força e me mantive mais centrado. Decidi não bancar mais o espertinho irreverente de sempre. E fui respondendo à risca e de forma séria tudo que queriam saber. Porém, no meio daquele bate papo, uma única pergunta frente às câmeras ligadas em minha direção me faria não dissimular a essência do meu espírito **DDA**:

– Como você se sente agora, estando tão perto de participar da *Casa dos Artistas?*

Parei por segundos, respirei fundo e consegui conter aqueles impulsos verbais de sempre. Embora já fervilhasse por dentro, não disse absolutamente nada. Não sei por que motivo recordei, naquele instante, do meu tio, que acabara de descobrir um câncer.

Estranhamente tive raiva de mim mesmo, sentindo-me um verdadeiro idiota. Almejando virar celebridade, enquanto alguém tão próximo vivia esse drama. Ali não consegui omitir quem sou de fato. Não poderia jamais estar feliz ou realizado por inteiro. Porque, somente quando aprendemos a valorizar a dor das nossas próprias tristezas, conseguimos medir a dose exata de não gozar alegrias isentando-se dos sofrimentos alheios. Então, inevitavelmente, acabei secretando algumas sinceras lágrimas.

Notando que ambos os produtores me olhavam desentendidos, pensei em confidenciar-lhes o motivo oriundo do meu choro, mas preferi disfarçar, ciente de que pareceria pieguice. Então, dei de ombros e menti, justificando meu choro como prova latente do quão ambicionava os *Reality Shows*.

Por sorte, eles acreditaram em minha fugaz desculpa e ainda enalteceram a minha persistência por não desacreditar. Por fim, agregaram mais uma pitada ao meu entusiasmo, brincando que eu deveria fazer as malas, reafirmando que em breve iriam entrar em contato comigo.

Mal tive tempo para prolongar minha alegria, três dias depois, convicto que dessa vez finalmente entraria naquele programa, o próprio Sílvio Santos afana a minha esperança. "O homem do baú" resolve de última hora cancelar todo o projeto. Inacreditavelmente, mais uma vez, eu estava fora de tudo àquilo que tanto busquei.

Não lembro ao certo o que ocorreu a *posteriori*, muito menos a quais novos sonhos tenha me apegado para remediar mais essa frustração. Porque, muito embora o universo tenha realmente conspirado contrariamente aos meus desejos, me fazendo desentendido de suas razões, preferi aceitar tudo aquilo como mais uma lição em minha vida. Hoje sei que tudo aquilo dependente apenas da minha persistência, serei verdadeiramente capaz de fazer acontecer. Se por aspectos extrafísicos, algumas metas não vingarem, já teria atingido até onde a minha fortaleza fora capaz de me conduzir e, somente nesse ponto limite, me darei por vencido e entregarei todo o resto à mercê daquela força maior do que a minha própria e tola vontade.

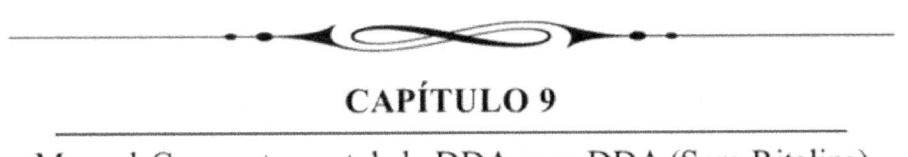

CAPÍTULO 9

Manual Comportamental de DDA para DDA (Sem Ritalina)

Ideias podem ser apenas desejos tímidos e secretos, perpetuando-se obscuras por toda a vida indecisa de muitos covardes. Ou podem ser externadas e colocadas à prova, fora da imaginação ilimitada de alguns ariscos sonhadores. Entretanto, no mundo à parte de um **DDA**, essa longa caminhada entre a ideia e sua concretização requer ainda superar terríveis desafios. Estão contidas entre muitas características sui generis no comportamento dos portadores do distúrbio do déficit de atenção grandes armadilhas que poderão ser responsáveis diretamente pelo seu êxito ou pelo seu fracasso.

Depois de um longo período dedicado à pesquisa, troca de informações constantes com estudiosos e portadores do distúrbio — além da experiência empírica e sensorial da minha própria vivência com o transtorno — consegui reunir as 75 (setenta e cinco) características cognitivas e comportamentais mais comuns observadas entre os diferentes subtipos do **TDAH**:

1. Tendência a aumentar a proporção de um problema. Por menor que ele seja, pode ser capaz de consumir-lhe por horas, dias ou até mesmo meses.

2. Embora não seja dado às mentiras, adora incrementar os relatos, colocando mais emoção nas histórias antes de contá-las.

3. É capaz de, em apenas um único dia, experimentar as mais extremas oscilações de humor. Podendo acordar triste, e no correr do dia, algo inexplicável ou até mesmo banal reacender o seu entusiasmo.

4. Geralmente é intenso.

5. É impulsivo nas atitudes e/ou nas falas.

6. Perfeccionista. Como uma espécie de defesa antevendo as críticas, ou para encobrir alguns traços de baixa autoestima.

7. Sente que gosta mais do que os outros de ouvir elogios, como se precisasse deles.

8. Muda constantemente de assunto durante as conversas. Quase sempre, enquanto estão falando sobre alguma coisa, já está impaciente por dentro, querendo passar imediatamente para outro assunto.

9. Dificuldade para seguir uma única linha de raciocínio. É capaz de pensar em diversas coisas simultaneamente.

10. Ama intensamente a vida.

11. Foi o palhaço, transgressor ou o líder de grupos nas escolas.

12. Ao notar alguém triste, tenta rapidamente encontrar fórmulas para agradá-la.

13. Tendência à distração. Dificuldade em sustentar a atenção durante muito tempo numa mesma tarefa.

14. Antecipa em pensamentos futuros diálogos. Criando perguntas e/ou já articulando respostas.

15. Deixa coisas, ideias e/ou projetos inacabados.

16. É extremista. Pode-se dizer que é oito ou oitenta.

17. Sente ter muitos momentos de inspiração.

18. Detesta arrogância e injustiça.

19. Normalmente, tem bom domínio sobre assuntos que lhe interessem.

20. Tem concentração seletiva (muita ou pouca concentração): se algo não o interessa, por exemplo, perde-se no meio do parágrafo de um texto ou numa cena de novela mergulhado em seus devaneios. Entretanto, quando o oposto acontece, é capaz de envolver-se de tal maneira dentro dos livros ou filmes, como se fizesse parte deles.

21. Sonha constantemente acordado. Muitas vezes, se entretém tanto com os devaneios que se distrai no momento real.

22. É muito esquecido. Normalmente tem dificuldades em registrar nomes, datas, telefones e compromissos.

23. Dificuldade de organização.

24. Teve apelidos ou ainda os tem, tais como: bagunceiro, desorganizado, mal-educado, burro, lerdo, exagerado, esquecido, desligado, "viajandão" ou preguiçoso.

25. Detesta ser incompreendido ou mal interpretado. Embora, isso aconteça frequentemente.

26. Precisa se conter para não digitar tantas exclamações ou reticências quanto gostaria de fazê-lo nos teclados do computador enquanto escreve.

27. 26, 27 ou 28? Sente isso, às vezes, por se perder facilmente em ordenação e/ou sequência numérica.

28. Mania de explicar as coisas com precisão de detalhes, e de modo minucioso. Tornando-se prolixo diversas vezes.

29. Ao ser questionado sobre algo no qual detenha pleno conhecimento fica com dificuldade em iniciar a explicação. Se o questionarem sobre o que é **DDA**, por exemplo, e detiver amplo conhecimento, não sabe como e nem por onde deve iniciar a explicação. Fica tão agoniado para exteriorizar tudo

em total plenitude que muitas vezes não consegue expressar com exatidão tudo aquilo que sabe.

30. Sente que precisa ser cobrado, lembrado e apoiado constantemente para fazer algo que deve ser feito.

31. Geralmente gosta de emoção e aventuras: velocidade no carro, atividades inusitadas, esportes radicais etc.

32. Oscila entre fases de hipersexualidade e de hiposexualidade.

33. Detesta seguir ordens, regras e/ou normas. Ou não as segue, involuntariamente. Geralmente não usa o cinto de segurança.

34. É imediatista. Vive intensamente o agora.

35. Está sempre fazendo muitas coisas ao mesmo tempo.

36. Há dias em que se sente impotente, fraco, inútil, incapaz. Entretanto, em outros, se sente capaz de conquistar e/ou realizar qualquer coisa.

37. Tem imensa dificuldade para dizer "não".

38. Sente desordem mental, como uma espécie de confusão interna. Pensa em um turbilhão de coisas e ideias desconexas simultaneamente.

39. Dificuldade para pegar no sono. Muitas vezes, passa um filme na cabeça antes de adormecer. Normalmente tem insônia e

leva problemas para a cama. Por isso, comumente, já acorda indisposto e/ou cansado.

40. Cria pensamentos sequenciados, como, por exemplo, ao ver uma caixa de fósforos, imagina o palito aceso, já ligando a boca de um fogão.

41. Muitas vezes tem ideias geniais. Porém, logo as esquece, ou a incerteza o faz desacreditar. Por isso, muitos desejos ficam restritos a simples vontades.

42. Possui extrema dificuldade de manter-se paciente em filas e/ou em situações que demandem longo tempo de espera.

43. Dificuldade (não impossibilidade) em ser fiel nos relacionamentos. Entretanto, muitas vezes quando trai, faz apenas por emoção, aventura, fuga da rotina ou por gostar de ouvir novos elogios.

44. Possui intolerância em diálogos chatos, conversas sobre assuntos que desconhece e lugares pacatos, monótonos e/ou marasmados.

45. Antecipa as respostas dos outros, se eles seguem um ritmo lento e diferente de seu raciocínio.

46. Oscila entre fases quase compulsivas e outras de desinteresse por comida, sexo e/ou compras.

47. Sente que, por diversas vezes, as palavras simplesmente saem sem que possa avaliar antes as suas consequências. Por isso, constantemente faz comentários inapropriados e/ou acaba sendo indelicado por ser sincero demais.

48. Sofre ao agredir verbalmente alguém ou se arrepende em deixar alguma pessoa sem graça com suas tiradas inadequadas.

49. Tem ótimas respostas e boa presença de espírito.

50. Normalmente é descontraído. Mas como seu humor é instável, às vezes, está apenas reservado em seu mundo.

51. Imensa dificuldade em aceitar as pessoas como elas são, o que o faz cobrar muito dos outros.

52. Com ânsia para falar algo, na velocidade da sua agitação mental, acaba criando palavras que não existem, frases incompletas ou comete erros grotescos na pronúncia.

53. Adora ser testado, incitado e/ou desafiado.

54. Deixa coisas importantes para última hora.

55. Apatia após a realização de algum projeto.

56. De maneira involuntária, sua mente sempre busca algo para se ocupar, como problemas, metas, planos, ideias.

57. Normalmente é vibrante, tem ótima energia e bom astral. Muitas pessoas buscam sua companhia, porque passa coisas boas e não hesita agradar a todos.

58. Nota ser uma pessoa marcante. Percebe que muitos se recordam de você, até mesmo depois de anos.

59. Possui algum tipo de vício: café, chocolate, Coca-Cola, cigarro, álcool, cocaína, maconha etc.

60. Dificuldade para continuar algo com a mesma empolgação com que começou.

61. Quando está numa fase mais agitada, entusiasmado com alguma coisa, dormir causa uma estranha sensação de perda de tempo.

62. Independente do resultado, sempre acredita que aquilo que já foi feito, poderia ter ficado ainda melhor.

63. Problema de autoestima, não apenas aos aspectos físicos, mas principalmente, quanto a sua própria capacidade.

64. Geralmente, carrega traumas da vida acadêmica. Talvez por isso, sofra mais, com críticas ligadas ao intelecto.

65. Dificuldade de permanecer quieto. Essa impaciência o faz experimentar quase todas as posições possíveis quando está sentado.

66. Não poupa elogios aos outros.

67. Gosta de compartilhar sua alegria.

68. Sente ter forte intuição.

69. Sempre se sentiu diferente e/ou incomum.

70. Às vezes, tem a crível impressão que sabe exatamente o que as outras pessoas pensam e/ou sentem.

71. Normalmente é prestativo e generoso.

72. Cuida para que todos se sintam à vontade quando estão ao seu lado.

73. Às vezes, desfila tão aéreo pelas ruas que tem a estranha impressão de ser a única pessoa existente no mundo.

74. Quando vai ler algo, normalmente, passa apenas o olho, e tira a conclusão superficial como se tivesse compreendido tudo.

75. Por maior que domine um assunto com ampla propriedade, sempre acredita que outros devem saber mais.

Mas, somente hoje, após o alívio do meu diagnóstico, compreendi melhor a origem motivacional dessas tantas atitudes atípicas que me assolavam. Entendi o porquê daquela luta renitente e invisível para manter até o final o mesmo entusiasmo frenético com que começava alguma coisa e a insegurança que me testava esporadicamente como uma peste, acarretando remotas sensações de que minhas ideias mirabolantes não passam de banalidades.

Entendi, também, que existia, sim, um motivo concreto para a mudança brusca desse meu humor oscilante, e descobri a razão dessa concentração volúvel: capaz de desligar-me com um único zumbido de mosca, ou de me manter extremamente focado por horas, em alguma coisa mais atrativa. Compreendi melhor o porquê daquela tentação quase irresistível de excitar-me simultaneamente por mil outros projetos, e a sedução em deixar tudo ainda por ser feito, vagando em busca de novos propósitos.

Porém, nem mesmo o diagnóstico, trazendo-me, depois de anos duvidosos, a certeza da diferença, me trará o equilíbrio de uma normalidade que nunca tive, assim como o foco momentâneo dos tantos comprimidos de *Ritalina* não acomodará a minha interminável peregrinação por novos caminhos e aventuras.

Hoje, continuo ministrando aulas como *Personal Trainer* em algumas academias, montei também uma empresa informal de fornecimento de pão em condomínios residenciais e restaurantes. Talvez ainda continue escrevendo mais dois ou três livros até me encantar por outras coisas, porque nada mudará o fato de ser eternamente um **DDA**.

Espero, verdadeiramente, que esse livro possa contribuir de maneira somatória, para que muitos estudiosos possam compreender melhor o lado cognitivo e comportamental dos portadores do distúrbio do déficit de atenção. Se críticos literários afirmarem não passar apenas da biografia de um ilustre desconhecido, ou especialistas condenarem minha iniciativa, confortar-me-ei em saber que o livro trouxe alento para muitas pessoas que, assim como eu, também desentendiam o que se passava por dentro de uma mente agitada, confusa e desorganizada.

CAPÍTULO 10

Final DDA (Com Ritalina)

Parece estranho, como se o mundo inteiro estagnasse por todos esses meses enquanto estive aqui, sozinho, trancafiado no meu próprio quarto. Perdi a noção exata do tempo, isolado parcialmente de tudo e todos. Abdiquei as festas, evitei os telefones, fui relapso no trabalho, deixei de jogar bola aos sábados, parei de sair com amigos e nunca mais fui ao clube com a namorada. Descuidei-me também com a estética: parei de malhar, engordei nove quilos, o cabelo cresceu bastante e a barba ficou sempre por fazer, assim como qualquer outra coisa, exceto este livro.

Enfrentei dores de cabeça constantes, provindas das terríveis rebarbas por mais de 115 comprimidos devidamente contados de *Ritalina*, abstraindo um, naquele dia em que, após tomar um copo d'água, não tive certeza se o havia ingerido.

Parecia impossível também conter aquela minha mania instintiva de querer fugir do assunto a toda hora. Era excitante em alguns trechos pensar em fazer ilações irônicas com CPI, Marcos Valério e mensalão ou citações revoltosas com o rebaixamento do

Bahia para a série C. Mesmo assim, consegui com muita dificuldade, manter a compostura e seguir adiante sem deixar de focar o contexto dos capítulos.

Passei também a ficar obcecado pelas letras, e as rotineiras noites de insônia vinham surpreendentemente repletas de vozes sussurrando novas palavras, fazendo-me acordar agitado por todo instante, tomando nota de tudo. Entretanto, superar a dislexia foi um estorvo. E a simples vontade de me expressar era tanta que, muitas vezes, não conseguia sequer escrever direito. Assim que nascia uma ideia nova, eu corria desesperado para pegar a caneta mais próxima. E com a pressa afobada de transpor para o papel tudo, naquela mesma velocidade que pensava, virava uma espécie de euforia tão grande que trocava ainda mais a sequência das letras, enquanto outras palavras ficavam pela metade.

Era involuntário também não me atinar para a desconfiança de mim mesmo. Afinal, como aquele aluno, dono das notas mais baixas em tolas dissertações de vinte linhas, seria capaz de escrever um livro com tantas páginas?

Mas estava mesmo preso nesse sonho até o final, e quando tudo me tenderia para a desistência, eu ganhava forças do além: nas simples e esporádicas ausências de inspiração, quando não tinha ânimo suficiente para escrever uma única linha, eu pegava carona naquelas amargas lembranças escolares, buscando fórmulas para sobrepor-me a esse ego ferido e exibir aos eternos professores de redação que não fui tão medíocre assim.

Naquelas muitas vezes em que tudo parecia humanamente impossível, a minha tola vaidade enrustida me transformaria em determinação para provar aos incrédulos que contestavam a veracidade do meu distúrbio. E nas inseguranças solitárias daqueles dias mais sedentos, quando pensei covardemente jogar tudo pra cima, a minha persistência incansável não me deixou sucumbir diante daqueles que duvidavam da minha própria capacidade. Tomei o livro como o meu maior desafio pessoal e não esmaeceria jamais frente aqueles tantos olhares céticos, que nos fitam e fitarão sempre ao longo da vida.

Entretanto, devo congratular com méritos aos estudiosos e pesquisadores o acerto sobre a mais citada e repetida característica comum entre muitos **DDAs**: essa imensa dificuldade em concretizar projetos. Porque, embora óbvio e previsível que esse dia chegaria, eu não dimensionava o peso exato dessa dor.

Hoje, mesmo o prazeroso ato pragmático de despertar com o dia ainda escuro, tomar um gole amargo de café preto, um comprimido de *metilfenidato* e escrever com a companhia das pacatas madrugadas, conseguiriam me reanimar. Nem mesmo o ruído cadenciado do teclado em cada letra devidamente digitada, o som gostoso do ventilador de teto sobre a minha cabeça, ou o movimento tímido dos poucos carros na rua, dissipariam esse incômodo vazio.

E me perdoem os poetas mais românticos, os botânicos naturalistas e até mesmo os orquidófilos, mas é insuportavelmente sem graça essa indecisão do início da primavera para alguém que detesta o meio termo. Hoje não sei se aguardo chuvas ocasionais ou saio correndo para comprar uma sunga nova. E nesse amanhecer nublado e opaco de setembro, enquanto muitos aguardam com entusiasmo a beleza das flores, eu gozo de uma tristeza irremediável e fatídica por chegar ao final do meu livro.

Hoje trairei até a companhia desse monitor que aceso à minha frente parece vivo, aguardando tanto por minhas confidências que não mais virão. E me transformarei num mero telespectador, passando a assistir passivamente o dia nascendo pelo canto direito da cortina do meu quarto, sem que eu possa fazer absolutamente nada para impedir os primeiros raios de sol trazendo consigo ruídos agudos de passarinhos, dizendo-me que cheguei mesmo ao limite.

Mas como um **DDA** perfeccionista conseguiria concluir algo, com essa perturbadora sensação de que falta ainda tanta coisa? Como posso terminar sem contar mais alguns de meus tantos trocadilhos?

Embora deteste festas de formaturas, por razões sociais não tive como desprestigiar algumas, mas acreditando piamente que meus colegas, amigos ou primos estavam "colecionando graus" e não os colando. Um dia, no meio de alguma daquelas intermináveis cerimônias ridículas de juramento, escutei em claro e bom tom do próprio orador de uma turma, o termo certo: colação de grau. E ainda que tardiamente tenha aprendido isso, seria inevitável também não me intrigar a partir dali: aonde alguém, após concluir toda sua trajetória acadêmica, colaria aqueles tantos graus?

Certamente, colariam no seu futuro escritório ou na sala de estar para que todos pudessem ver. E mesmo não cometendo mais esse erro grotesco, acredito até hoje ser mais coerente e plausível imaginar que "colecionam-se graus". Assim, poderiam simplesmente guardá-los dentro de uma gaveta, armário ou onde quisessem.

Voltando aos meus trocadilhos, como poderia finalizar meu livro sem admitir que passei anos de minha vida seduzido e fascinado pela libertinagem, sem saber que luxúria significava quase a mesma coisa? Porque estupidamente associava luxúria como algum lugar mais luxuoso do que o próprio luxo.

Como posso concluir deixando de contar sobre a minha estranha mania de detestar água mineral com gás, mas sempre que me oferecem em festas e restaurantes, não hesito em aceitar? Afinal de contas, água com gás é diferente e sem gás, eu tomo em casa todos os dias.

E mergulhado nessa tormentosa aflição por não saber ainda como conseguirei dar fim à minha obra, recordo das palavras, quase proféticas de um amigo, enquanto conversávamos:

— Você parece que só vai sossegar mesmo quando realizar um grande feito.

Muito embora tenha concordado momentaneamente com ele, hoje me questiono sem saber se ainda assim sossegarei algum dia. Porque chegando ao final de um livro, onde muitos celebrariam a alegria de uma realização, eu começo a experimentar uma desolada apatia por não saber ainda qual novo sonho sonharei.

E em meio ao dito popular que ensina: para nos tornarmos seres completos na vida "é preciso escrever um livro, plantar uma árvore e ter um filho", certamente, optei começar pela tarefa mais árdua. Não desmerecendo a grandiosidade ou importância dos outros feitos, mas, para um imediatista, talvez fosse menos sofrível a praticidade de um dinamismo ao invés da espera lenta e difícil de aguardar tanto por algo. Fazer um filho, ainda que sua plena satisfação seja provada tardiamente, o seu feito não dura mais do que o curto tempo de um orgasmo. Plantar uma árvore é incontestavelmente um gesto nobre, mas depende de poucos minutos para cavar um buraco e lançar sementes e todo o seu contentamento também será medido depois, com o desabrochar das primeiras folhas.

Mas descobri, com a cumplicidade detestável da rotina e no solitário ato de escrever, que fazer uma autobiografia é muito mais...

É como gozar dessas sensações diariamente. É dar a luz a um filho, educando-o com palavras ou plantar uma árvore, adubando-a de inspiração. É alegria melancólica revivendo momentos que se foram e tristeza desolada, percebendo que não se tem mais tempo para remediar muitas mágoas. É descoberta de emoções saudosistas recordando de passados impalpáveis. É impotência por não caber mais pedir tantas desculpas, mas esperança que ainda tenha espaço para aprender daqui para frente. É sentir-se tolo diante do tempo e aprender que ele sempre passará mais rápido do que a sua própria pressa, fazendo-te um dia desentender completamente porque queria tanto ficar mais velho quando era criança. É compreender que algumas portas estiveram abertas e você nem se deu conta disso, enquanto outras permaneceram fechadas e seu otimismo o traía, insistindo em querer abri-las. É reconhecer que por mais que se empenhe o bastante, ainda assim chegará longe de ser perfeito, mas nem por isso hesite em continuar dando o melhor de si. É conseguir perdoar-se pelos inúmeros erros cometidos e aceitar que ainda continuará cometendo-os. É trazer à tona o seu retrato maquilando-o, sem nobilitar alguns maus traços. É expor a sua vida sujeitando-se ao purgatório humano, com a perícia de doar as letras sem ceder à própria alma. É ser também um pouco omisso, não por isenção de sinceridade, mas por prudência de não se comprometer além da conta. É poupar pessoas, relevar fatos, mas guardar ainda muitos segredos, dentro dessa pura mágica complexa e sem truques de brincar de ser Deus, ressuscitando a própria vida numa forma reinventada de contá-la.

E, mesmo seguindo por meses, escrevendo ainda intermináveis páginas, conseguirei exorcizar essa incômoda sensação de incompleto. Porque descobri também que a minha autobiografia é apenas um resumo mínimo, um breve relato vago e uma descrição ainda bastante superficial. E nem mesmo rebuscando-o com as mais belas palavras, retiradas do fundo do dicionário da sala, aglomerando-as às mais longas das prolixas explicações, seriam capazes de mensurar com exatidão, um décimo da intensidade absurda desse meu jeito, geneticamente *Carpe Diem* de ser.

E, se foi um fardo chegar até aqui, confesso em prantos internos a minha atônita incapacidade de finalizá-lo: dar um ponto final ao meu livro seria duvidar da própria plenitude divina e questionar a transcendência da própria vida. Seria como se fosse possível o impossível de sanar a angústia latente por abandonar meu filho ou extirpar a dor culposa em não mais regar a minha árvore [...]

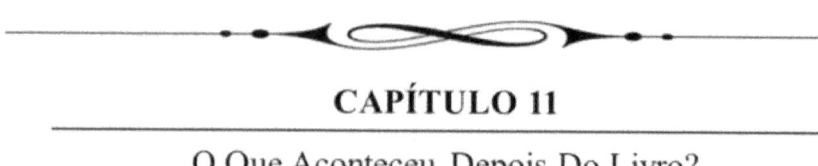

CAPÍTULO 11

O Que Aconteceu Depois Do Livro?

Em resposta ao que, normalmente, sou questionado com maior frequência, tentarei descrever alguns dos episódios mais marcantes, que ocorreram depois do lançamento desta sua 1ª edição. Em verdade — primeiro devo admitir que — gostei muito de ter conseguido reeditá-lo através dessa grande. Tanto por acreditar que, parte do conteúdo aqui expresso, possa contribuir positivamente na vida de outras pessoas; seja por possibilitar-lhes uma sensação de alívio ao descobrirem que não são os únicos "esquisitos", quanto por proporcionar-lhes — através dos relatos das minhas próprias experiências — novos pontos de vista a respeito de como lidar com o transtorno. Conforme propõe o autor e *Coach* em Programação Neurolinguística (PNL), Robert Dilts: "Quando temos diversos pontos de vista sobre uma mesma situação, mesmo sem acrescentarmos novos recursos, a experiência já se modifica [...] Ter mais informações a partir de várias perspectivas cria uma mudança no nosso ponto de vista. E ter vários pontos de vista é a base da sabedoria para se tomar decisões, resolver conflitos, fazer negociações e limpar a história pessoal."

Mas, de volta ao que ainda nem comecei: o que aconteceu depois do lançamento da primeira edição deste livro? Bem... Do lado de dentro, posso assegurar que não mudou tanta coisa assim. Embora, deva reconhecer que tenha ficado um pouco mais contido, noto que ainda permaneço muito longe de atingir o estado do conformismo apático e comedido que vejo entre alguns amoldados normais.

E mesmo conseguindo — em diferentes ocasiões e com maior frequência — disfarçar uma normalidade convencional que nunca tive, não sei determinar com precisão, o quanto dessa mudança ocorreu em virtude do longo período de tratamento, nem o quanto se deu pelo próprio amadurecimento forçoso que as árduas lições do tempo nos ensinam: do esfriamento mediante as decepções que o acaso traz consigo quando muda alguns dos nossos melhores planos; das lamentações dolorosas pela compreensão de que alguns erros são irreparáveis, assim como o entendimento de que muitas escolhas são irregressíveis; das desilusões que começavam a deixar de ludibriar facilmente, aquele que tanto vivia iludido; do otimismo, cada vez mais desconfiado diante das conquistas cristalizadas somente na vontade... Das quedas, dos tropeços, dos recomeços, das decepções etc.

Todavia — do lado de fora dos meus devaneios — até onde notei, do pouco que consigo reparar atentamente nos distratores das minhas fantasias, percebi que algumas coisas haviam mudado bastante. Principalmente, em relação às novas possibilidades que se apresentavam para mim. Afinal, após tantos anos interpretando os mais diferentes personagens, na tentativa de conquistar a aceitação dos colegas: do simpático palhaço performático das salas de aulas, ao destemido desafiador de professores que discordava de tudo, até mesmo daquilo tudo que desconhecia, passando pelo encrenqueiro transgressor posado de rebelde. Mesmo prevendo que todas essas encenações me custariam o inesquecível castigo da "cadeira do bobo": era colocada na parte mais avançada da sala uma carteira escolar, onde eu ficava sentado isolado, com o rosto voltado para parede, e de costas para os colegas pelo tempo que o sadismo do professor (a) se desse por saciado.

Depois das rememoráveis aulas de reforço em matemática com um primo de segundo grau que havia se mudado para capital, onde para cada erro cometido, ele me fazia escrever repetitivamente: "Eu sou Burro" em todas as linhas que inteirassem, pelo menos, um dos lados de uma folha de caderno. Evidentemente, hoje eu não posso avaliar os danos que essas "aulas" me causaram. Nem mesmo afirmar se ficaram traumas e/ou sequelas daquelas inesquecíveis "tardes de estudo", já que os traumas costumam se manifestar de muitas maneiras. Mas, indubitavelmente, através dessa metodologia de ensino, potencializava-se muito mais a minha insegurança, do que reforçava a minha compreensão em matemática. Conforme Benveniste (2000) explica, na visão da psicologia, o trauma ocorre quando a maneira encontrada para lidar com o evento traumático não foi a mais adequada, pois a carga emocional foi mais intensa do que o indivíduo poderia suportar. Dessa forma, o comprometimento causado por um trauma vai depender da intensidade do evento traumático, e da capacidade da pessoa, de elaborar psiquicamente a situação ocorrida.

> Quando crianças, somos inocentes, carentes, submissos, indefesos, despreparados para a vida, e precisamos de alguém que supra as nossas carências para um desenvolvimento satisfatório. Quando esse alguém não existe e a criança ainda é violentada em sua existência, os traumas surgem e, na sua grande maioria, são levados para a vida adulta. Essas sequelas fazem com que o adulto — acredite estar sempre desamparado — abandonado e solitário, tornando-se uma pessoa insegura, tímida e com medo de se aventurar na vida. Algumas vítimas de traumas se recuperam de maneira surpreendente, apesar da experiência sofrível pela qual passaram. As respostas emocionais variam de acordo com o amadurecimento psíquico, que ocorre de maneira precoce nas crianças que sofrem abusos. Esse amadurecimento precoce já seria uma resposta inteligente que o organismo dá para proteger o psiquismo de um sofrimento mais intenso. Assim como o limiar de dor física pode variar, o limiar de dor psíquica também varia e é importante para definir se o trauma se tornará uma patologia na vida adulta ou não. Mas existem vários fatores que também podem influenciar o fortalecimento de um "EU" mais seguro e saudável, um deles é o carinho e a atenção da família e dos amigos na fase posterior ao evento traumático. O contato com aqueles que guardam sentimentos de amor é fundamental para a recuperação do trauma. (WAINRIB, 2000).

Enfim! Após uma vida inteira, fitado como o cara irresponsável, o mentalmente complicado, o encrenqueiro contestador, o brincalhão que não leva nada a sério, o inquieto bagunceiro, o descompromissado, o dramático, o sonhador que vive no mundo da lua, o que vai desistir no meio de alguma coisa importante, etc. Era evidente e inevitável que, aquela possibilidade de me transformar do relapso aluno problemático para um promitente escritor — começava a seduzir rapidamente e com deslumbres — grande parte da minha vaidade aviltada por tudo àquilo que não fui além de promessas. De sonhos corrompidos pelo acaso, dos desejos adormecidos sem mais nenhuma previsão para despertar, dos tantos projetos mirabolantes inacabados, das coloridas fantasias subtraídas pelas realidades opacas, das expectativas frustradas que meus pais projetaram sobre mim, sem notarem eles, que eu projetava muito mais.

Azafamado, e tomado por uma urgência ilusória de que conseguiria conquistar, parte de tudo aquilo que eu nem havia possuído, mas que já havia perdido, depois do lançamento da 1ª edição deste livro em Setembro de 2006, já em Julho de 2007 eu concluía o meu primeiro romance, **Vertygo — O Suicídio de Lukas**. Bastante empolgado, e cada vez mais embevecido por toda magia que circunda a literatura, em Agosto de 2008 eu terminava o meu terceiro livro, **O Segredo de Clarice Lispector**.

E como para minha composição literária, eu recorria sempre aos aspectos psicológicos; tanto na disposição da trama, quanto na característica de alguns personagens, no primeiro semestre de 2009, resolvi então dar um tempo na literatura para flertar com a minha segunda grande paixão, e ingressei no curso de psicologia.

Confesso que nunca foi algo proposital, ou se foi de propósito não foi por intensão. Mas, nunca soube exatamente se era eu que seguia o fluxo errado das horas, se o relógio girava ao contrário do meu sentido, ou se de fato, seria eu que não tinha o menor sentido. Contudo, a verdade é que eu e o relógio jamais estaríamos em concordância. Parecia que — de alguma maneira contraditória ao tempo — eu sempre estaria fora da época apropriada, para realizar qualquer coisa, que fosse a coisa certa. Era como se agir corretamente para mim tivesse um prazo específico, e que esse prazo sempre terminaria, impreterivelmente, no exato instante em que eu decidisse finalmente, realizar tudo aquilo que havia procrastinado por tanto tempo.

Ser inteligente passou a revelar-se uma espécie de característica obsoleta, e cada vez menos usual. Ou pelo menos, havia se tornado algo bem menos requisitado como aparentava ser quando me cobravam tanto que eu fosse, enquanto eu era apenas um inepto sem maiores pretensões. Assim como possuir cultura, também já não era mais usufruir de algum atributo tão sofisticado como na época em que eu mal conseguia ler uma notícia inteira no jornal. E, ainda se conseguisse, certamente, não compreenderia boa parte do que havia lido. Aliás, cada vez mais me convenço que deva existir alguma espécie de talento avessado, ou precise mesmo de muita perseverança para alguém conseguir se tornar mais um perfeito idiota nos dias de hoje. Pois, nenhuma outra característica é tão competitiva e explorada como essa atualmente.

E assim, mais uma vez fora da hora certa do mundo, lá estava eu: professor de Educação Física, escritor, graduando em psicologia,

Doutor Honoris Causa, Tutor de Programação Neurolinguística (PNL), além de autor de diversos artigos científicos para o Portal dos Psicólogos (o maior site de Psicologia em Portugal). Porém, em meus desajustes com o calendário, nada disso que eu havia me tornado, estava em confluência com o que ainda havia permanecido em mim: em virtude dos longos anos dedicados a musculação, eu ainda permanecia muito forte, e os meus bíceps chamavam muito mais atenção do que os esboços das primeiras capas dos meus livros que eu carregava embaixo do braço, ao passo em que meus músculos não passavam a menor credibilidade daquilo que eu passava a ser. Era como se na época do corpo musculoso, eu fosse apenas um cara totalmente alienado, e enquanto os músculos permanecessem em mim — de alguma forma atemporal — eu ainda seria aquele mesmo cara alienado, independente do que fizesse de mais prodigioso.

Entre as inúmeras coisas que o **TDAH** limita ou impedi, o transtorno não subtrai a consciência sobre a nossa própria condição. Portanto, eu sabia que havia me transformado em um novo homem, e mesmo sem precisar que ninguém acreditasse na minha mudança para atestar ou invalidar o fato de que, eu havia realmente mudado, parecia que pelo menos, para conseguir alguma chance de publicar os meus livros, eu agora precisaria tapar a estupidez que nem mesmo possuía mais para esconder. Dessa maneira, passei a tentar disfarçar tudo aquilo que enxergavam do que eu não era mais: engordei alguns quilos, mudei os estilos das roupas, um gel mantinha sempre meu cabelo meio engomado, e mesmo sem necessidade alguma, passei também a usar óculos com intento de desfazer o estilo alienado.

Todavia, embora possa até ter demorado mais do que o habitual — talvez em comparação com outras tantas pessoas já tão habituadas com as coisas habituais — eu também aprendi as lições que a vida ensina. O problema quanto ao meu processo de aprendizado, vai além do **TDAH** e/ou da Dislexia. O problema é que a minha aprendizagem está condicionada as minhas sensações, percepções e experiências. Se de um livro nem sempre tenho a capacidade de compreender aquilo que leio, na vida esse procedimento é bem diferente. Eu só me considero conhecedor daquilo que sinto. Entretanto, para sentir essas lições, eu preciso da coragem para vivenciar a tristeza e a alegria com a mesma intensidade, o que nem sempre é fácil, mas costuma deixar cravadas, como cicatrizes na memória, tudo aquilo que foi aprendido.

Portanto, algumas dessas cesuras que hoje carrego como aprendizados decorrentes desse meu processo de transição, é que nas escolas, faculdades, e todos os outros ambientes acadêmicos, podemos aprender as mais diversificadas lições. Entretanto, seremos sempre nós quem decidiremos aquelas que iremos transformar da teoria para a prática, levando-as de fora das salas para dentro de nossas vidas. Pois, os ensinamentos mais valiosos, não vieram inseridos nos versículos bíblicos, não serão explicados por grandes sábios, nem estão definidos em dicionários ou enciclopédias. É preciso existir para aprender. Porque, o aprendizado nem sempre está atrelado a uma compreensão racional processada pelo cérebro, alguns ensinamentos estão condicionados somente aquilo que sentimos através do coração.

Através dessas experiências vivenciadas pelos meus próprios sentimentos, compreendi também que, sendo estúpido, engraçado, ou excessivamente simpático, as pessoas te aceitam com menos incômodo, e certa condescendência. Quando a insegurança inibida pela rejeição, ou o retraimento acanhado pela autoestima menosprezada coíbem a nossa fala, a presunção daqueles que não possuem nada de especial para mostrar logo se releva na entonação das conversas insolentes. Quando admitimos nossas incapacidades, ou por alguma razão, deixamos nossas fraquezas descobertas, as pessoas se aproximam mais rapidamente, com certa empáfia contida, e uma sensação de superioridade estampada nos olhos, mas procurando sempre encobrir, o limite raso da sua inteligência, promovendo apenas assuntos entre os confins do seu conhecimento. Parece contraditório, mas a vaidade humana mostra-se ilimitada somente para elogiar os mortos, enquanto permanece aprisionada a fátua vileza para enaltecer aqueles que ainda estão vivos.

CAPÍTULO 12

As Perniciosas Notícias Inventadas

D e repente, diversas celebridades do mundo inteiro diagnosticadas com o Transtorno do Déficit de Atenção com Hiperatividade (**TDAH**) começaram a tornar público detalhes sobre suas vidas e experiências com o Transtorno. Entre os famosos, Steve Jobs, Bill Gates, Steven Spielberg, Tom Cruise, Jim Carrey, Justin Timberlake, Will Smith, Danny Glover, Sylvester Stallone, Michael Jordan, Michael Phelps, Simone Biles, etc.

Consequentemente, o **TDAH** passou a simbolizar uma condição bem menos depreciativa que aquelas primitivas ideias atreladas a limitações e/ou incapacidades. Ao passo em que possuir o Transtorno, adquiria até mesmo um certo "status" de inteligência, de prodigiosidade. Como sendo uma condição mais frequente entre pessoas diferenciadas, talentosas, criativas, atletas extraordinários, etc.

Contudo, se o então relógio que jamais havia aferido o meu tempo em conformidade com a cronologia ordinária dos outros homens estava finalmente sincronizado; se justamente naquele momento, talvez pela primeira vez na minha vida inteira, eu estava na mais perfeita concordância com os eventos do mundo contemporâneo, pouco tempo tive para desfrutar daquela minha despretensiosa pontualidade. Pois, quase que simultaneamente, começavam também a surgir inúmeras matérias tentando me desenquadrar, me deixar de fora da única situação na qual eu não havia me atrasado. Como se quisessem me colocar novamente no posto de retardatário, diversos factoides passavam a divulgar que aquele transtorno que eu possuía, já diagnosticado há onze anos, porém agora em plena moda, na mais propícia ocasião, simplesmente não existiria.

Porém, dentre as mais variadas notícias fabuladas, algumas merecem — até mesmo em recíproco desmerecimento — certo destaque. Durante o primeiro semestre de 2013, por exemplo, uma manchete replicada por diversos veículos de comunicação, questionava e respondia ao mesmo tempo: "Por que as crianças francesas não possuíam déficit de atenção?" Em seu conteúdo descritivo, as reportagens alegavam — com a propriedade de quem poderia no máximo pressupor que — a filosofia educacional, juntamente com uma abordagem psicossocial holística dos especialistas em saúde mental francesa — faziam o Transtorno do Déficit de Atenção com Hiperatividade (**TDAH**) simplesmente desaparecer, ou seriam capazes de reduzir a sua incidência em números ínfimos.

Mas, como ignorar a própria ignorância é a principal característica do ignorante, movidos por uma urgência irracional de desnudar ligeiro toda sua estupidez, esses jornalistas, colunistas, blogueiros e outros tantos analfabetos funcionais, "autoinstruídos" pela presunção do que pensam saber — sem nem saber ao certo o que pensam — não se davam sequer ao trabalho de investigar a procedência dessas fontes, ou averiguar — ainda que fosse através de uma busca rápida pelo Google — a veracidade das asneiras antes de reproduzirem. Mas, conforme, já proferia Aristóteles: "O ignorante afirma, o sábio duvida, e o sensato reflete". E apesar de não simpatizar muito com a sensatez, algumas vezes — até mesmo por birra — sou suficientemente teimoso, ao ponto de agir em total discordância com aquilo que eu mesmo antipatizo, apenas para, eventualmente, ser capaz de refletir ponderadamente:

Afinal de contas, por que existiria uma Associação Francesa de Déficit de Atenção se o transtorno nem mesmo era frequente por lá? Ou por que teria uma página no Facebook (HyperSupers — **TDAH** France) com mais de 20.000 membros, fundada desde 5 de fevereiro de 2002 com a Missão de Ajudar pessoas afetadas pelo Transtorno de Déficit de Atenção com Hiperatividade (**TDAH**)? Será que os especialistas da Associação Francesa de Déficit de Atenção na ausência de pessoas com **TDAH**, estariam atendendo, produzindo artigos científicos, prestando serviços informativos, e orientando insetos hiperativos?

Outras reportagens — não menos irresponsáveis e igualmente fantasiosas — afirmavam que diversos jovens estariam usando a Ritalina (Cloridrato de Metilfenidato) com o objetivo de ficar mais aceso, e bem disposto em festas como *Raves* e carnavais. Em uma dessas matérias, inclusive, mencionavam o caso de um jovem enfermeiro que dizia se sentir gostoso, bonito, e com uma sensação de poder — além de experimentar um arrepio como se precedesse um orgasmo — toda vez que tomava o medicamento. Outro sujeito, afirmava fazer uso do remédio antes de sair para baladas, assegurando que sob o efeito da Ritalina ele já chegava às festas beijando todo mundo.

Confesso — com o sarcasmo contraditório da seriedade de quem confessaria alguma coisa realmente importante — que diante de todos esses casos, eu fiquei ironicamente preocupado: ou estariam me vendendo o medicamento falsificado, ou aquele comprimido que eu tomava diariamente, por tantos anos, seria qualquer outro remédio, exceto aquela tal Ritalina com tantos poderes mágicos. Primeiro, porque pela própria farmacodinâmica, sua substância causa muito mais um efeito apático que excitatório. Ao menos, é como funciona em meu organismo o princípio ativo da Ritalina que eu faço uso. Segundo que, indolente, com diminuição do desejo sexual, xerostomia (secura da boca), piora da sociabilidade, maior tendência à irritabilidade, além do efeito conhecido como "visão de túnel" (quando a pessoa se detém tão intensamente em algo, que ignora todas as outras coisas e pessoas ao seu redor), não aparentam ser sensações das mais agradáveis, nem tão libidinosas assim para alguém querer sair por aí badalando com tamanho entusiasmado.

Como se o bastante não fosse muito, ou como se o muito ainda não fosse o suficiente, vez por outra era reproduzida, em inúmeras páginas da web que não tinham nada de mais útil para divulgar, aquela mesma notícia velha, desatualizada e já desmentida há anos: a imagem de um senhor burlesco, ilustrando o título: "Dr. Leon Eisenberg, o pai do **TDAH**, disse pouco antes de sua morte que o **TDAH** é uma doença fictícia".

Deixando de lado, toda incoerência inserida nos dizeres que encimam essa notícia. Afinal, um pai declarar que seu próprio filho seria uma ficção inventada por ele mesmo, era no mínimo algo bastante descabido para já creditarem, antecipadamente, tanta veracidade a respeito do teor da notícia. No entanto, sempre que o tempo sobrava ao revés de faltar, eu acabava não me contendo em replicar alguns desses sites. Em um desses — através do espaço destinado para criticas, sugestões e comentários — resolvi redarguir a sua colunista, uma consultora farmacêutica e bioquímica.

Inicialmente, afirmei que na tradução do texto original em alemão, ela (ou algum outro tradutor igualmente incompetente) havia modificado toda veracidade dos fatos: naquilo que foi realmente dito, no local onde foi dito, quando foi dito, e por quem foi dito. Por exemplo, o próprio título não condiz com a verdade, nem com as informações relatadas por ela mesma no discorrer do seu próprio texto: "Confissão de leito de morte do inventor do **TDAH**: o

TDAH é uma doença fictícia [...] Aos 87 anos de idade e sete meses antes de sua morte, o pai científico do **TDAH** declarou, em sua última entrevista: o **TDAH** é um excelente exemplo de doença fictícia".

Primeiro, porque a alegação de que o Dr. Leon Eisenberg teria declarado isso colocaria a data de seu enunciado por volta de fevereiro de 2009. Entretanto, quanto à documentação para a cotação putativa é fornecido em idioma Inglês, a afirmativa de que o **TDAH** seria uma doença fabricada, faz referência a uma entrevista realizada no dia 2 de Agosto de 2012 com o Professor de Psicologia da Universidade de Harvard, Dr. Jerome Kagan. E com o título, Spiegel Entrevista com Jerome Kagan: What about Tutoring Instead of Pills? (E sobre Explicações em vez de pílulas?), bastava apenas uma única resposta **(1.2)** do entrevistado para, enfim e finalmente, desmentir aquela noticia tão plagiada, defasada, recorrente e que enchia o saco de todo e qualquer portador de **TDAH**.

1.1 Spiegel: Especialistas falam que 5,4 milhões de crianças americanas apresentam os sintomas típicos do **TDAH**. Você está dizendo que este transtorno mental é apenas uma invenção?

1.2 Kagan: Isso é correto; é uma invenção. Toda criança que não está indo bem na escola é enviado para ver um pediatra, e o pediatra diz: "É **TDAH**, aqui tem Ritalina." De fato, 90% destes 5,4 milhões de crianças não têm um metabolismo anormal da dopamina. O problema é que, se o medicamento está disponível aos médicos, eles vão fazer o diagnóstico correspondente.

Ao passo em que outra matéria — não veiculada através do site, mas reproduzida pelo jornal *Der Spiegel* — deixava evidente que o Dr. Eisenberg em nenhum momento afirmou que o **TDAH** era um transtorno irreal. Em verdade, ele havia dito apenas que: *"A predisposição genética do* **TDAH** *é completamente é completamente superestimada".*

Em seguida, tão sério quanto a minha buliçosa impulsividade conseguiu refrear todo o ímpeto da minha ironia verbal, apresentei para a então colunista, o link de um site, onde pessoas, muito mais fundamentadas do que ela, apresentavam argumentos (pouco consistente, mas que já validavam mais do que todas essas notícias sem fundamentações) com intento de comprovar a inexistências das girafas. Afirmam que esses animais, quando aparecem em filmes são meras montagens, enquanto as dos jardins zoológicos, na melhor das hipóteses, seriam espécies de robôs. E consideram idiotas, todos aqueles que acreditam na existência do animal. Por fim, expliquei que talvez, o absurdo que se revelasse para ela diante dessas pessoas que não acreditavam em girafas, fosse tão incoerente para mim quanto aquelas que não acreditam na veracidade do **TDAH**.

No entanto, devo admitir que, imensamente mais ruinoso que todas essas deletérias notícias, ocorre quando o descredito surge, justamente, daquelas pessoas mais próximas da sua realidade.

Conforme já havia relatado anteriormente, no livro *Tendência à Distração*, Edward Hallowell e John Ratey (1999) isso é mencionado, inclusive, entre o primeiro dos problemas mais comuns no tratamento do **DDA**:

> Certas pessoas, especialmente importantes na vida — pai, mãe, cônjuge, professor, patrão, amigo — não aceitam o diagnóstico de **DDA**. Eles não "acreditam" em **DDA** e não querem discutir sobre isso. É como se fosse contra sua religião ou visão de mundo. Eles fazem a pessoa com **DDA** se sentir uma fraude ou um impostor. Esse tipo de resposta descrente pode minar tanto a esperança que acompanha o diagnóstico, como o tratamento. Ouvem-se com frequência, variantes do tipo: "esse tal de **DDA** não existe. É apenas uma desculpa para a preguiça". [...] O importante é a informação. Apresente à pessoa os fatos. Atenha-se aos fatos, deles se valendo para enfrentar a superstição, os boatos, o disse-me-disse, os preconceitos e a desinformação. Procure evitar debates inflamados. É comum usarem-se as objeções ao diagnóstico para esconder questões emocionais. Pode haver raiva da pessoa diagnosticada. Pode haver ressentimentos em relação à pessoa por todos os seus erros e não se desejar que ela escape facilmente com um diagnóstico. Querem punição e por isso ficam cada vez mais com raiva ante a noção de **DDA**, tentando fazê-la cair em descrédito. Nesses momentos é melhor ficar com a ciência, por isso permaneça com os fatos que temos a respeito do **DDA**. Em algum momento os sentimentos de raiva deverão ser tratados pelo que são: raiva em geral decorre de um comportamento passado irritante por parte da pessoa com **DDA**. Esses sentimentos são perfeitamente compreensíveis e válidos. Não deveriam, no entanto, ser usados para se invalidar um diagnóstico correto do **DDA**.

Confesso ainda — contra toda a minha vontade de omitir que — o desabono sobre a minha condição, nunca se limitou somente ao **TDAH**. Jamais tive, sequer, uma percepção cumpliciada de todo o prejuízo que uma vida acadêmica inteira com Dislexia havia me custado. Dos baixos rendimentos escolares, passando pela incompreensão de quase tudo aquilo que eu lia e/ou escrevia. Desencadeando graves problemas caracterizados no reconhecimento preciso ou fluente das palavras, problemas de decodificação, e dificuldades ortográficas. Conforme Willcut (2001) afirma, a presença de **TDAH** aumenta significativamente o comprometimento do processamento de leitura em pacientes disléxicos: a leitura requer considerável nível de atenção para selecionar as informações relevantes e ignorar estímulos menos importantes. Pessoas com **TDAH** em comorbidade com Dislexia apresentam mais problemas comportamentais, menor autoestima, maior incidência de abandono escolar, e um pior prognóstico quando comparadas ao grupo com **TDAH** ou Dislexia isoladamente.

> A Dislexia é o Transtorno de Aprendizado (TA) mais comum, ocorrendo em cerca de 8% das crianças em idade escolar. Estimativas mais conservadoras apontam para a prevalência de TA em aproximadamente 25% das crianças com **TDAH**. Tanto o **TDAH** quanto Dislexia estão associados a múltiplos déficits neuropsicológicos, em particular com comprometimentos das funções executivas (WILLCUT, 2001).

Não sei se pela ausência de autopiedade que nunca me incitou a vocação para interpretar o vitimista — ou porque para mim sempre foi dado o papel de compreender o transtorno de todos à minha volta. No entanto, a prevalência da verdade é que, sem nunca perceber o profundo constrangimento que aquele tipo de descaso sobre a minha condição me causava, no dia 25 de Novembro de 2013, recebi de uma "pessoa tão próxima da minha realidade", um e-mail com o link de uma entrevista, tão absurda e abstrata como algumas já citadas anteriormente:

Uso indiscriminado de Ritalina pode causar 'genocídio do futuro', diz pediatra.

Indicada para tratar portadores de déficit de atenção e hiperatividade (**TDAH**), a Ritalina vem sendo indicada de maneira descontrolada no país. Atualmente, o Brasil ocupa a segunda posição mundial de consumo da droga, atrás apenas dos Estados Unidos. No caso das crianças, que tem o organismo ainda em fase de crescimento, o risco é ainda maior. "Fala-se muito que, se a criança não for tratada, vai se tornar uma dependente química ou delinquente. Nenhum dado permite dizer isso. Então não tem comprovação de que funciona. Ao contrário: não funciona. E o que está acontecendo é que o diagnóstico de **TDAH** está sendo feito em uma porcentagem muito grande de crianças, de forma indiscriminada", diz a pediatra Maria Aparecida Affonso Moysés, docente do Departamento de Pediatria da Faculdade de Ciências Médicas (FCM) da Unicamp. A especialista diz que se não haver um controle mais rigoroso sobre a droga, as gerações futuras poderão sofrer consideravelmente. "A gente corre o risco de fazer um genocídio do futuro". A Ritalina é um Metilfenidato, da família das anfetaminas, e tem como objetivo, melhorar a concentração, diminuir o cansaço e acumular mais informação em menos tempo. Ocorre que a droga pode trazer dependência química, pois tem o mesmo mecanismo de ação da cocaína, e é classificada pela *Drug Enforcement Administration* como um narcótico. As reações adversas ao consumo da droga se dão em todo o organismo e, no sistema nervoso central, são mais incisivas. "Isso é mencionado em qualquer livro de Farmacologia. A lista de sintomas é enorme. Se a criança já desenvolveu dependência química, ela pode enfrentar a crise de abstinência. Também pode apresentar surtos de insônia, sonolência, piora na atenção e na cognição, surtos psicóticos, alucinações e correm o risco de cometer até o suicídio. São dados registrados no *Food and Drug Administration* (FDA).

Desconsiderando o prognóstico nefasto utilizado como título da entrevista, inicialmente, o ligeiro descuido da pediatra em mencionar apenas o nome de comercialização de um dos medicamentos, a Ritalina, ao invés de citá-los em alusão ao seu princípio ativo, o Cloridrato de Metilfenidato, que além de abranger os nomes comerciais dos outros tipos de Metilfenidatos disponíveis no Brasil — proporcionaria aos leitores uma maior compreensão quanto a sua diferenciação nas dosagens, dos laboratórios fabricantes, e principalmente, em relação ao seu tempo de ação:

a) Ritalina® 10 mg. (Laboratório Novartis): Metilfenidato de ação curta, com efeito, de 3 a 5 horas;

b) Ritalina ® LA 20, 30, e 40 mg. (Laboratório Novartis): Metilfenidato de ação prolongada, com efeito de aproximadamente 8 horas;

c) Concerta ® 18, 36 ou 54 mg. (Laboratório Janssen-Cilag): Metilfenidato de ação prolongada, com efeito, de 10 a 12 horas;

Ao declarar que o medicamento é "indicado para tratar portadores de déficit de atenção e hiperatividade (**TDAH**)" — embora possa, mas não deva considerar como um grave equívoco — a mera omissão do termo "transtorno" ou "distúrbio" antecedendo a expressão "déficit", já na utilização da vogal "e" ao entreato das palavras "atenção" e "hiperatividade", ela aparenta desconhecer a existência dos casos onde o transtorno ocorre sem a presença da hiperatividade. Em virtude disso, inclusive, desde 1994 a Associação Americana de Psiquiatria (*American Psychiatric Association* — APA) adotou o termo Transtorno do Déficit de Atenção com Hiperatividade, com o uso da barra precedendo "Hiperatividade" como demonstração de que o transtorno pode surgir com ou sem a hiperatividade, apesar da hiperatividade ser o sintoma que mais define este quadro. Ainda nesse mesmo trecho, ela demonstra também não saber que além do **TDAH**, o Metilfenidato é utilizado no tratamento dos casos de Narcolepsia, e da Hipersonia Idiopática.

Seguidamente, quando afirma que "a Ritalina vem sendo indicada de maneira descontrolada no país. Atualmente, o Brasil ocupa a segunda posição mundial de consumo da droga, atrás apenas dos Estados Unidos". Mesmo sem mencionar dados, prognósticos, percentuais, estatísticas, estimativas, mentiras etc. ou qualquer espécie de recurso adiante de suas falácias, como minimamente se espera de alguém com especialidade sobre aquilo que fala, ainda assim, ela consegue a incrível façanha de cometer graves erros numéricos pela própria desídia daquilo que não sabe. Embora entre Set./2011 e Out./ 2012, o consumo de Metilfenidato no Brasil tenha apresentado um aumento significativo de 1.853.930 na quantidade de caixas vendidas, existem dois fatores antagônicos, mas igualmente lógicos que a pediatra, certamente não sabe. Ou se tem conhecimento — diferentemente da normalidade daqueles que sabem sobre o que estão falando — ela preferiu demonstrar sua insipiência:

1º. Apesar do grande aumento na vendagem de Metilfenidato, se considerarmos os dados referentes à prevalência do **TDAH** no Brasil em torno de 17 milhões de pessoas, mesmo com todas essas 1.853.930 de caixas, cerca de 30 mil pacientes apenas estariam em tratamento com o Metilfenidato no país.

2º. Todavia, é impossível saber se existe realmente um excesso no consumo de Metilfenidato no país, sem saber antes a quantidade do medicamento que está sendo utilizado para o tratamento dos casos de Narcolepsia e Hipersonia Idiopática, o percentual das pessoas diagnosticadas com o **TDAH** que estão sendo tratadas com o Metilfenidato, adivinhar (já que não se pode saber) quantas caixas são adquiridas de maneira ilegal, conseguir ter acesso a quantidade de Metilfenidato fornecida ao SUS (que não são contabilizados nas pesquisas) para somente assim, fazer a correlação entre todos esses dados com a prevalência do **TDAH** no país.

3º. Isso tudo desconsiderando que a entrevistada ignora completamente o agravante fator de — diferentemente dos outros países — existir somente o Metilfenidato como substância medicamentosa de primeira escolha disponível para o tratamento do **TDAH** no Brasil. O que, inevitavelmente, potencializa muito o seu consumo.

Ao mencionar vagamente, como, aliás, faz durante o texto inteiro: "Fala-se muito que, se a criança não for tratada, vai se tornar uma dependente química ou delinquente. Nenhum dado permite dizer isso. Então não tem comprovação de que funciona. Ao contrário: não funciona". Bem... Já quanto ao trecho em que a *pseudoespecialista* menciona os riscos da falta de controle, alegando: "[...] se não haver um controle mais rigoroso sobre a droga, as gerações futuras poderão sofrer consideravelmente". Confesso que não sei se a reforma ortográfica modificou tanto assim a conjugação do verbo "haver", nem se foi conjugado por ela mesma, ou se foi transcrito por alguém igualmente estúpido.

Posteriormente, afora o uso de expressões hipotéticas, quando ela assevera que o medicamento não funciona, além de contradizer os inúmeros artigos científicos disponíveis, normalmente, no meio acadêmico quando afirmamos ou discordamos de algo, devemos apresentar algum tipo de recurso técnico e/ou científico (pesquisas, artigos, etc.) para fundamentar aquilo que defendemos. Ela, ao contrário dos verdadeiros especialistas, para sustentar os seus argumentos, não recorre nem mesmo a *Wikipédia* como alegação de sua fonte de coleta de dados.

Ao dizer que "A Ritalina é um Metilfenidato, da família das anfetaminas, e tem como objetivo, melhorar a concentração, diminuir o cansaço e acumular mais informação em menos tempo. Ocorre que a droga pode trazer dependência química, pois tem o mesmo mecanismo de ação da cocaína, e é classificada pela *Drug Enforcement Administration* (DEA) como um narcótico", a entrevistada expressa justamente o oposto do que afirmam inúmeros estudos: a eficácia do Metilfenidato tem sua ação comprovada na redução dos sintomas de déficit de atenção, no melhor desempenho das atividades motoras, na diminuição da hiperatividade, no controle dos impulsos, e — ao extremo revés do que ela diz ao léu — o uso do Metilfenidato, dos tipos de liberação prolongada, proporcionam até mesmo uma inibição do abuso de drogas.

Já sobre "diminuir o cansaço e acumular mais informação em menos tempo", ou ela padece de algum tipo de alienação mental, ou lhe falta uma capacidade razoável para conseguir compreender alguma realidade fora das suas opiniões pessoais. Por inépcia, ignorância ou incompetência, a pediatra cita entidades com atribuições que não são de suas competências. Nos Estados Unidos, o *Drug Enforcement Administration* (DEA) não é a instituição responsável pela classificação das drogas. A missão do DEA é fazer cumprir as leis referentes às substâncias controladas, e fiscalizar organizações e/ou pessoas envolvidas na fabricação e/ou distribuição dessas substâncias. Em verdade, compete a *Food and Drug Administration* (FDA), órgão de vigilância sanitária dos EUA, a responsabilidade da classificação de drogas e/ou medicamentos.

No que se refere à analogia que ela tenta criar entre a Cocaína, a Anfetamina, e o Metilfenidato, é importante destacar que somente duas anfetaminas são comercializadas legalmente no Brasil: a Dextroanfetamina, e a Metanfetamina. E apesar das três substâncias apresentarem Fórmulas Químicas similares:

(A) Metilfenidato ($C_{14}H_{19}NO_2$)

(B) Anfetamina ($C_9H_{13}N$)

(C) Cocaína ($C_{17}H_{21}NO_4$)

Elas são totalmente divergentes em relação à farmacocinética (via de administração, absorção, biotransformação, biodisponibilidade e excreção). Também são distintas quanto as principais substâncias químicas (neurotransmissores) que se interagem, como se interagem. E, sobretudo, atuam em diferentes regiões do cérebro. Enquanto o Metilfenidato age nas camadas mais externas do cérebro, conhecida como região cortical (local relacionado a funções da memória, atenção, consciência, linguagem, percepção e pensamento), a Cocaína e a Anfetamina atuam no *Núcleo Accumbens*, porção do "sistema de recompensa" (uma das principais áreas responsáveis pela predisposição na dependência química e física). A Cocaína e a Anfetamina são Inibidores da Monomania Oxidase (IMAO) promovem o aumento da disponibilidade da noradrenalina e da serotonina na fenda sináptica (espaço entre dois neurônios). O Metilfenidato, por sua vez, é um Inibidor da Recaptação de Dopamina (IRD), no entanto, além de não ativar o "sistema de recompensa" atua mais na modulação dos níveis de Dopamina que da Noradrenalina.

De modo grosseiro — propagado somente pelo senso comum — de onde presumo derivar o inexistente conhecimento da pediatra, pode-se dizer que o Metilfenidato funciona pelo que, usualmente, é chamado de "efeito paradoxal", ou seja, é um psicoestimulante, mas que apresenta um efeito contrário.

Mesmo reproduzidas por jornalistas e/ou profissionais não especializados, sem mencionar referências, reportar artigos científicos, ou apresentar qualquer pesquisa que validem suas afirmativas mentirosas, esses tipos de matérias caluniosas — de alguma forma irresponsável e alienante — transmitem aos leitores uma falsa ideia de que possam existir dúvidas quanto à existência do **TDAH**.

Afirmar que o **TDAH** não existe, assim como proferir que os medicamentos utilizados para o seu tratamento são "perigosos" além da explícita demonstração de ignorância, pode ser configurado como crime, porque veicula informações erradas sobre tema de saúde pública. Reproduzir notícias equivocadas, enquanto omite centenas de dados científicos que documentam os benefícios, a eficácia e a segurança dos medicamentos usados no tratamento do **TDAH**, não apenas dificulta e retarda o acesso da população ao diagnóstico e ao tratamento, como revela má-fé, descomprometimento aos princípios básicos do jornalismo, e expressa uma das mais perversas formas de discriminação contra as pessoas que sofrem de transtornos e/ou deficiências mentais: a Psicofobia.

A Organização Mundial de Saúde (OMS) define Saúde Mental como um estado de bem-estar no qual o indivíduo é capaz de exercer suas aptidões, manejar os eventos estressantes normais da vida, trabalhar produtivamente e contribuir para sua comunidade. Um Transtorno Mental, portanto, pode ser entendido como uma condição médica que altera este estado provocando prejuízo no desempenho global do indivíduo. De acordo com a Associação Brasileira de Psiquiatria (ABP) estima-se que mais de 40 milhões de pessoas no Brasil sofram de algum tipo de transtorno mental. Dessa maneira, aqueles que sofrem de Transtornos Depressivos, Transtorno Obsessivo-Compulsivo (TOC), Transtorno do Déficit de

Atenção com Hiperatividade (**TDAH**) entre outras tantas doenças mentais, começam a se sentir cada vez mais excluídos, diante desses tipos de manifestações preconceituosas difundidas pela mídia.

Sobre a existência e a veracidade do **TDAH**, vale ressaltar que — além de ser reconhecido oficialmente pela Organização Mundial da Saúde (OMS) — o **TDAH** é validado também por um Consenso Internacional: produção científica publicada após extensos debates entre pesquisadores de diferentes culturas, instituição, e que não compartilham necessariamente as mesmas ideias sobre todos os aspectos de um transtorno. Segundo a *American Psychiatric Association* (APA, 1994) o **TDAH** é um dos transtornos mais bem estudados na medicina, e os dados gerais sobre sua validade são muito mais convincentes que a maioria dos transtornos mentais, e até mesmo que muitas condições médicas.

Atualmente, o **TDAH** é o motivo mais frequente entre as crianças e os adolescentes encaminhados para atendimentos em serviços especializados. Estima-se que ele afeta 2,5% dos adultos, cerca de 3 a 7% das crianças em idade escolar (dos 6 aos 12 anos) de todo mundo, e em mais de 68% dos casos o transtorno permanece por toda vida. De acordo com o Manual Diagnóstico e Estatístico de Transtornos Mentais em sua 5ª edição (DSM-V), o **TDAH** é mais comum no sexo masculino do que no feminino, na proporção de 2:1 em crianças, e de 1,6:1 em adultos. As características ligadas a desatenção apresentam maior incidência em pessoas do sexo feminino, enquanto os sintomas referentes a hiperatividade e impulsividade são mais observados no sexo masculino. O transtorno costuma ainda apresentar elevadas taxas de comorbidades: em crianças com **TDAH**, mais de 50% dos casos surge com a presença de — pelo menos — algum outro transtorno comórbido, e aproximadamente 10% delas, desenvolvem três ou mais comorbidades. Pesquisas indicam que entre as crianças, as mais frequentes são:

- Transtorno Desafiador de Oposição — 40 %
- Transtornos de Ansiedade — 34%
- Transtorno de Conduta — 14%
- Transtornos de Aprendizagem (Leitura, Cálculo e/ou Escrita) — 10 a 25%
- Transtorno de Tiques — 11%
- Transtornos do Humor — 4%

Já entre os adultos com **TDAH**, as comorbidades afetam aproximadamente 70% dos pacientes — sendo que destes, 97% possuem até quatro transtornos comórbidos. Estudos indicam que para cada cinco adultos em tratamento de algum outro distúrbio, pelo menos um deles possui o **TDAH**. Entre as comorbidades mais comuns observadas em adultos estão:

- Depressão — 20 a 30%
- Transtorno de ansiedade –20 a 30%
- Uso de substâncias — 25 a 50%
- Tabagismo — 40%
- Transtorno de personalidade antissocial — 25%

- Transtorno de sono — 75%

Além de desencadear sérios prejuízos de produtividade e motivação nas atividades acadêmicas, vocacionais, bem como uma habilidade reduzida para expressar ideias e emoções, instabilidade nos diferentes tipos de relacionamentos, prejuízo da memória de execução, retraimento social, efeitos negativos da própria imagem, etc. Transtorno do Déficit de Atenção com Hiperatividade (**TDAH**) costuma causar uma série de impactos ao decurso da vida de uma pessoa:

1) Adultos com **TDAH**, independente do grau de instrução, ganham salários significativamente inferiores aos de adultos sem o transtorno. O estudo mostrou que a diferença é em torno de 10 mil dólares anuais para os indivíduos com formação superior e de 4 mil para aqueles com apenas o segundo grau;

2) 25% dos adultos com **TDAH** não terminam o 2º grau contra 1% dos adultos sem **TDAH**;

3) Apenas 15% dos adultos com **TDAH** cursam a universidade contra mais de 50% dos adultos sem **TDAH**;

4) Adultos com **TDAH** menos frequentemente concluem uma Universidade;

5) Adultos com **TDAH** menos frequentemente conseguem empregos de período integral do que adultos sem transtorno. Item responsável por 17% dos 77 bilhões de dólares de perdas projetados no estudo. Gerando impacto econômico sobre a sociedade;

6) Cerca de 25% dos estudantes com **TDAH** apresentam problemas de aprendizado em algum destes setores: expressão oral, compreensão, interpretação de textos e matemática;

7) 30% das crianças e adolescentes com **TDAH** repetem ao menos um ano escolar, repetições múltiplas ocorrem em 21%;

8) 35% dos adolescentes com **TDAH** abandonam os estudos, 45% são expulsos das escolas e 21% cabulam aulas repetidamente;

9) Estima-se que o desenvolvimento emocional das crianças com **TDAH** é cerca de 30% mais lento do que o de crianças sem o transtorno. Por exemplo, uma criança de 10 anos com **TDAH** opera num grau de maturidade de 7 anos. Um jovem motorista de 16 anos com **TDAH** tem um perfil de decisões de uma criança de 11 anos;

10) 65% das crianças com **TDAH** apresentam comportamentos de desafio da autoridade como hostilidade verbal e birras;

11) Crianças com **TDAH** mais frequentemente são vítimas de traumatismos cranianos ou poli traumatismo, intoxicações acidentais e internação em UTI em decorrência destas intercorrências médicas;

12) Crianças com **TDAH** apresentam um risco 3 vezes maior de acidentes domésticos, 2 vezes maior de traumas, suturas e hospitalizações e 20% delas são responsáveis por incêndios sérios em suas comunidades;

13) Maior risco de gravidez antes dos 18 anos de idade e doenças sexualmente transmissíveis em jovens com **TDAH**;

14) Jovens com **TDAH** apresentam um risco 4 vezes maior de causar acidentes, 7 vezes maior de acidentes múltiplos e com vítimas, e 4 vezes maior a incidência de multas (por excesso de velocidade e por não respeitar sinais de trânsito);

15) Jovens com **TDAH** apresentam maior risco de uso, abuso e dependência de substâncias. Numa pesquisa o uso de tabaco foi informado por 50% dos jovens com **TDAH** contra 27% dos jovens sem o transtorno, uso de álcool 40% contra 28% e de maconha 17% contra 5%;

16) Separação ou divórcio ocorre 3 vezes mais entre os pais de crianças com **TDAH** do que pais de crianças sem o transtorno;

17) 49% das crianças com **TDAH** apresentam dificuldades de se relacionar com outras crianças contra 18% dos controles (crianças sem **TDAH**);

18) 72% das crianças com **TDAH** têm conflitos com os irmãos e outros familiares contra 53% dos controles;

19) 48% das crianças com **TDAH** apresentam facilidade de adaptação a novas situações contra 84% dos controles;

20) 18% das crianças com **TDAH** referem ter bons amigos contra 36% dos controles;

21) 52% das crianças com **TDAH** necessitam da ajuda dos pais nas tarefas escolares contra 28% dos controles;

22) 26% das crianças com **TDAH** necessitam da ajuda dos pais para se aprontarem para ir à escola contra 16% dos controles;

23) Estudos comparativos mostram que adultos com **TDAH** apresentam em maior frequência: drogadição (ou

toxicodependência), tentativa de suicídio, divórcio, desemprego, insatisfação profissional e desajuste social.

CAPÍTULO 13

A Prostituição Do Mercado Editorial Brasileiro

Com três livros, de estilos e gêneros distintos, imaginei que possuía um conteúdo bibliográfico razoável para submetê-lo a avaliação de qualquer conselho editorial — sem o menor tipo de constrangimento. Contudo, se eu já gozasse do mínimo conhecimento sobre toda libertinagem que rodeava o prostíbulo mercado editorial brasileiro, certamente, o meu otimismo seria muito mais malicioso do que cândido. Logo — acreditando somente por desconhecer no que não deveria acreditar — em julho de 2008, antes mesmo de ingressar no curso de psicologia, com intento de apresentar alguma formalidade que adornasse o meu nome como autor, enquanto proporcionava as mínimas condições necessárias para que os meus originais fossem recebidos com o devido respeito, e apreciados com certa distinção e valimento, decidi comigo mesmo que, passaria a exercer o papel de meu próprio agente literário.

Imediatamente, criei uma conta de e-mail, (2xliteratura@gmail.com), registrada sob o pseudônimo de Jota Andrade, com o qual passei a intermediar os contatos entre as editoras, e o escritor Marcus Deminco. Desorganizado, sem estabelecer previamente qualquer tipo de seleção quanto aos gêneros literários comercializados por cada editora, isento dos procedimentos normativos que regem as boas praticas para utilização do E-mail Marketing, elaborei um mailing com todos os endereços eletrônicos que consegui agrupar, das diferentes editoras nacionais disponíveis na internet.

Dos diversos e-mails encaminhados — bastou apenas uma única resposta — entre as poucas mensagens retornadas, para despertar ligeiro em um sobressalto de regozijo, o sono leve do meu desmedido entusiasmo. Primeiro, porque não se tratava de uma resposta automática, tampouco apresentava qualquer tipo antecipado de empecilho, como alguns e-mails advertindo não estar analisando originais por determinado período. Muito pelo contrário, afirmava, inclusive, que eu — no papel de Jota Andrade — poderia enviar o prefácio da obra. Além do mais, não era um retorno proveniente de uma editora qualquer. Tratava-se de uma resposta do maior conglomerado editorial da América Latina, e aquela tal de Luciana que assinava o e-mail, era simplesmente a renomada Sra. Luciana Villas-Boas, diretora do departamento editorial do Grupo Record, considerada uma das personalidades mais influentes do mercado editorial brasileiro.

Mas, como em mim os devaneios haviam corrompido a realidade desde criança, somente quando a minha alegria começasse a ser usurpada, pouco a pouco, eu passaria a compreender que aquilo não se tratava da mais esplendorosa oportunidade de me tornar um escritor, como eu queria acreditar que fosse. Nem mesmo era a chance que tanto esperava para realizar algum dos meus incontáveis projetos guardados durante tanto tempo. De forma intencional ou não, seria uma espécie de sequestro da minha felicidade, enquanto eu mesmo me ludibriava que estava sendo feliz. Talvez por tudo que havia feito de errado, ou por tudo que deixei de ter sido por não ter feito o que seria correto, tenha me custado o peso de longos anos perdidos, nas intermitentes culpas das minhas deduções sobre o que não fui senão hipóteses. Porque, quando passei a ter consciência da seriedade que o mundo me exigiria, já não sabia exatamente o que era seriedade, muito menos se aquilo que eu tinha como consciência, seria proporcionalmente igual ao dos outros.

Tenho consciência de que não posso regressar ao passado para corrigir tantos erros pendentes, mas se também não sou dono nem mesmo do meu presente, resta-me somente essa estranha mania de me iludir tanto até acreditar que um dia — de um súbito repente inesperado — um inusitado chamado para realizar algo grandioso, ou um convite inopinado para fazer alguma coisa imensamente mirabolante, vai me proporcionar uma realização tão excepcional que — através desse feito — eu conseguirei reparar boa parte do prejuízo que o meu desinteresse — mesmo sem saber exatamente no que deveria ser interessado — havia me custado.

Enlevado por sonhos tão coloridos quanto as capas dos meus livros antevistas na minha imaginação com tamanha nitidez que eu poderia ser capaz de tocá-las através de qualquer outro objeto tateado pelas minhas mãos sedentas por trazer a vida o que havia fantasiado de mais lindo. E com o encantamento deslumbrado de uma criança que vai ao parque pela primeira vez na vida, eu não entrava mais nas livrarias, eu simplesmente flutuava sobre as prateleiras tomadas de histórias encapadas de papéis. Ficava entrando e saindo das diferentes seções, como quem brincava de esconde-esconde entre os contos e seus personagens desconhecidos como se fossemos amigos de infância. E quando cansava — sem deixar ninguém perceber — eu inalava o prazenteiro cheiro dos livros novos, e os folheava em direção a minha face, fazendo uma espécie de vento frio, entorpecente e mágico, permitindo que todas as palavras entrassem pela minha boca, e eu as degustava sem mais precisar lê-los para conhecê-los. Naquele instante, eu os sentia inteiramente dentro de mim.

E por um tempo indistinto, passou a ser assim: enquanto eu fantasiava com as minhas obras publicadas, a afamada Luciana Villas-Boas passava a ludibriar o meu desejo. Demonstrando um interesse dúbio, e meticuloso demais para a minha cegueira de sonhador decodificar imediatamente. Através de constantes e-mails trocados comigo — no papel do meu próprio agente — seu interesse na obtenção de dados que validassem a publicação daquele tipo de obra (em gênero e temática) servia tanto para aferição de suas conveniências pessoais, como para alimentar ainda mais a minha ilusão já tão nutrida. E sem consciência da sua prática ardilosa, ela facilmente seduzia a minha inconsciência tão alheada pela felicidade convicta de que, todos os seus interesses seriam referentes apenas aos meus livros. Principalmente, em relação à 1ª edição do livro Eu & meu Amigo **DDA**.

Não posso asseverar de que a sua maldade era racional, pois acredito que quem desfrute de racionalidade não se logre através da atávica conduta ruindade. Pois, acho que até mesmo, a mais ínfima racionalidade humana, possua alguma dose de percepção sobre o outro. Dessa maneira, ou ela algozava naturalmente, e o seu sadismo seria doloso, ou por pura insensibilidade, demonstrando um imenso talento para ser perversa, ela praticava uma espécie de sadismo culposo. Mesmo desconhecendo a existência do sadista despretensioso, isso pouco importa, pois, independente do seu propósito, ou da ausência dele, a intensidade da minha dor seria a mesma.

Entretanto, não posso assegurar que a sua perversidade era intencionalmente criminosa. Afinal, existem tantas maneiras legais de ser desonesto, que nem todos escolhem praticar o crime ilegal. E devemos ter ainda em conta que, os estúpidos são perigosos e funestos, principalmente porque as pessoas razoáveis acham difícil imaginar e entender um comportamento estúpido. Uma pessoa inteligente sabe que é inteligente. O bandido tem consciência de ser um bandido. O crédulo está penosamente ciente da sua própria credulidade. O estúpido, ao contrário de todos estes personagens, não sabe que é estúpido. Isso contribui decisivamente para dar maior força, incidência e eficácia à sua ação devastadora. O estúpido não é inibido por aquele sentimento a que os anglo-saxónicos chamam *Self-Consciousness*. Com um sorriso nos lábios, como se fizesse a coisa mais natural do mundo, o estúpido aparecerá inopinadamente para dar cabo dos seus planos, destruir a sua paz, complicar-lhe a vida e o trabalho, fazer-lhe perder dinheiro, tempo, bom humor, apetite e produtividade — e tudo isto sem malícia, sem remorsos e sem razão. ESTUPIDAMENTE!

Gostaria, inclusive, de ressaltar que — as opiniões expressas aqui não refletem necessariamente a realidade — e embora também não retratem a inverdade, pois a realidade tenha se revelado ainda pior, não tenho pretensão, interesse, nem paciência alguma para atestar que, os fatos aqui expostos estão em conformidade com a realidade dos fatos aqui não expostos. Desse modo, reitero que todas as considerações descritas neste capítulo reproduzem — a partir de tudo que vivenciei — somente uma síntese daquilo que tive como a minha perspectiva da verdade.

Devo salientar, no entanto, que a omissão de alguns episódios verídicos durante a minha narrativa, não demonstra, absolutamente, nenhuma predileção pela inverossimilhança, tampouco pela covardia ou qualquer sinônimo de precaução. Pois a sátira também sabe ser discreta, para contar verdades. Afinal, sem a ambiguidade permissível da ironia, como poderíamos acusar, contestar, ofender e debochar — de maneira tão simpática — algo que testemunhamos, e com o qual discordamos completamente? Ou como enfrentaríamos — sem outras armas que não as palavras trocistas — aquelas atitudes construídas propositalmente para nos desestabilizar, com a cínica elegância de quem finge supor aquilo que se tem como axioma?

Todavia, a prevalência da verdade é que, depois de trocarmos aproximadamente 18 e-mails (de 21 de julho de 2008 a 19 de janeiro de 2009), após fornecer-lhe informações que justificavam o investimento naquele perfil de obra, de contextualizá-la sobre os aspectos positivos em relação a comercialização de livros abordando o Transtorno do Déficit de Atenção com Hiperatividade (**TDAH**), de mencionar a quantidade de exemplares vendidos por outros livros, em gêneros diferentes, mas sobre o mesmo assunto. Dados esses, apresentados, inclusive, como respostas as astuciosas indagações feitas por ela.

Posteriormente, conhecendo toda viabilidade para publicação do meu livro Eu & meu Amigo **DDA** — conforme foi apresentado em números e projeções: os motivos, as justificativas, o público-alvo etc. Em Abril de 2010, coincidentemente intencional, ou por pura casualidade premeditada, através da *Verus Editora* (um dos 14 ou 15 selos do Grupo Editorial Record) é publicado "ocasionalmente" um livro com a mesma temática e gênero que o meu: uma autobiografia traduzida (conforme eles preferem) intitulada, *Minha Mãe Tem um Filho Hiperativo — A Vida e a Mente de uma Pessoa com Transtorno de Déficit de Atenção e Hiperatividade.*

Eu até acredito em acaso, destino, sorte, simultaneidade, Sincronicidade, tarô, duendes etc. O problema é que algumas coincidências coincidem tanto, a ponto da própria casualidade ludibriar a lógica enquanto a dúvida pergunta para certeza: foi tudo mesmo tão casualmente? E independente do fato de acreditar que ela tenha agido com estratagema e má-fé, ao asseverarem na sinopse que o livro "... traz uma abordagem singular e reveladora do transtorno de déficit de atenção e hiperatividade, pois é o único livro narrado por um jovem portador do distúrbio." — eles ignoram o meu pioneirismo, desconsideram o meu trabalho, e rebaixam a validade da minha obra.

Entretanto, como normalmente, não sou juiz nem mesmo do meu juízo. Tanto pela presença instável dele na suprema corte da minha consciência, quanto pela minha profunda falta de conhecimento em relação aos princípios básicos do direito — deixarei disponível — no final deste capítulo um <u>link</u> com todos os e-mails trocados entre o meu agente literário, Jota Andrade (também conhecido como eu mesmo) e a Sra. Luciana Villas-Boas. Dessa maneira, você mesmo poderá formular suas próprias conclusões. No entanto, com bem mais consistência, lendo o desfecho deste capítulo.

Sendo assim, antes de concluí-lo, com intento de apresentar um breve esclarecimento ao leitor sobre as condições do mercado editorial brasileiro, destaco que ao decurso dos anos 80, no gênero literário de ficção, dos 100 títulos listados entre os 10 mais vendidos no Brasil, apenas 26 livros pertenciam a 13 autores nacionais, enquanto os outros 74 títulos eram de autores estrangeiros. Na década seguinte (entre 1990 e 1999) dos 10 títulos de ficção mais vendidos entre os 100 títulos resultantes, 48 eram de autores nacionais. No entanto, apesar do aparente crescimento, somente as obras do autor Paulo Coelho, representavam 20 desses 48 títulos. O que, proporcionalmente, apresentou certa estagnação no mercado editorial nacional, com um insignificante acréscimo de apenas 2 obras. Contudo, foi durante o funesto mês de abril de 2010 que, os escritores nacionais foram, subitamente, abduzidos. Dos 100 títulos presentes na mesma listagem concernente ao gênero de ficção, 10 entre os 10 livros mais vendidos no Brasil eram de autores estrangeiros.

Mas, como diante de tudo aquilo em que a ausência de lógica se revela incoerente demais, eu costumo cogitar o impossível, indaguei-me azoinado: *será que teriam morrido tantos autores nacionais que justificasse essa nefasta estatística? E supondo que, todos eles tivessem, repentinamente, morridos de alguma maneira surreal — não teria nascido nem mais um único autor nacional de ficção?* Intrigado, recordo-me casualmente, das sabias palavras de Fernando Sabino:

"Matar não é tão grave como impedir que alguém nasça, tirar a sua única oportunidade de ser. O aborto é o mais horrendo e abjeto dos crimes. Nada mais terrível do que não ter nascido". Suscitam-se a partir daí as primeiras dúvidas: "Afinal, quem estaria abortando todos esses autores nacionais? Quantos escritores desistiram de seguir a literatura por terem sido privados, antes mesmo de suas histórias nascerem?" — Logo mais, mencionarei o que provavelmente aconteceu, e quem seriam esses "supostos" aborteiros.

Vale relembrar que, durante esse longo período de americanização, mais precisamente no ano de 2006 — após figurar por 200 semanas na lista dos mais vendidos do *New York Times* — entre os tantos clássicos estrangeiros que alimentam o nosso esfomeado aculturamento, *O Segredo*, da ilustre desconhecida, *Rhonda Byrne*, chegou ao Brasil como um dos mais promitentes livros milagreiros do ano. Não muito diferente de todo conteúdo engabelador que formam os livros de autoajuda, e inspirado na lei da atração, ensina como exercitar pensamentos positivos para elevar autoestima, conquistar riquezas, resolver problemas de saúde, alcançar a felicidade, e todas as outras coisas almejadas por todos os mortais. Vendeu mais de 19 milhões de exemplares em todo o mundo, e aproximadamente, 2 milhões somente aqui no Brasil.

Não sei quantos leitores nacionais conseguiram enriquecer, melhoraram suas autoestimas, atingiram plenas felicidades, e mantiveram suas vidas em perfeita harmonia e saúde, em virtude dos ensinamentos desse livro. Eu, particularmente, acredito muito mais na eficiência da consulta aos orixás através do jogo de búzios de um bom pai de santo, ou naquilo que revelam as cartas do tarô jogadas por uma cartomante experiente, do que todas as receitas escritas em livros de autoajuda com fórmulas prontas para fazer todo tipo de gente feliz como se fossem receitas de bolo, e fazendo de bobo todos aqueles que pensam que serão felizes, seguindo os ingredientes dos bolos.

Confesso que jamais compreendi a serventia da Biblioteca Nacional (BN), da Câmara Brasileira do Livro (CBL), muito menos a utilidade da Academia Brasileira de Letras (ABL) e dos seus fantasmas imortais, caricaturados de super-heróis aposentados com suas mortalhas bordadas de ouro, chapéu de veludo preto com plumas brancas, e suas espadas enferrujadas desajeitadas nas cinturas. No entanto, em Abril de 2011, na mais explícita demonstração de caduquice institucionalizada, e da decadência da literatura nacional, os ociosos imortais da ABL, na ausência de escritores, sobriedade, respeito e sem nada de mais útil para fazer, resolveram — como quem decide algo desponderado de critérios — simplesmente, homenagear o jogador Ronaldinho Gaúcho, e o Técnico Vanderlei Luxemburgo com a máxima honraria da literatura brasileira, a medalha Machado de Assis.

Entretanto, afora o estapafúrdio absurdo dessa atitude, conforme já havia dito anteriormente: diante de tudo aquilo em que a ausência de sensatez se mostra desconexa demais, eu costumo ponderar o extraordinário. Seguindo assim, em minhas divagações mais desvairados, passei então a cogitar que no final do mesmo ano, em reciprocidade ao gesto contraditório da ABL, os mortais da Confederação Brasileira de Futebol (CBF) também poderiam querer me prestigiar com o troféu Rei da Bola, como melhor jogador da temporada.

Gostaria de aproveitar, enquanto o meu futuro como escritor ainda é tão incerto quanto o de Ronaldinho Gaúcho, para deixar expresso e registrado aqui, que, quando eu me tornar um renomado autor, de maneira alguma, em nenhum momento, ainda que eleito, convidado, convocado, intimado, forçado, ou por qualquer outra forma que vague além da vontade que não tenho, eu jamais aceitarei participar da Academia Brasileira de Letras (ABL). Não pretendo vestir aquele abadá ridículo, sentar naquelas velhas cadeiras empoeiradas, compartilhar o chá das quintas-feiras com as múmias discutindo necrologias, e viver na imortalidade de quem ainda está vivo, fazendo parte de uma entidade que deveria exercer alguma relevância social, mas que não faz nada além de assombrar aqueles que não sabem identificar o seu verdadeiro estado semiânime. Pois, se estão vivos, são igualmente passivos como os mortos. E estando mortos, exercem a mesma importância de suas atribuições fantasmagórica.

Então, nesse instante você talvez deva estar se questionando: quem eram os aborteiros dos autores nacionais de ficção? O que teria a então senhora Luciana Villas-Boas em relação a tudo isso? Qual o livro preferido do Ronaldinho Gaúcho? Em confluência com todo esse retrocesso, também começarei pelo final: não faço a menor ideia quanto ao livro preferido do Ronaldinho Gaúcho, pois na solenidade, quando perguntado sobre sua obra preferida, ele disse em alto e bom som que "não tinha um livro preferido, e nem possuía o hábito da leitura". Seguidamente é importante destacar que a Editora Record, no período em que Luciana Villas-Boas era diretora editorial do Grupo, enquanto publicavam cerca de 450 títulos por ano, durante 12 (DOZE) anos, lançaram somente 2 (DOIS) livros, dos inúmeros originais que são enviados diariamente pelos correios por escritores desconhecidos, mas cheios de esperança.

Quanto aos abortados, um passarinho mudo, certa noite pousou no monitor do meu computador e me contou que eles teriam sido vítimas de uma chacina praticada pelos interesses mesquinhos de uma quadrilha formada por 4 "grandes" veículos de comunicação: Veja, Folha, Globo e Estadão, e os espúrios donos de uma editora desprovidos de comprometimentos morais. Dessa forma, a revista e os jornais passaram a manipular as listas dos livros mais vendidos, em reciprocidade, o rufianismo editorial investiria valores elevados nos livros medíocres dos seus néscios e marafonas colunistas.

Logo, enquanto a editora priorizava a tradução de livros estrangeiros, mantinha suas permutas pelos jabás na publicação dos livros de qualquer colunista da sua facção, e relançava apenas novas edições de obras nacionais já consagradas, de renomados autores falecidos, os novatos permaneceriam sendo abordados prematuramente. E assim, depois do romance, da fábula, do conto, da crônica, da novela, surgiu a partir de então, um novo estilo literário. Sob forte influência do Maquiavelismo, e inspirado nas técnicas de retórica proposta por Goebbels, através de palavrórios em circunlóquios monotemáticos nascia o *Neo-Hebetismo*. Teve como precursor, o desenxabido Diogo Mainardi, e como seus principais *servum pecus*: o nauseabundo, Reinaldo Azevedo, e o ascendente de oprobrioso, Rodrigo Constantino.

Não muito diferente ao *Index Librorum Prohibitorum*, que era a lista dos livros proibidos pela Igreja Católica, durante a Inquisição, a revista veja também vigiava a lista dos mais vendidos para propiciar uma ampla divulgação aos livros da Record, enquanto condenava-se a morte inúmeros autores com suas historias jamais contadas. Garantindo assim, a retroalimentação continua do investimento, e da fomentação na ignorância nacional. e se as coisas já funcionavam de maneira tão indecorosa e despudorada, imaginem a partir de 2003, quando o redator-chefe da revista Veja, Mário Sabino engatou um namoro, que duraria 4 anos, com a diretora editorial da Record, Luciana Villas-Boas. E como bem dizia Luther King: *"Nada no mundo é mais perigoso que a ignorância sincera e a estupidez conscienciosa"*.

Durante esse longo período de prostituição corporativa, ocorreram trocas de favores tão estrambólicos que desencadearam ressentimentos e revoltas, tanto por parte das editoras concorrentes, como das seções de lançamento de livros de outras publicações. Contudo, através dessa estreita relação entre alcoviteiros e alcovitados, onde os agentes da promiscuidade se revezavam entre ativos e passivos, a seção de Livros de *Veja* passou a dar tratamento especializado para a Record — e a *Record* pagava para *Veja*, o anúncio de seus lançamentos mais relevantes... Bem, se a expressão relevante tiver o mesmo significado do que está definido no dicionário, não sei o que poderia ter sido criado com tamanha relevância por pessoas tão irrelevantes para serem lançados por jabazeiros.

Decerto, todo esse processo de degeneração, justifique em grande parte por que, durante todos os dias da Bienal Internacional do Livro de São Paulo de 2016, permeio a personagens de *Game of Thrones*, Vampiros, bruxos, e jovens *Cosplays* fantasiados de animes, *Mangás*, *Comics* — não existia ninguém caracterizado de Mônica, Cebolinha, Magali, Cascão, Bidu, ou qualquer outro personagem que fale Oxente, Ave, Eita, Vixe, etc. E justifique também porque todos os anos, no dia 31 de outubro celebramos o Halloween, ao invés de comemorarmos o dia nacional da poesia brasileira, data criada, inclusive, em homenagem ao nascimento do poeta brasileiro mais influente do século XX, Carlos Drummond de Andrade. Além de ser também o dia do nosso Saci Pererê.

Entretanto, antes que nossos netos tenham que estudar a série completa Diários do Vampiro de L. J. Smith para responder as provas de vestibular. Antes que resolvam derrubar a escultura de Machado de Assis no jardim da Academia Brasileira de Letras para erguerem uma maior do Dan Brown, que achem mais patriótico construir uma estátua em ouro da escritora Joanne Rowling, no lugar da de bronze de Carlos Drummond de Andrade na orla de Copacabana, antes que decidam transfigurar o Saci-Pererê em Harry Potter, e antes que passem a plantar *Cookies*, *Donuts* e *Pretzels* nas nossas lavouras de soja, milho e cana-de-açúcar, fico ainda imaginando-me: *Qual seria a nossa religião, se porventura a publicação da*

Bíblia dependesse da apreciação dos mecenas Autoxenofóbicos da Editora Record? Seríamos ateístas, teríamos algum colunista canonizado para orarmos, ou arrumariam um Deus americanizado como eles preferem?

Agora, depois de saber um pouco mais sobre a verdadeira profissão da Sra. em questão, e compreender superficialmente como funciona o comércio no mercado editorial brasileiro, diga-me se a sua ingenuidade permitiria acreditar — assim como eu acreditei por desconhecer as possíveis consequências em desacreditar que — ela teria realmente agido sem a menor intenção, teria sido tudo apenas uma mera coincidência tão premeditada assim, ou será que algum outro funcionário, do mesmo grupo editorial, porém ainda mais dotado de habilidades telepáticas, teria acessado o cérebro dela e extraído todas essas informações via cabo USB?

CAPÍTULO 14

O Fulano de Tal – Vice-Presidente Da ABDA

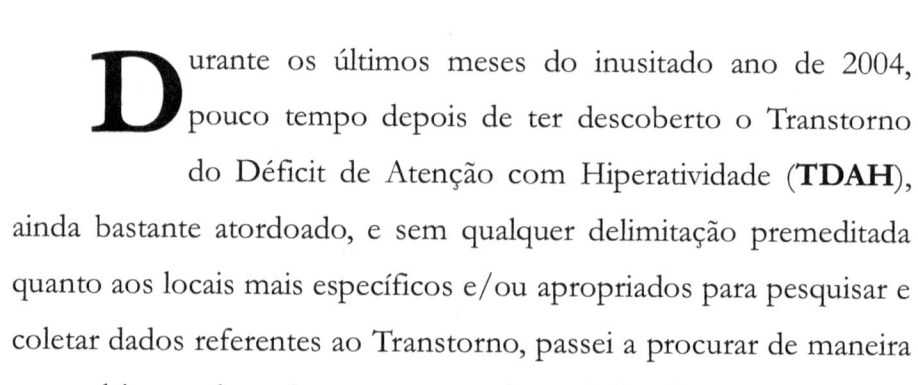

Durante os últimos meses do inusitado ano de 2004, pouco tempo depois de ter descoberto o Transtorno do Déficit de Atenção com Hiperatividade (**TDAH**), ainda bastante atordoado, e sem qualquer delimitação premeditada quanto aos locais mais específicos e/ou apropriados para pesquisar e coletar dados referentes ao Transtorno, passei a procurar de maneira compulsiva e aleatoriamente nas mais variadas fontes em que as informações relativas ao assunto estivessem facilmente acessíveis. Tanto para ampliar a minha compreensão sobre aquilo que eu tinha — quanto para quiçá, descobrir, algumas possíveis técnicas, métodos e/ou estratégias que pudessem minorar alguns dos sintomas mais negativos, prejudiciais e limitantes do transtorno.

Dessa forma, tão logo descobri a existência de um site intitulado <u>ABDA</u> (Associação Brasileira do Déficit de Atenção), não controlei, nem por motivo, nem por razão, o meu impulso, e ligeiramente tratei de me tornar filiado. Sentia que, diferentemente daqueles ímpetos que sempre me incitavam a agir de forma inconsequente, aquela necessidade imperiosa — mesmo sem avaliar as possíveis consequências — não demonstrava qualquer tipo de risco. Muito pelo contrário, trazia consigo algum significado de esperança, de recomeço, de alívio, de descobertas, de novidades. Afinal, ser diagnosticado com um transtorno mental condicionado a um déficit cognitivo, além de trazer agregado um transtorno comórbido de aprendizagem (a dislexia), não era uma descoberta tão agradável como quando se toma conhecimento de que aquela garota mais cotada do colégio está interessada em você. Muito menos saber que a sua condição, proporciona uma habilidade social reduzida e que, consequentemente, isso pode desencadear uma série de rebaixamento moral, com efeito negativo da própria imagem. Favorecendo o retraimento social, e/ou desenvolvendo sensações de inferioridade nas mais diferentes áreas de atuação.

Não me recordo, entretanto, se esqueci da importância, ou se do contrário, lembrei-me de esquecer justamente pela ausência de qualquer importância se, naquela ocasião cheguei a pagar alguma taxa de adesão. Afinal, ao me cadastrar na ABDA, somente pelo seu título reportar a conotação abrangendo uma entidade nacional destinada apenas a prestações de serviços referentes ao meu transtorno, já transmitia a mais diminuta credibilidade que, naquela época serviria para despertar o meu interesse. Contudo, imaginei — e creio que a minha imaginação algumas vezes ocorre muito mais por racionalidade que por divagações que — certamente, no site da então Associação Brasileira do Déficit de Atenção (ABDA), eu encontraria as informações mais relevantes sobre o **TDAH** disponíveis no país. Tais como dados atualizados, tipos de tratamentos alternativos, estratégias, as abordagem psicoterápicas mais eficazes, etc.

E talvez eles até possuíssem não apenas todas essas informações que eu esperava encontrar, como até poderiam dispor das mais valiosas fontes de conhecimentos sobre o transtorno acervado no país. Entretanto, como sou brasileiro, e os artigos disponibilizados (ao menos naquele período) eram todos em inglês, não pude assegurar a importância do seu conteúdo. Do contrário, no entanto, pude presumir mentalmente que — ao revés de me manter inteirado — eu acabaria era agregando mais um novo problema: *além de driblar o* **TDAH**, *sustentar o foco, superar a Dislexia, e não me deixar seduzir pelos encantos dos distratores, ainda por cima eu teria que recorrer ao meu péssimo inglês para tentar traduzir cada texto que quisesse ler.* Vale salientar que nessa época não existia nenhum dos recursos do Google para traduções simultâneas.

Parcialmente desapontado, mas considerando que mediante o extremismo presente na maioria das pessoas com **TDAH**, a parcialidade costuma representar muito mais do que a metade, encaminhei-lhes um e-mail (em português) através do canal de atendimento do site, apenas para manifestar a minha insatisfação quanto ao idioma dos textos. Não recordo se obtive respostas, mas se obtive, decerto não foi algo tão expressivo para merecer um espaço no meu exíguo hipocampo confuso, bagunçado e com recordações muito mais significativas.

Posteriormente, constatando que os textos permaneciam em inglês, enquanto eu ainda continuava falando português, tomado pelo mesmo entusiasmo que me cadastrei no site, também me desliguei totalmente da Associação Brasileira que se comunicava em inglês.

Algum tempo depois, com a 1ª edição deste livro já publicado, comercializado e relativamente bem divulgado, resolvi — desprovido de qualquer motivo coerente para isso — tornar a visitar o site da ABDA. Todavia, não sei se por lógica, vaidade — ou talvez por aquela vaidade possuir alguma lógica — nem reparei se os textos permaneciam em inglês, alemão, mandarim, ou japonês. Naquela nova ocasião, me desagradou muito mais o fato de justamente, na seção destinada a recomendações de leituras sobre o **TDAH**, mencionarem diversos livros, dos mais variados autores, exceto o meu. Não que eles fossem obrigados a citá-lo entre seus referenciais bibliográficos, muito menos teriam o dever de recomendá-lo aos seus leitores, mas o livro não apenas abordava o mesmo tema tão defendido por eles, como também era o primeiro relato autobiográfico sobre o **TDAH**. Presumi, portanto que, seria além de coerente, uma atitude bastante simpática por parte deles. Entretanto, talvez por terem permanecido por um longo tempo tornando acessíveis os artigos somente em inglês, quem sabe seus leitores teriam desaprendido o português, e por isso não seriam capazes de ler o meu livro. Ou quem sabe, se o meu livro trouxesse algum logotipo de um dos seus patrocinadores que, "coincidentemente por acaso", são os mesmos laboratórios fabricantes dos principais medicamentos para o tratamento do **TDAH** no país. Ou em síntese, se agir apenas por simpatia fosse algum atributo rentável, ou passivo de permutações.

Contudo, da mesma maneira em que a ausência de uma editora nacional para lançar a 1ª edição deste meu livro, havia me causado uma sensação de desprestígio, entretanto, deixava-me absolutamente livre de acordos, formais ou tácitos que me compelisse a agir amistosamente, por simpatias ou cumplicidades, o mesmo ocorreu com a ausência do meu livro entre as recomendações de leitura no site da ABDA.

Casualmente, em Setembro de 2012, uma grande amiga paulista, havia conhecido um Fulano de Tal — que era psicólogo, chamava-se Ronaldo Ferreira Ramos, mas se apresentava como Vice-Presidente da Associação Brasileira do Déficit de Atenção (ABDA). Era como se o seu nome de batismo fosse um mero apelido, ao passo em que o seu cargo simbolizava o prenome de batismo.

Com boa intenção — ao menos por parte dela — vislumbrando apenas alguma correlação lógica entre a nossa área de atuação, contou-lhe sobre o meu livro, a minha história com o transtorno, e através de uma rede social me apresentou ao Fulano de Tal. E mesmo sem que eu fizesse a menor questão de conhecê-lo, também achei que teríamos algo em comum, ou pelo menos, poderíamos dialogar sobre aquilo que ela achava que tínhamos em comum.

Nas suas primeiras mensagens para mim, afora alguns tipos de erros ortográficos esdrúxulos: *"Gostaria que vc encaminhace dois exemplares de seu livro, um para mim e outro para a presidencia da ABDA"*, ele demonstrava até ser um sujeito limitadamente educado.

Lacônico, restringindo-se sempre a poucas palavras — talvez, até mesmo para evitar a exposição de tamanha obtusidade — pediu para que eu entrasse em contato com ele, alegando querer saber mais sobre o meu livro, solicitando que encaminhasse um ou dois exemplares para a ABDA. Na sua última mensagem, ainda forçosamente educado, e igualmente restrito, confirmou ter acabado de receber os exemplares do meu livro, e disse que em breve estaria lendo.

Se eu fosse de fato um cara irônico, cogitaria que ele não teria lido, em decorrência de algum Transtorno de Aprendizagem; manifestado naqueles erros gramaticais do ensino básico. O que justificaria o seu bronco iletrismo, mas não justificaria o seu descaso. Porém, se eu fosse um cara irônico e impulsivo, considerando que os erros ortográficos cometidos por ele, sem a presença de outras dificuldades da expressão escrita, não validariam um diagnóstico, lhe isentaria de um Transtorno da Aprendizagem, mas o aproximaria da condição de um Analfabetismo Funcional. O que justificaria a sua incapacitação para ter conseguido ler meu livro. Entretanto, sabia que ele simplesmente poderia não ter gostado do livro, ou nem mesmo ter tido tempo para lê-lo, o que seria algo absolutamente normal. Ou talvez, teria ficado desapontado com o fora que, decerto minha amiga, inteligentemente teria lhe dado, e descontou em mim. Ou não tenha gostado quando posteriormente descobriu — o que nunca foi segredo — que eu havia apresentado uma denuncia ao Ministério Público Federal (MPF) onde mencionava a postura indecorosa de alguns dos seus coleguinhas anéticos. E, somente por não ter aprovado suas reprováveis condutas, tornei-me *Persona* **"TÃO"** *Non Grata* pela ABDA que fui vítima da cômica represália de ficar privado até mesmo do direito de poder curtir a página deles no Facebook. Ainda que eu não tenha o menor interesse em gozar desse penoso direito.

E mesmo considerando que todas as minhas conjecturas estivessem corretas, ou do contrário, ainda que todas elas estivessem erradas, nada eliminaria o fato de um *pseudoespecialista* em **TDAH**, mesmo por meio daquele seu insipiente vocabulário, não me elogiar pela obra, ou — pelo menos — me agradecer pelos livros encaminhados sem ônus nem interessado algum. Entretanto, com a sinceridade íntegra de quem agradece e depois não ignora. Atitudes, que além de educadas, são frequentemente sugeridas nas atuações entre profissionais e pessoas com **TDAH**. Sabe-se lá porque, muito menos de onde eu desenvolvi uma ótima autoestima, e diante da pequenez demonstrada por ele — mesmo sem levar em consideração seus desengraçados aspectos físicos — minha autoconfiança se tornava ainda mais robusta.

Passado o tempo suficiente para o que não havia sido em nada relevante para — se deter a calendários — mediante a insignificância do episódio, no dia 27 de junho de 2016, sem muita coisa para fazer, e nenhuma reflexão sóbria que justificasse a minha atitude resolvi escrever-lhe:

Prezado desestimado Ronaldo. Como vai?

Escrevo-lhe pela ausência do que fazer e para avisar que, em respeito ao que lhe faltou comigo, AINDA NESTE ANO, estarei retribuindo toda a sua incúria em um dos capítulos da 2ª edição do meu livro, EU & MEU AMIGO **DDA**.

Afinal, diante de comportamentos iguais ao seu podemos reparar que sempre existirá um Déficit de Atenção incurável: aquele que procede da demonstração de desinteresse, desrespeito ou desleixo.

Cordialmente agradecido. Mesmo Sem saber por quê.

Marcus Deminco

CAPÍTULO 15

A Minha Polemizada Denúncia

Ao decurso do primeiro semestre de 2013, após mais de quatro meses sem a distribuição da Ritalina de 10 mg em todo o território nacional, diante do silêncio acumpliciado de todos aqueles que deveriam falar, eu resolvi manifestar toda a minha indignação. Portanto, já que iria me expor, como costumo ser exagerado na desmedida exata, certamente não conseguiria revelar nada somente pela metade. Dessa forma, e em conformidade com as sábias palavras de Johann Goethe: "O homem de bom senso jamais comete uma loucura de pouca importância" — através de um e-mail aberto, disponibilizado na internet — no dia 2 de maio desse mesmo ano, apresentei ao Ministério Público Federal (MPF) uma Denúncia versando sobre supostas irregularidades praticadas pela Agência Nacional de Vigilância Sanitária (ANVISA), o Laboratório Novartis (Fabricante da Ritalina), e a atuação indecorosa de alguns dos mais renomados especialistas nacionais em **TDAH**. Por conseguinte, reproduzo abaixo parte das peças de informação da minha representação.

Prezados (as) Srs. (as). Bom dia!

Chamo-me Marcus Deminco. Sou Escritor, Psicólogo, Professor de Educação Física, Tutor de Programação Neurolinguística, Doutor Honoris Causa em **TDAH**, autor do livro **EU & MEU AMIGO DDA (Autobiografia de um portador do Distúrbio do Déficit de Atenção)**, tenho Transtorno do Déficit de Atenção com Hiperatividade, e também faço uso da Ritalina (Cloridrato de Metilfenidato). **Será que alguns de vocês já ouviram falar alguma coisa sobre isso?** Eu prefiro presumir que não. Pois, somente dessa maneira, poderei camuflar a minha certeza para não admitir como provável, a coexistência de alguma forma negligente de omissão: nem fantasiada de descaso e/ou malvestida de ignorância. E, muito embora restem ainda alguns cacarecos com um cheiro forte de conivência, eu acredito — apenas para aparentar a simpatia de um idiota passivo — que se ouviram falar, possivelmente não escutaram o que ouviram, ou aprenderam ouvindo de quem não sabia explicar. E quando se aprende algo errado, com a certeza de que conheceu o correto, inevitavelmente, tende-se a cometer inúmeros equívocos, no entanto, sem a menor capacidade para discernir o que está errado, já que desconhece o certo.

O pior, porém, é quando a presunção do pensar que se sabe torna-se maior do que a consciência de enxergar os primitivos erros. Tende-se a cometer cada vez novos erros, em evolutivas e desmedidas proporções. E no momento em que algo de muito grave acontece — como possivelmente esteja acontecendo agora — por não julgarem suas condutas descuradas, instintivamente, sairão procurando quem foram os culpados pelos seus erros. Como bem dizia Nietzsche: *"As convicções são inimigas mais perigosas da verdade do que as mentiras"*.

Sempre que sou convidado por algum veiculo de comunicação para conceder uma entrevista falando sobre o **TDAH**, acabo me defrontando com algumas indagações perigosas de serem respondidas. Não apenas pelas suas possíveis consequências, mas, principalmente, porque elas deveriam ser respondidas por alguns de vocês. Entretanto, se ninguém até agora falou nada, sobre aquilo que sempre falavam tanto, atrevo-me a falar pela mudez de vocês. Pois, bem como afirmava Luther King: "A covardia coloca a questão: **É Seguro?** O comodismo coloca a questão: **É Popular?** A etiqueta coloca a questão: **É Elegante?** Mas a consciência coloca a questão: **É Correto?** E chega a uma altura em que temos de tomar uma posição que não é segura, não é elegante, não é popular, mas o temos de fazer porque a nossa consciência nos diz que é essa a **Atitude Correta"**.

Então, seguindo os brados da minha consciência moral, em respeito ao desrespeito que — tanto a Agência Nacional de Vigilância Sanitária (ANVISA) quanto a Novartis e seus "~~apadrinhados~~ patrocinados" — estão destratando os milhões de brasileiros que possuem o Transtorno do Déficit de Atenção com Hiperatividade (**TDAH**), juntamente com seus familiares, decidi atender aos apelos incontroláveis do meu córtex orbito frontal e escrever-lhes de forma aberta. Assim — além de tentarem elucidar algumas questões que já deveriam ter sido esclarecidas — vocês poderiam aproveitar para definir uma resposta sóbria, entre nenhuma sensata que possa relatar como ocorreu o que nunca houve. Ou talvez — como quem sabe daquilo que não se conhece — possam ainda conseguir explicar o inexplicável.

Admitindo, de antemão, a minha juridicidade totalmente ignorante. Mas, ignorantemente consciente das gravidades dos fatos, solicito respeitosamente ao **Ministério Público Federal (MPF)** que apure o quanto existe de verdade, entre todos esses meus achismos apresentados no texto abaixo. Sobretudo, concernente aos fatos inseridos nos links dos tópicos **2** e **3**:

1. Sobre a falta de Ritalina 10 mg e as contraditórias justificativas.

Enquanto por meio de nota a Novartis afirmava que a falta do medicamento ocorreu em virtude de um "atraso" nas autorizações de importação do **princípio ativo**, uma Bióloga da Novartis me telefonava dizendo que o problema era decorrente do "atraso" na autorização **dos sais**, e por e-mail, um funcionário alegava que o "atraso" teria sido em virtude de uma greve da ANVISA. O "atraso", usado sempre por eles como eufemismo de falta — tanto do remédio quanto do respeito — teve ainda sua culpa atribuída a um incêndio de proporções infimamente devastadoras. E apesar desse fato aparentar-se com o descrédito das precedentes patranhas, era talvez, a única verdade nesse grande trololó.

Embora tenha ficado ligeiramente perplexo por encontrar uma verdade perdida embaixo de tantas mentirolas, o que me deixou ainda mais impressionado foi a personalidade do fogo. Sua chama estava realmente decidida a contrariar a lógica: selecionou, separou, catou e escolheu queimar, somente os comprimidos sólidos com partículas de enchimento das Ritalinas de 10 mg, ao revés das cápsulas revestidas por esferas de sacarose, copolímero de metacrilato de amônio, copolímero de ácido metacrílico etc. das Ritalinas LA. Será que o fogo era independente da razão ou tão dependente da droga assim?

1.1 Depois das mentiras concretas vieram as verdades abstratas.

No dia 16 de Abril de 2013 — em mais uma resposta colada como para as tantas outras reclamações disponíveis no site: *Reclame Aqui*, alguém da Novartis afirmava que a regularização estava **prevista para a última semana de abril**. Apenas quatro dias depois, disponibilizaram um comunicado por meio da internet, apresentando uma nova justificativa que também não justificava nada de novo, deixando óbvio que o atraso não havia sido em virtude de todas as outras mentiras precedentes. O novo comunicado contradizia o que haviam dito: a previsão do reabastecimento do mercado nacional mudou da última semana de abril para até o **final do mês de maio de 2013**.

Em reciprocidade a tamanha falta de respeito, no dia 26 de junho, por intermédio desse mesmo site, demonstrei que muitas vezes falamos brincando apenas como uma maneira gentil de dizer algumas verdades sem ser ofensivo. Entretanto, sabia que essa técnica jamais deveria ser praticada para com aqueles que, nem mesmo brincando são capazes de revelar alguma verdade. E como descaso não combina com nenhuma expressão de gracejo, sem a menor preocupação em ser gentil, e já consciente de que não teria qualquer acesso aquela informação tão enrustida, achei que pelo deboche — ao menos — os ridicularizariam enquanto externava parte da minha indignação. E ao invés da reclamação preferi a indagação trocista:

Prezado (a) Sr. (a) Fulano (a) de Tal.

Se diariamente, durante 9 anos Joãozinho fazia uso de 4 comprimidos do medicamento Ritalina de 10 mg, mas de repente, gozando da autonomia soberana que a inobservância da ANVISA concedeu-lhes, o Laboratório Novartis resolveu simplesmente interromper seu fornecimento por quase 5 meses. Com receio das possíveis reações adversas (inseridas na própria bula do medicamento) Joãozinho decide comprar a Ritalina sem receita, no mercado negro. Assinale abaixo a alternativa correspondente a quem teria cometido o crime mais grave:

a) O Laboratório Novartis

b) A ANVISA

c) Joãozinho

d) Quem vendeu o medicamento que nem havia entrado na história.

e) NRA (Nenhuma das Respostas Acima)

Ainda nesse mesmo dia, sem assinalarem nenhuma das alternativas propostas por mim, obtive como resposta da empresa:

Prezado (a) senhor (a),

Agradecemos o contato e informamos que esta caixa de mensagens é utilizada exclusivamente para atendimento às áreas internas da ANVISA e aos entes do sistema nacional de vigilância sanitária, assim como para o recebimento de alguns e-mails com anexo.
Para maior celeridade e controle:
Em caso de denúncias, reclamações, sugestões ou elogios, favor preencher o formulário eletrônico acessando o link: http://www1.anvisa.gov.br/ouvidoria/cadastroprocedimentointer netact.do?metodo=inicia

• Em caso de informações, dúvidas ou solicitações de vistas e cópias de processos/documentos, favor entrar em contato com a central de atendimento telefônico 0800-6429782;

• Em caso de agendamento de reuniões das empresas com as áreas técnicas, favor acessar o sistema parlatório;

• CORRESPONDÊNCIAS:

ANVISA
SIA Trecho 05 Área Especial 57
CEP: 71.205-050
Brasília - DF
Atenciosamente,
Ouvidoria/ANVISA
Esta é uma mensagem automática. Favor não responder.

Muitas vezes, não sei até onde vai à compreensão de algumas pessoas sobre o **TDAH**, todavia, depois de ler algo tão alienante assim, também não sou capaz de prever até onde possa chegar a ignorância de outras. Era evidente que eu não responderia novamente, o que seria dispensável a redundância de me pedirem o favor daquilo que já me parecia lógico: não responder a uma mensagem automática. Mas, como atenciosamente é utilizada em mensagem para expressar que o remetente dedica toda atenção ao assunto, também não entendi como um e-mail automático poderia ter sido atencioso.

Posteriormente, sem nenhuma justificativa plausível, o laboratório passou a demonstrar querer saber somente a partir daquele fato, tudo aquilo que já deveriam saber muito antes. E de forma retardada com a lógica, começaram a responder algumas reclamações enfatizando uma preocupação tão excessiva quanto alienada: esqueciam até mesmo dos próprios efeitos adversos existentes na bula.

> **(a)** Como em sua mensagem faz referência a "... ter interrompido está me prejudicando muito...", com a finalidade de proporcionar segurança aos consumidores, gostaríamos de receber mais informações a respeito, por isso, caso seja possível, solicitamos que, por favor, nos contate pelo telefone 0800 888 3003, opção 2, (Segunda a Sexta-feira das 8h às 17h) e informe o número do caso 01006206.1.

(b) Como em sua mensagem faz a referência "Meu filho ficou agressivo nas primeiras semanas e agora enfrenta uma DRÁSTICA REDUÇÃO DO RENDIMENTO ESCOLAR" durante o tratamento com medicamento Novartis, com a finalidade de proporcionar segurança aos consumidores gostaríamos de receber mais informações a respeito, por isso, caso seja possível, solicitamos que, por favor, nos contate pelo telefone 0800 888 3003, opção 2, (segunda a sexta-feira, das 08h às 17h) e informe o número do caso 01003269.

(c) Como em sua mensagem faz a referência "... Sinto-me frustrado em depender de um medicamento..." durante o tratamento com medicamento Novartis, com a finalidade de proporcionar segurança aos consumidores gostaríamos de receber mais informações a respeito, por isso, caso seja possível, solicitamos que, por favor, nos contate pelo telefone 0800 888 3003, opção 2, (segunda a sexta-feira, das 08h às 17h) e informe o número do caso 01000457.

Dessa forma, fiquei absorto entre as mais variadas dúvidas: Será que eram atendentes em período inicial de treinamento que respondiam os e-mails, estávamos falando a respeito do mesmo medicamento, ou eles nunca haviam lido a bula do remédio anteriormente? E quanto à falta da Ritalina de 10 mg:

a) Seria pela ausência do Metilfenidato (principio ativo)?

b) Pela falta do Sal (Cloridrato)?

c) Pela falta de respeito?

d) A bióloga da Novartis entende menos de biologia do que eu?

e) A ANVISA finalmente resolveu perceber o prognóstico já sabido e avisado por qualquer especialista menos renomado e mais especialista, menos comprometido com o seu partidarismo e mais comprometido com gente?

f) Ou todas as alternativas anteriores estão corretas?

2. ANVISA X NOVARTIS — Houve Crime?

No país onde somos muito mais cobrados pelos cumprimentos dos deveres, acabamos pouco sabendo sobre os nossos direitos. Afora o de que nem todos os direitos, dentre os poucos que sabemos, servirão de fato para alguma coisa. Por conseguinte, recorro **AQUI** ao Ministério Público que avalie, releve e/ou retifique todos os meus possíveis equívocos.

O seguinte Art. 10 da Medida Provisória N° 2.190-34 de 23 de Agosto de 2001 em seu inciso XXXIX ainda está em vigor?

> Interromper, suspender ou reduzir, sem justa causa, a produção ou distribuição de medicamentos de tarja vermelha, de uso continuado ou essencial à saúde do indivíduo, ou de tarja preta, provocando o desabastecimento do mercado: pena - advertência, interdição total ou parcial do estabelecimento, cancelamento do registro do produto, cancelamento de

autorização para funcionamento da empresa, cancelamento do alvará de licenciamento do estabelecimento e/ou multa.

Supondo que um pássaro mudo em uma lúcida alucinação auditiva tenha me confidenciado em bom português que o último lote do medicamento Ritalina 10 mg já datava sua fabricação em Nov/2012. Todavia, sem ter como provar, pois o pássaro além de mudo tem Fobia Social e não fala com estranhos. Mas, se algum órgão competente constatar que o pássaro mudo dizia a verdade ficaria evidente que o laboratório já sabia que o medicamento faltaria? E já sabendo que faltaria, seu anarquismo também lhe isenta do cumprimento do Art. 10 da Medida Provisória N° 2.190-34 no quesito XL?

> Deixar de comunicar ao órgão de vigilância sanitária do Ministério da Saúde a interrupção, suspensão ou redução da fabricação ou da distribuição dos medicamentos referidos no inciso XXXIX: pena - advertência, interdição total ou parcial do estabelecimento, cancelamento do registro do produto, cancelamento de autorização para funcionamento da empresa, cancelamento do alvará de licenciamento do estabelecimento e/ou multa;

E se confrontarmos as duas respectivas afirmativas, inseridas na bula da Ritalina **(a)** e **(b)** com o Parágrafo único do Art. 20. Cap. VI da LEI N° 9.782 de 26 de Janeiro de 1999, ou o Parágrafo incluído pelo Decreto n° 3.961, de 10.10.2001 seria o mais correto?

> **(a)** Seu mecanismo de ação no homem ainda não foi completamente elucidado;

(b) Os dados de segurança e eficácia sobre o uso de RITALINA em longo prazo não são completos;

Parágrafo único do Art. 20. Cap. VI da LEI Nº 9.782 de 26 de janeiro de 1999:

Não poderá ser registrado o medicamento que não tenha em sua composição substância reconhecidamente benéfica do ponto de vista clínico ou terapêutico.

§ 1º Somente poderá ser registrado o medicamento que contenha em sua composição substância reconhecidamente benéfica do ponto de vista clínico e terapêutico. (Parágrafo incluído pelo Decreto Nº 3.961, de 10 de Outubro de 2001).

Consciente de que no Brasil não existe remuneração para cobaias, estaríamos então pagando para sermos cobaias sem saber? Salientando ainda que está não foi a primeira vez em que a Novartis agiu de maneira irresponsável, descompromissada e plenamente independente. No ano de 2011, sobre o pretexto da mudança na embalagem para proporcionar maior qualidade do produto resolveram — com a autonomia soberana que a inobservância concedeu-lhes — cessar o abastecimento do medicamente entre o mês de Maio e o mês de Junho, quando retornaram o fornecimento apenas com os *blisters* de alumínio e o formato da caixa modificada. Teriam agido em confluência ao Inciso XVI do Art. 3º do Decreto Nº 3.961, De 10 De Outubro De 2001 (Altera O Decreto Nº 79.094, De 5 De Janeiro De 1977, Que Regulamenta A Lei Nº 6.360, De 23 De Setembro De 1976):

Rótulo — Identificação impressa, litografada, pintada, gravada a fogo, a pressão ou autoadesiva, aplicada diretamente sobre recipientes, embalagens, invólucros ou qualquer protetor de embalagem externo ou interno, não podendo ser removida ou alterada durante o uso do produto e durante o seu transporte ou armazenamento.

E quanto às advertências descritas na bula: Não interrompa o tratamento sem o conhecimento do seu médico. A retirada do medicamento pode levar à depressão e a consequências de hiperatividade. Eles seriam médicos de todos os portadores de **TDAH** do Brasil sem sabermos, os culpados fomos nós mesmos por não avisá-los que iríamos interromper o tratamento, ou a Novartis teria mais uma vez violado a lei? Segundo o Art. 148 do Decreto nº 3.961, de 10 de Outubro de 2001:

> § 1º As empresas titulares de registro, fabricantes ou importadores, têm a responsabilidade de garantir e zelar pela manutenção da qualidade, segurança e eficácia dos produtos até o consumidor final, a fim de evitar riscos e efeitos adversos à saúde.

SUGIRO ainda que alguém mais competente e/ou com maior conhecimento jurídico analise outros aspectos que possam ser considerados como delituosos de acordo com o Decreto Nº 3.961, De 10 De Outubro De 2001.

2.1. E quanto aos outros prejuízos?

Nas mãos de quem os portadores de **TDAH** e/ou seus familiares deverão pegar o cheque em branco que possa quitar o valor desconhecido desse débito? Quem vai pagar as contas decorrentes desse prejuízo, se os valores são tão incalculáveis quanto os cálculos que intermitentemente, vocês apresentam? Qual das instituições poderá reparar os danos morais causados pelo descaso com as vidas dessas pessoas?

Eu, por exemplo, bati meu carro por duas vezes em uma única semana. E além das explicações que não solucionarão os problemas, estou aguardando o remédio autônomo, uma multa por ultrapassar — sem perceber o que percebia — o sinal fechado. Embora eu nem mais me lembre mesmo se realmente ultrapassei algum sinal. Algo, inclusive, comum na vida de muitas pessoas com **TDAH**. Conforme afirma o *International Consensus Statement on ADHD* (2002):

> Especialistas advertem que pessoas com **TDAH** apresentam dificuldade para aderir às leis e regras sociais e estão mais sujeitas a acidentes e situações indesejáveis, como gravidez precoce, doenças sexualmente transmissíveis, multas de trânsito, conflitos matrimoniais e depressão.

Desconsiderando a minha multa e considerando os portadores do **TDAH** com predomínio da desatenção que são atropelados em ruas próximas da realidade, mas longe das estatísticas. Somando-se aos do tipo predominante hiperativo-impulsivo vitimas em acidentes de carro pelo excesso da velocidade em índices incomensuráveis. Como saberão quantos deles podem perder, ou já terem perdido a vida pela irresponsabilidade de duas instituições sem hierarquias definidas, nem preceitos éticos estabelecidos em suas atuações práticas?

Estudos de Barkley (2002) demonstraram que ao longo do desenvolvimento, a vida de uma criança com **TDAH** é permeada de muitos fracassos. De modo geral, essas crianças têm grandes riscos de expulsões e suspensões escolares, maiores chances de repetências, abandono escolar, relacionamentos difíceis, problemas de conduta, desenvolvimento de ansiedade, depressão, baixa autoestima, envolvimento com drogas e problemas de aprendizagem. Quando existe um quadro de comorbidade esse quadro pode ter ainda mais implicações ao longo da vida. Dessa maneira, como irão ressarcir aqueles que perderam uma disciplina na escola, os que foram reprovados em uma prova importante, eliminados em uma seleção de emprego? E quem vai pagar as novas consultas particulares que terão que ser remarcadas em virtude das receitas expiradas?

3. Será que a ANVISA não Sabia?

3.1. Vejamos os prognósticos primeiro pelos aspectos psicopatológicos do próprio **TDAH**. O Manual Diagnóstico e Estatístico de Transtornos Mentais (DSM-IV) em sua 4ª edição reforça:

> A impulsividade pode levar a acidentes (por ex., derrubar objetos, colidir com pessoas, segurar inadvertidamente uma panela quente) e ao envolvimento em atividades potencialmente perigosas, sem consideração quanto às possíveis consequências (por ex., andar de skate em um terreno extremamente irregular). Os indivíduos com este transtorno são facilmente distraídos por estímulos irrelevantes e habitualmente interrompem tarefas em andamento para dar atenção a ruídos ou eventos triviais que em geral são facilmente ignorados por outros (por ex., a buzina de um automóvel, uma conversa ao fundo). **Acrescento** ainda a curiosidade imponderada, o desejo de o tudo querer, a intolerância a rotina e a busca de novas aventuras.

3.2. Quanto às comorbidades presentes no **TDAH**, Tannock (2000) adverte:

> As pessoas com **TDAH** têm maior tendência em abusar de drogas. O índice pode chegar a 50%. No caso do tratamento de dependentes químicos é fundamental investigar se há diagnóstico de **TDAH**. A pessoa pode utilizar-se do álcool, da maconha e de tranquilizantes como forma de anestesiar seus pensamentos negativos, sua depressão, sua agitação e sua ansiedade crônica. É um comportamento que leva à gratificação imediata. Em curto prazo podem até funcionar como alívio porque a gratificação imprevisível libera mais dopamina, mas o uso crônico leva à depressão, à desmotivação total, e a desorganização toma conta da pessoa. Pode usar anfetamina, cafeína e cocaína, como instrumento de concentração, de clareza mental.

3.3. Correlacionemos agora as informações acima com as fórmulas químicas (F.Q.) da Ritalina e da Cocaína:

a) F. Q — Ritalina (Metilfenidato): $C_{14}H_{19}NO_2$.
b) F. Q — Cocaína: $C_{17}H_{21}NO_4$.

Destaco, no entanto que, embora as duas substâncias sejam Inibidores da Recaptação de Dopamina (IRD), o Metilfenidato atua mais na modulação dos níveis de Dopamina que da Noradrenalina.

3.4. Ainda em outubro de 2004, em sua edição de Nº 1877 a revista **Veja** destacava: "Um dos aspectos mais preocupantes do uso da Ritalina é o recreacional. Alguns adolescentes trituram as drágeas e cheiram o pó. Outros diluem o comprimido em água, para injetá-lo na veia [...]".

3.5. Tornaram-se novamente cientes em junho de 2011:

> A Agência Nacional de Vigilância Sanitária estuda, nos próximos meses, tornar ilegal a venda de medicamentos inibidores de apetite que contenham sibutramina ou derivados de anfetaminas, como Femproporex, Mazindol e Anfepramona. A medida é louvável, uma vez que chama atenção para o importante combate à medicalização da sociedade, bandeira assumida pelo CRP-RJ desde 2006, mas ao mesmo tempo preocupante, pois não inclui o combate ao uso indiscriminado de Ritalina. (ANVISA estuda proibir anfetaminas, mas Ritalina fica de fora. Matéria foi publicada na 32ª edição do Jornal do CRP - http://tinyurl.com/6djsndr).

3.6. Em sua página sobre o Metilfenidato a Wikipédia descreve entre as vias de administração do medicamento, a oral, transdérmico e **nasal**.

3.7. Com o título *Abuso de Ritalín en jóvenes* um vídeo postado no Youtube, datado desde 15 de Setembro de 2010 — um jovem demonstra como é fácil esmagar o comprimido de Ritalina com uma colher para depois inalar.

3.8. Afora tantas outras informações disponíveis para quem enxerga aquilo que olha. Na própria bula da Ritalina, por exemplo, pelo menos três informações subliminares deixam ainda mais implícitas:

a) Entre as Reações adversas: Inflamação das vias nasais e da garganta;

b) Nasofaringite (sem explicar o significado na bula). Trata-se de uma inflamação aguda ou crônica da mucosa nasal;

c) No trecho referente ao procedimento em caso de superdose ao mencionarem que se a superdose for oral deixa-se subentendido a existência de outras vias de administração.

3.9. Vale destacar que, embora tenha certa afinidade com tudo àquilo que se revela estranho, percebendo que algumas coisas mostravam-se bem mais estranhas que a minha afinidade, desde Fevereiro de 2011, já havia encaminhado um e-mail para ANVISA (Nº de Protocolo: 2011047296) questionando sobre outro aspecto obscurecido:

> Prezado (a) Sr. (a) atendente da ANVISA,
>
> Tenho Transtorno do Déficit de Atenção com Hiperatividade (**TDAH**) e há seis anos faço uso variegado dos dois únicos medicamentos psicoativos nacionais a base de Metilfenidato: RITALINA (Novartis) e CONCERTA (Janssen-Cilag). Todavia, afora alguns psicotrópicos menos difundidos para o **TDAH** e que não são vendidos no Brasil (Focalin, Daytrana, Adderall, Vyvanse, Dexedrine etc.), gostaria de saber por que o STRATTERA (Atomoxetina), fabricado pela Eli Lilly, disponível nos EUA há oito anos e com lançamento previsto para o Brasil desde 2004, até hoje não é comercializado em nossas farmácias?
>
> Afinal, ante as inúmeras medidas adotadas pela ANVISA no intento de minorar o consumo indiscriminado de remédios — sobretudo dos psicofármacos — é no mínimo contraditório que, sendo o único medicamento aprovado para o tratamento do **TDAH** que não pertence à classe dos psicoestimulantes,

vendido sem o Receituário Especial (talonário tipo A), com estudos comprovando menores riscos de dependência, e podendo ser administrado com uma única dose ao dia, o STRATTERA (Atomoxetina) tenha a sua comercialização interdita no Brasil.

Atenciosamente sem atenção,

Marcus Deminco

3.10. Obtendo como resposta algo que não condizia muito com a realidade. Ao menos, pelo pouco que sei a *Atomoxetina* não pertence a classe dos psicoestimulantes, sendo portanto vendida em todo mundo com receituário simples.

Prezado (a) Senhor (a),

Em atenção a sua solicitação, informamos que o medicamento Strattera está em processo de registro por esta Agência. Entretanto, informamos que, caso este medicamento venha a ser registrado, será prescrito somente por receita médica em talonário especial, tipo A.

Atenciosamente,
Anvisa Atende
Central de Atendimento
Agência Nacional de Vigilância Sanitária
0800 642 9782
www.anvisa.gov.br

3.11. Mesmo sem compreender toda falta de compreensão daquilo que talvez não fosse mesmo para ser compreendido, algo ainda mais incompreensível foi capaz de me desembaraçar depois de tantos embaraços:

> A Strattera (Atomoxetina) não pode ser comercializada no Brasil. Todavia, a ANVISA permite que ela seja usada em solo nacional. Desde que comprada fora do país. Considerando que a ANVISA apresenta como sua missão: proteção e promoção à saúde da população. Presume-se por obviedade — obviamente duvidosa que — jamais permitiriam o uso da Atomoxetina se a droga oferecesse algum risco à saúde. Sendo assim, por qual motivo de fato, ou por qual pretexto sem motivo de fato, está condicionada a sua privação no Brasil (somente nas farmácias) desde 2004?

Então, a **Strattera** (Atomoxetina) que não é comercializada no Brasil pode ser importado, porém a Ritalina de 10 mg — soberana no mercado nacional desde 1988 — nem mesmo em caso de ausência pode ser importada? Eu deveria compreender alguma coisa? Seria importante esclarecer tudo isso direito, talvez alguém deseje saber se existe alguma receita especial para poder importar Heroína diretamente da *Red Light District* em Amsterdam.

3.12. Querendo apenas entender algo inteligível, sobre aquilo que afinal, eu seria um dos mais interessados, encontrei ainda algumas coincidências quase tão explicáveis para serem apenas coincidências. Casualmente, os dois únicos medicamentos de primeira escolha para o **TDAH** no Brasil (com o mesmo principio ativo Metilfenidato) pertenciam as duas Indústrias Farmacêuticas entre as mais poderosas do mundo. Tanto a Ritalina do laboratório **Novartis** Biociências quanto o Concerta, do laboratório **Janssen-Cilag que é uma** subsidiária da Johnson

& Johnson. No ano de 2007, na lista com as 10 maiores indústrias farmacêuticas em volume de receita, a **Novartis** ocupava a 2º colocação enquanto a **Johnson & Johnson** estava no 6º lugar. (*Top 50 Pharmaceutical Companies Charts & Lists, Med Ad News, September, 2007*). Entre as 15 empresas farmacêuticas que mais venderam no ano de 2008, o laboratório **Novartis** era o 3º colocado e a **Johnson & Johnson** o 7º. (IMS Health 2008, Top 15 Global corporations). Já no relatório divulgado pela *Financial Times Global 500* (2011) com o ranking das 225 maiores empresas do mundo (não apenas as empresas farmacêuticas), a **Johnson & Johnson** aparecia em 25ª lugar, a **Novartis** em 32ª e bem distante deles, na 184ª colocação aparecia a **Eli Lilly and Company**. Talvez esses dados expliquem o porquê do **Strattera** (Atomoxetina) até hoje não poder ser comercializado nas farmácias nacionais.

3.13. Esquecendo que no Brasil já se falsificou remédio para câncer e se vendia anticoncepcional fabricado com pílulas de farinha de trigo, será mesmo que a Atomoxetina, usada nos EUA por mais de 10 anos, não passaria pelo rigoroso sistema de qualidade da ANVISA ou existem entraves burocráticos na frente da nossa saúde? Aliás, o que está faltando para produzirmos ou importarmos alguns Genéricos da Ritalina 10mg? Existem vários Metilfenidatos de 10 mg em diversos países: Attenta, Medikinet, Metadate, Methylin, Penid, Rubifen, Focalin. (corrija-me se alguns desses já são comercializados aqui no Brasil).

Também não sei se já sabem, mas existem genéricos dos Metilfenidatos de Longa duração: Watson Metilfenidato ER (EUA genérico), Teva-Metilfenidato ER-C (genérico canadense), Equasym XL, Medikinet XL, Metadate CD, Rubifen SR.

E de acordo com a Lei nº 8.080, de 19 de setembro de 1990, em seu Art. 6º, § 1º:

> Entende-se por vigilância sanitária um conjunto de ações capazes de eliminar, diminuir ou prevenir riscos à saúde e de intervir nos problemas sanitários decorrentes do mcio ambiente, da produção e circulação de bens e da prestação de serviços de interesse da saúde, abrangendo:
>
> a) O controle de bens de consumo que, direta ou indiretamente, se relacionem com a saúde, compreendidas todas as etapas e processos, da produção ao consumo;
>
> b) O controle da prestação de serviços que se relaciona direta ou indiretamente com a saúde.

Segundo o Art. 1º O Sistema Nacional de Vigilância Sanitária compreende o conjunto de ações definido pelo § 1º do Art. 6º e pelos Art. 15 a 18 da Lei nº 8.080, de 19 de setembro de 1990, executado por instituições da Administração Pública direta e indireta da União, dos Estados, do Distrito Federal e dos Municípios, que exerçam atividades de regulação, normatização, controle e fiscalização na área de vigilância sanitária.

Art. 2º Compete à União no âmbito do Sistema Nacional de Vigilância Sanitária:

a) Definir a política nacional de vigilância sanitária;

b) Definir o Sistema Nacional de Vigilância Sanitária;

c) Normatizar, controlar e fiscalizar produtos, substâncias e serviços de interesse para a saúde;

d) Exercer a vigilância sanitária de portos, aeroportos e fronteiras, podendo essa atribuição ser supletivamente exercida pelos Estados, pelo Distrito Federal e pelos Municípios;

e) Acompanhar e coordenar as ações estaduais, distrital e municipal de vigilância sanitária;

f) Prestar cooperação técnica e financeira aos Estados, ao Distrito Federal e aos Municípios;

g) Atuar em circunstâncias especiais de risco à saúde;

h) Manter sistema de informações em vigilância sanitária, em cooperação com os Estados, o Distrito Federal e os Municípios.

Além dos preceitos legais, a Agência Nacional de Vigilância Sanitária (**ANVISA**) teria cumprido a sua **Missão?**

Promover e proteger a saúde da população e intervir nos riscos decorrentes da produção e do uso de produtos e serviços sujeitos à vigilância sanitária, em ação coordenada com os estados, os municípios e o Distrito Federal, de acordo com os princípios do Sistema Único de Saúde, para a melhoria da qualidade de vida da população brasileira.

E quanto a sua visão?

Ser legitimada pela sociedade como uma instituição integrante do Sistema Único de Saúde, ágil, moderna e transparente, de referência nacional e internacional na regulação e no controle sanitário.

Teriam seguido os preceitos dos seus valores?

• Ética e responsabilidade como agente público.

• Capacidade de articulação e integração.

• Excelência na gestão.

• Conhecimento como fonte para a ação.

• Transparência.

• Responsabilização.

4. Quanto ao excesso no consumo de Metilfenidato no Brasil.

Por que o consumo de Metilfenidato subiu 75% de 2009 a 2011? Se de Set./2007 a Out./2008 foram vendidas 1.238.064 caixas, enquanto de Set./2011 a Out./ 2012 as vendas aumentaram para 1.853.930 caixas, existem alguns motivos — ao menos — razoavelmente óbvios para isso.

Embora alguns renomados especialistas precisem dizer de qualquer jeito, através de qualquer matemática mirabolantemente inventada, que não houve excesso. Afirmando, inclusive que pela prevalência do **TDAH**, mesmo com essas 1.853.930 caixas, mais de três milhões de portadores estariam sem tratamento no país. Acredito que talvez, até pela necessidade de inventar estatísticas justificáveis, eles acabem ignorando outros dados: se para cada caixa de psicotrópico vendida no Brasil, duas são adquiridas de maneira ilegal, e se não estou enganado (embora às vezes eles até me enganem), os Metilfenidatos fornecidos ao SUS também não são contabilizados como eles podem asseverar esses números se eles nem existem?

Primeiro, para constatar se existe um excesso no consumo do Metilfenidato no Brasil, seria necessário saber o número de pessoas diagnosticadas e quantas delas estão sendo tratadas com o Metilfenidato. Posteriormente, verificar se o aumento no consumo teria sido superior a prevalência do **TDAH**. O problema, entretanto, começa exatamente a partir daí: os dados referentes a prevalência do **TDAH** no Brasil, em sua grande maioria, são manipulados e difundidos em cartilhas e/ou *pseudoartigos* patrocinados pelas próprias indústrias farmacêuticas. Você contrariaria o seu chefe? Pois eles também não.

Para Miguelote (2008) à medida que a produção econômica passou a depender da ciência como valor, a articulação entre a indústria farmacêutica e a indústria do conhecimento configurou-se numa poderosa engrenagem sustentada por estratégias de marketing. Assim, a produção de conhecimento médico, legitimado cientificamente através de pesquisas, alimenta a produção de artigos, garantindo, ao mesmo tempo, circulação de conhecimento e venda de medicamentos. Segundo essa mesma autora, a maioria dos ensaios clínicos para testar novos medicamentos ou novos procedimentos, patrocinados pela indústria, é feita a partir de protocolos que são elaborados e analisados pelo patrocinador. O pesquisador recebe a função de recrutar pacientes. Os médicos entrevistados afirmaram receber remuneração por paciente captado sem acesso à análise dos dados ou elaboração do artigo. Em algumas pesquisas, o valor é preestabelecido e mensal.

> Observamos que potenciais conflitos de interesse das publicações são raramente mencionados. Apenas oito artigos científicos tornam explícitos os financiamentos dos laboratórios fabricantes. Outro artigo apenas agradece o financiamento do laboratório fabricante. Pesquisando, em cada artigo, cada autor, observamos que o número de artigos que deveriam apresentar conflitos de interesse por receberem financiamento dos laboratórios, ou por possuírem coautoria dos fabricantes, seria de 27 artigos, o que representa 87% dos artigos científicos analisados [...] Acreditamos que o financiamento velado dos laboratórios fabricantes em quase todas as publicações sobre os usos do Metilfenidato é uma grave questão ética e que requer maiores cuidados na aceitação dos resultados. Por que estes financiamentos são reiteradamente negados? Os artigos que não são patrocinados pelos laboratórios correspondem praticamente aos artigos que não abordam o tema do **TDAH**. Os grupos de pesquisa sobre o **TDAH** no Brasil são todos patrocinados pelos fabricantes dos produtos. Mas como fica esta relação entre interesses econômicos e as ações em saúde? A divulgação das pesquisas científicas brasileiras sobre os usos do Metilfenidato parece estar subordinada aos interesses comerciais que constantemente insistem em negar. (ORTEGA, F. et al., 2010).

Além de algumas 'campanhas esclarecedoras' realizadas dentro das escolas. Conforme destacou Tainah Medeiros, através de uma matéria disponível no site do Dr. Drauzio Varella publicada em 10/03/2013:

Na contramão de minimizar a preocupação que deve ser despendida com o diagnóstico do transtorno, existem boatos de que a farmacêutica Novartis faça campanhas em escolas alertando sobre os riscos do **TDAH** e orientando sobre as formas de identificá-lo. Para muitos, isso justificaria a maior quantidade de diagnósticos e, consequentemente, o maior uso da Ritalina nos últimos anos. Durante entrevista cedida ao site Drauzio Varella, a existência de tais campanhas foi veementemente negada pela farmacêutica. Em 2010, porém, a Novartis e a ABDA (Associação Brasileira de Déficit de Atenção) promoveram o concurso "Atenção Professor", que tinha como objetivo "ajudar os educadores a conhecer e lidar melhor com o **TDAH**". Para levar o prêmio de R$ 7 mil era preciso apresentar as melhores propostas de inclusão de portadores de **TDAH** na sala de aula. Além do valor, as escolas ganhariam um kit contendo uma champagne, um Certificado da Escola de Projeto de Inclusão e um troféu. O líder do projeto iria receber nominalmente apoio para participar de um Congresso Nacional na área de educação, "contemplando passagem, hospedagem e inscrição no valor máximo de R$ 4.000,00". Três escolas foram sorteadas. A Novartis negou qualquer tipo de envolvimento com projetos educacionais dentro e fora de escolas, apesar de o projeto buscar auxiliar no reconhecimento e condução do transtorno e de a página oficial do concurso exibir a assinatura da empresa como uma das responsáveis pela iniciativa.

ALIÁS, esse tipo de marketing possui caráter legítimo, ou viola o Art. 199 da Constituição Federal?

A assistência à saúde é livre à iniciativa privada.

§ 3º - É vedada a participação direta ou indireta de empresas ou capitais estrangeiros na assistência à saúde no País, salvo nos casos previstos em lei. Além de descumprir a Medida Provisória nº 2.190-34 / 2001— em seu quesito V: fazer propaganda de produtos sob vigilância sanitária, alimentos e outros, contrariando a legislação sanitária.

Considera-se ainda, como outra grave questão ética, a estreita ligação entre os renomados especialistas e o Laboratório Farmacêutico Novartis. Não por acaso, são os mesmos produtores dos *pseudoartigos* financiados, responsáveis pela definição sobre o que é o **TDAH** no Site do Próprio Laboratório.

Dessa forma, estaria a **ANVISA** agindo em confluência ao Decreto nº 3.571, de 21 de Agosto de 2000. Art. 3º XXVI no que preza: controlar, fiscalizar e acompanhar, sob o prisma da legislação sanitária, a propaganda e publicidade de produtos submetidos ao regime de vigilância sanitária?

4.1 CONCLUSÃO:

> É impossível saber se existe realmente um excesso no consumo de Metilfenidato no Brasil, sem saber antes a quantidade do medicamento que está sendo usado para o tratamento dos casos de Narcolepsia e Hipersonia idiopática, o número de pessoas diagnosticadas que estão sendo tratadas com o Metilfenidato, "adivinhar" (já que não se pode saber) quantas caixas são adquiridas de maneira ilegal, ter acesso a quantidade de Metilfenidato fornecida ao SUS que não são contabilizados, para somente assim, correlacionarem todos esses dados com a prevalência do **TDAH** no país.

5. Sugestões para NOVARTIS.

5.1. JAMAIS confunda Transtorno do Déficit de Atenção com Hiperatividade (**TDAH**) como algum sinônimo de idiota, abilolado ou lesado;

5.2. JAMAIS peça para que uma pessoa com **TDAH** telefone para um número 0800 que ninguém atende;

5.3. Quando não tiver algo sóbrio, verídico ou objetivo para responder **JAMAIS** copie e cole a mesma resposta para todas as perguntas enviadas por e-mails.

5.4. Procurem se informar melhor sobre os remédios que vendem;

5.5. Insira também na bula da Ritalina: **Interromper o Medicamento pode causar danos à própria Novartis**;

6. Sugestões para ANVISA.

6.1. O Transtorno do Déficit de Atenção com Hiperatividade (**TDAH**) é algo muito sério para ser tratado com tamanho descaso e desrespeito;

6.2. Indubitavelmente — apesar de tudo — o Metilfenidato é mesmo o melhor psicotrópico (não o único) para o Tratamento do **TDAH**. Entretanto, não podemos ficar a mercê desde 1988 apenas de uma Indústria Farmacêutica tão descomprometida quanto a Novartis.

6.3. Afinal, além da STRATTERA (Atomoxetina), primeira droga não pertencente à classe dos psicoestimulantes, oficialmente aprovada nos EUA para tratamento do **TDAH** em crianças, adolescentes e adultos, com lançamento previsto para o Brasil desde 2004, o que está faltando também para importarmos os Genéricos da Ritalina de 10mg, como por exemplo, Attenta, Medikinet, Metadate, Methylin, Penid, Rubifen, Focalin? E quanto aos genéricos dos Metilfenidatos de Longa duração, como o Watson Metilfenidato ER, Teva-Metilfenidato ER-C, Equasym XL, Medikinet XL, Metadate CD, Rubifen SR?

6.4. Todavia, se pretenderem minorar e/ou coibir o uso não medicamentoso (sobretudo o uso recreativo) se os comprimidos não podem ser revestidos, verifiquem a existência de outros EXCIPIENTES quimicamente compatíveis com o Metilfenidato. **Por exemplo**, se os EXCIPIENTES da Ritalina de 10mg são: fosfato tricálcico, lactose, amido, gelatina, estearato de magnésio e talco. Talvez não modifique tanto trocá-los por Estearato de magnésio, amido, croscarmelose sódica, lactose ou por croscarmelose sódica, hipromelose, povidona, palmitato de estearato glicerol, celulose microcristalina, macrogol, dióxido de titânio e macrogol 400.

7. Recado aos "RENOMADOS" especialistas.

Mesmo sem citar seus renomes, certamente muitos saberão reconhecê-los entre o repentino silêncio da boa conveniência. Todavia, defender, apoiar, lutar e **LUCRAR** por uma causa com tamanha lassidão é como ser um soldado sem farda no meio de um campo de batalha esperando o exército com maior poder de artilharia para migrar, mesmo que o outro tenha bem mais soldados. Talvez, seja até a melhor estratégia de guerra, mas certamente, jamais será a mais honrosa.

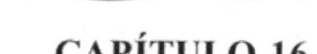

CAPÍTULO 16

Personalidades com TDAH

O **TDAH** é um dos transtornos mentais com maiores recorrências no planeta. De pobre a rico, ateu a fanático e famoso a anônimo: existem todos os perfis de portadores. Para quebrarmos alguns paradigmas sobre o transtorno (como, por exemplo, o de que acredita que ele impede alguém de ser bem-sucedido e eficiente no que faz) vejam os nomes de algumas pessoas famosas que possuem o **TDAH**. Talvez você conheça alguns casos, mas com certeza outros serão bem surpreendentes!

1. **Sylvester Stallone.** Sim! O grande, eterno e lendário Rambo também tem **TDAH**! O ator admite ter sido uma criança meio selvagem, e que foi expulso de nada menos que 14 escolas, o que, segundo ele, hoje tem consciência que foi devido ao **TDAH**.

2. **"Magic" Johnson.** O jogador considerado o maior armador da NBA também tem **TDAH**. Johnson também é disléxico, um fato que lhe deu um tempo difícil quando ele estava na escola.

"A aparência, a aparência, as risadinhas ... Eu queria mostrar a todos que eu poderia fazer melhor e também que eu pudesse ler."

3. **Tom Cruise.** Ser um (mundialmente) reconhecido e bem-sucedido ator com **TDAH** parece uma missão impossível para você? Para Tom Cruise não.

4. **Jim Carrey.** O caso de Jim com o transtorno é bem conhecido mundialmente. O ator personifica bem o **TDAH** com seu jeitão desastrado e agitado, não acha? Ele mesmo atribui seu caráter de 'palhaço louco' ao **TDAH**. Dizia que com o transtorno conseguiu camuflar suas dificuldades sendo o palhaço da turma, pois achava muito difícil ser realmente quem ele era.

5. **Príncipe Charles.** O primeiro na linha de sucessão e detentor dos títulos de Príncipe de Gales na Inglaterra também sabe na pele o que é viver o **TDAH**.

6. **Einstein.** O maior gênio da humanidade é um caso conhecidíssimo de **TDAH**. Ele mostra claramente que o transtorno não impede ninguém de – à base de muita vontade, incentivo e esforço – alcançar eficiência, prestígio e reconhecimento.

7. **Walt Disney.** Por mais difícil que o transtorno possa ser, Walt Disney é o caso perfeito que ser **TDAH** tem suas vantagens, incluindo a mente livre e criativa (que contribuiu para

o nascimento dos clássicos da marca de mesmo nome de seu idealizador).

8. **Pablo Picasso.** Picasso ficou eternizado por suas obras inigualáveis, mas também deixa um legado pouco conhecido de superação do **TDAH**.

9. **Salvador Dalí.** O jeito excêntrico de Dali acompanhava os traços característicos do **TDAH** que ele tinha. Ele é mais uma prova de que a criatividade do portador é gigante, formadora, inclusive, de uma extensa lista de artistas que possuem o transtorno.

10. **Caitlyn (Bruce) Jenner.** A ex-atleta transexual já foi aclamada como "maior atleta do mundo" em 1976, durante as Olimpíadas de Verão, nos EUA, e tem **TDAH**.

11. **Steve Jobs.** Também teve **TDAH** e é mais um caso que comprova o potencial criativo dos portadores. "Meus pais me entenderam, sentiram uma grande responsabilidade quando perceberam que eu era especial, encontraram uma maneira de continuar me alimentando e me levando para escolas melhores, eles estavam dispostos a se adaptar às minhas necessidades." Ela fala de sua professora Teddy: "Ela se tornou uma das santas da minha vida"

12. **Danny Glover.** O ator e ativista também possui o transtorno. Lembre-se de como foi crescer com o **TDAH**: "Isso me fez sentir como se estivesse em uma condição indigna de aprender.

Eu me sentia diminuído. No entanto, um dos pontos fortes foi descobrir a minha capacidade com os números, e foi isso que me ajudou a se concentrar em algo que eu poderia fazer bem".

13. **David Neeleman.** O empresário brasilo-estadunidense, descendente de neerlandeses e americanos, fundador das companhias aéreas estadunidenses JetBlue Airways, Morris Air, da canadense WestJet e da Azul Linhas Aéreas Brasileiras, também tem **TDAH**. Ele atribui seu sucesso ao seu **TDAH**: "Com a desordem vem a criatividade e a capacidade de pensar fora do comum".

14. **Adam Levine** é um músico norte-americano, vocalista e guitarrista da banda Maroon 5. Também participa do reality show: The Voice – Estados Unidos. Ele é um caso mundialmente conhecido com o Transtorno de Déficit de Atenção e Hiperatividade. Foi diagnosticado com **TDAH** quando ainda era adolescente. "Como eu estava crescendo, pensei que meu **TDAH** tinha desaparecido. Entretanto, eventualmente, eu percebia que algo ainda estava lá. Então, eu pude trabalhar com o meu médico para controlar alguns sintomas".

15. **Howie Mandel.** Howie é um comediante, apresentador de televisão e ator canadense. Criador da famosa série animada Bobby's World. Por coincidência (ou não), o criador do personagem ícone do **TDAH** tem o transtorno. "Lembro-me de não ser capaz de me concentrar ou ficar parado quieto em sala

de aula quando criança". Ele foi diagnosticado com **TDAH** somente quando adulto.

16. Jennifer Lawrence. A atriz protagonista do "The Hunger Games" (Jogos Vorazes) e vencedora do Oscar de melhor atriz também sabe na pele o que é ter **TDAH**. "Meu apelido era 'nitro' como nitroglicerina. Eu era hiperativa e muito curiosa. Queria saber sobre tudo. Quando minha mãe me conta coisas sobre a minha infância, ela sempre diz que havia uma luz dentro de mim. No entanto, quando eu fui para a escola, a luz se apagou".

17. Justin Timberlake. Com uma carreira muito bem consolidada e voz e gingado inconfundíveis, Justin prova que um transtorno mental como o **TDAH** não é impeditivo o suficiente para quem sabe o que quer e faz acontecer. Afinal, mesmo com o **TDAH** e comorbidade com Transtorno Obsessivo Compulsivo (TOC) não o impediram de vencer o Grammy Award por duas vezes.

18. Michael Jordan. Esse portador de **TDAH** é "nada mais, nada menos" que o cara considerado o maior jogador de basquete da história. "Eu posso aceitar a falhar. Afinal, todo mundo falha em algo. Mas, eu não posso aceitar não tentar. Eu quase não consigo parar de me movimentar e não posso ficar sem fazer muitas coisas. Os médicos e os professores diziam para minha mãe que eu não poderia fazer nada. Porque, eu simplesmente não conseguia me concentrar. E eles estavam errados!"

19. Michael Phelps. O mito das piscinas e maior medalhista olímpico da história, Michael Phelps, também tem **TDAH**. Para ele, nadar é uma forma de lidar com o **TDAH**. Com apoio e elogios contínuos, ele recebeu o incentivo de que precisava para obter suas medalhas de ouro.

20. Michelle Rodriguez. É uma atriz norte-americana conhecida pelos filmes The Fast and the Furious, Fast & Furious, Fast Six, Resident Evil, Resident Evil: Retribution, Avatar e S.W.A.T.. E protagonista da série de televisão Lost. Ela acha que o **TDAH** pode comprometer suas oportunidades como roteirista e diretora.

21. Sir Richard Branson. É um empresário britânico, autor de diversos livros, e o fundador do grupo Virgin: um conjunto de empresas ligadas aos mais diversos setores da sociedade de consumo, e presente em inúmeros países. Além do **TDAH**, Branson também é disléxico, mas nada disso o impediu de possuir uma grande companhia aérea. Aos 16, ele desistiu da escola, no mesmo ano em que criou a revista Student.

22. Solange Knowles. Solange Piaget Knowles é uma cantora, compositora, DJ, dançarina, atriz e modelo norte-americana. É irmã da também cantora Beyoncé. Quando descobriu que tinha **TDAH**, ele não achava que se tratava de um distúrbio. Ela é uma pessoa muito enérgica, conta que: 'As pessoas pensam que eu sou' alta 'mesmo quando eu não bebi nada'.

23. Will Smith. O transtorno não impediu que ele se tornasse (nada mais, nada menos) que um dos atores mais respeitados do mundo, rapper, produtor cinematográfico, produtor musical e produtor de televisão. Em sua adolescência, ele sempre foi "a criança engraçada que teve problemas de atenção". "Eu era um estudante de notável quando eu poderia ter alcançado excelente aluno com baixo desempenho clássico." "Foi difícil para mim ler um livro inteiro em duas semanas."

24. Bill Gates. Quem achou que Jobs estaria representando sozinho o grande mundo dos negócios de tecnologia se enganou: o fundador da mais conhecida empresa de T.I., Bill Gates, também tem **TDAH**. Bill era uma criança que fazia muitas perguntas, sempre perturbando toda a classe e tinha o hábito de ler antes de sua aula. Ele era deficiente em estudos e teve que deixar a Universidade de Harvard. Bill tinha grandes sonhos e sempre sonhava em crescer com suas ideias em algum momento de sua vida e mostrou isso. Falando de seus grandes sonhos, ele disse: "Eu realmente tive muitos sonhos, quando eu era criança, e acho que muitos deles vieram de ter a oportunidade de ler muito."

25. James Carville. Consultor Político. Conhecido por liderar as campanhas políticas de Bill Clinton e Tony Blair. Ele frequentemente dá palestras para organizações ligadas ao

TDAH, como por exemplo, a CHADD (Children and Adults with Attention-Deficit/Hyperactivity Disorder).

26. Tracey Gold. A atriz americana Tracey Gold também é protagonista da nossa lista de famosos com **TDAH**. Ela foi diagnosticada depois de ser uma estudante pobre durante a maior parte de sua vida acadêmica, apesar do tempo intensivo que ela passou no dever de casa. Melhorado com técnicas de estudo. Uma professora a acusou de ter alguém escrevendo para ela. Ele não achava que possuía o vocabulário escrito. Embora ele tenha definido verbalmente todas as palavras indicadas no documento, o professor insistiu: "... sei que você não é capaz de fazer esse trabalho".

27. Usain Bolt. O homem mais rápido do mundo também sabe o que é ser tachado por ser inquieto... E isso o levou a um número gigantesco de medalhas olímpicas! Declarações de seu pai declarou que foi muito difícil educá-lo porque, segundo o médico, ele era hiperativo. Estava o tempo todo em movimento e sem parar de pular. Com o passar do tempo, porém, ficou mais calmo. Mas, quando o vi correndo, percebi que ele tinha talento para isso.

28. Bubba Watson. Jogador profissional de golfe dos Estados Unidos. Ele foi campeão do Masters de Golfe em 2012 e 2014. "Bubba tem um talento incrível para tudo o que ele tenta", afirma sua esposa Angie. "Eu apenas tento ajudá-lo a direcionar sua energia de maneira produtiva." Há muita inquietação a superar. Em um dia típico, dentro ou fora do passeio, preencha seu tempo livre entre jogar videogames, assistir suas partes favoritas de comédias ou adicionar calçados esportivos à sua coleção. É uma vida em busca de estímulo constante. Quando disse que ele parecia ter Transtorno do Déficit de Atenção e Hiperatividade (**TDAH**), Watson disse: "Tenho certeza de que consegui". "Eu não vejo isso como um incômodo."

29. **Paul Orfalea.** Fundador da Kinko´s (atual FedEx): Ele tem **TDAH** e dislexia. Prováveis causas de seu fracasso universitário. Ele diz que seu **TDAH**, no entanto o ajudou a fundar sua empresa e também o ajudou a ter uma visão global.

30. **Pete Rose**. É um ex-jogador de beisebol e treinador dos Estados Unidos. Atuou como profissional na Principal de liga de Beisebol de 1963 a 1986: Ele perdeu o interesse na escola quando os professores o rotularam como "criador de problemas". Seu **TDAH** não diagnosticado alimentou seu vício em jogo. Ele descreve sua batalha com o **TDAH** em seu livro "Minha prisão sem grades".

31. **Ryan Gosling**. Ator, escritor e músico. Sua mãe terminou de educá-lo em casa por um ano. Ele não tinha amigos, e foi assediado na escola primária. 'Eu não consegui ler, foi muito frustrante. Eu não conseguia assimilar quase nenhuma informação, então terminava causando diversos tipos de problemas.

32. Terry Bradshaw. Ex-jogador de futebol: Ele lutou desde a infância contra o **TDAH**. Ele foi diagnosticado com depressão depois de admitir que sofresse ataques de pânico, desencadeado pela ansiedade das partidas. Frequentemente, ele fala sobre os estigmas gerados pelos distúrbios mentais.

33. Uriel Adriano. De uma criança hiperativa a um campeão mundial de Taekwondo. Seu primeiro contato com o Taekwondo foi por acaso. Uma resposta à sua hiperatividade. Quando criança, seus pais decidiram matriculá-los nas aulas de Taekwondo. Tanta energia não era normal. 'Eu me mostrei que eu posso. Minha filosofia é sempre pensar que você pode alcançar o ponto mais alto, porque só assim os sonhos se tornam realidade.

34. Karina Smirnoff. A bailarina profissional de "Dancing with the Stars", nascida na Ucrânia, disse em entrevista à ET que o **TDAH** não era um distúrbio bem conhecido em seu país natal e que foi diagnosticado há alguns anos.

35. Luis Rojas Marcos. Médico Psiquiatra. "Eu era uma criança muito travessa. Com 6 e 7 anos eu costumava correr pelos telhados das casas. Os vizinhos ligavam para minha mãe e diziam: Olha quem está aí fora! Eu era uma criança diferente das outras, e essa diferença estava na quantidade de energia que eu tinha e na incapacidade de controlá-la. E é claro, que nessa idade você termina usando essa energia de alguma forma que o seu ambiente social não aceitará. Além disso, devo acrescentar a impetuosidade, que me fazia constantemente interromper os outros. Geralmente, na escola, por exemplo, antes mesmo de a professora completar uma pergunta, eu já ergui a mão. E havia também aquela distração constante que não me permitia manter a concentração em quase nada, e uma inquietação interna fazia com que eu me movesse de um lado para outro onde estivesse".

Mas afinal, o que todas estas personalidades têm em comum? Todas elas sofreram de **TDAH**, entretanto, conseguiram canalizar as características mais positivas do transtorno: criatividade, energia para empreender novos projetos e esportes. Para todos eles, o distúrbio não os privou de ser capaz de se destacar ou de levar uma vida normal.

Depoimentos da 1ª Edição

Eu Sou Assim

Eu sabia que era diferente, desde pequena. Nasci assim. Será que sou só eu? Perguntava, perguntava e não tinha resposta. Sempre me senti uma estranha no ninho, um ser de algum lugar que não fosse esse. Não sabia, apenas não sabia. Sempre senti tudo ao extremo. Amor, mágoa, amizade e todos os sentimentos unidos em um só. Tristeza e alegria, sorriso e choro, curiosidade e indiferença. Aliás, curiosidade é o que me move. É uma curiosidade desde pelo mais simples e belo até pelo mais desconhecido. É uma sede de saber constante, mesmo que não seja para um objetivo óbvio. É saber por saber, para compreender, para responder os tantos "por quês" da vida.

Eu tenho dúvidas sobre tudo. Passado, presente e futuro. Pesquiso, pesquiso e pesquiso e nunca me conformo com o que as pessoas dizem apenas para me calar. É algo como amar inexplicavelmente o desconhecido. É estar no auge de uma escolha acertada e abandonar tudo em busca do novo. É me sentir sozinha no meio de uma multidão e me sentir inserida num contexto, fazendo parte do mundo, mesmo estando isolada no quarto. É brigar com o meu irmão e parar tudo porque me lembrei de que comprei uma medalhinha para ele, numa igreja, no mesmo dia. É para dar sorte na busca por um novo emprego. Entregar, explicar como se usa e depois voltar a brigar, mas parar tudo de novo porque não me lembrava nem mais do motivo daquilo tudo.

É amar a vida!!! Querer viver intensamente todos os momentos, e detestar o modo como as pessoas vivem, porque no fundo, no fundo, me sinto muito diferente de todo mundo. É comprar um presente para alguém sem motivo algum só porque estou feliz, mas não saber o motivo de tanta felicidade. E quando eu tento me lembrar do motivo, caio numa tristeza profunda porque na verdade percebo que tudo é temporário.

Eu odeio regras e normas, mas procuro cumpri-las porque tenho respeito ao próximo. Eu converso com quem nunca vi na vida, mas às vezes largo um amigo falando sozinho só porque me lembrei de algo através de uma palavrinha que ele disse. E saio correndo porque tive um monte de ideias mirabolantes sobre aquilo, magníficas mesmo. Com vários pensamentos numa velocidade tão grande e tão louca que, quando paro para escrever e organizar tudo, já passou. Já esqueci porque na verdade as sequências de pensamentos são tão intensas que me perco no tempo. Perco a noção de tempo e de espaço.

Eu não consigo descansar enquanto durmo e, por isso, fico cansada o dia seguinte inteiro, mas, quando chega a noite novamente para eu dormir, eu fico com um pique total. É tanta energia que não sei de onde vem e daí invento um monte de coisas para fazer e me distrair. Eu acordo querendo uma coisa, ao longo do dia quero mais 50 e, ao deitar, deixo tudo de lado porque já tenho uma paixão por uma nova ideia. E faço de tudo para dar certo, mas depois vejo que não deu certo porque eu já desisti.

Choro pelos problemas do mundo, sem ao menos ter resolvido os meus. E rio no meio de uma reunião séria e logo me arrependo devido às consequências. É como se eu fosse uma criança apesar das responsabilidades e missões a cumprir.

Eu foco num novo assunto como se fosse a salvação do mundo e acabo deixando de lado os afazeres que me salvariam o dia. Tento explicar o inexplicável e sempre acho que nunca vai ter solução e, quando isso acontece, é como andar no meio da noite na praia, sem destino e rumo certo. É tudo muito amplo, os pensamentos são amplos.

Na verdade, ninguém ao redor consegue me entender e eu nem sei como explicar. Eu não consigo. Eu perco amigos por não ser compreendida, mas entendo todos eles porque na verdade me sinto diferente e não sei explicar o porquê. Mas agora eu já sei o porquê. É tudo muito confuso e eu adoro ser assim porque se Deus me fez com essa marquinha no cérebro é porque tenho uma missão muito diferente a cumprir e eu só ainda não sei qual.

Por Flávia Mendes Gomes

Livros Na Estante

Meu quarto é um "ninho de ratos". De repente, me levanto da cama num salto e ponho cada coisa em seu lugar. Assim, é o meu coração, também. Tento arrumar os livros em prateleiras: uma, pras pessoas da família: filha, marido, pais, irmãos. Outra, os amigos: os que se foram, os que estão sempre perto, os que nunca estiveram, mas que amo tanto quanto os outros. Outra, os conhecidos: pessoas que vem e que vão uma vez ou outra, mas que não fizeram nenhuma marca. Outra, os inimigos: quais? Eu os tenho muitos. Mas, nunca sei quem são. Pra mim, todo mundo é bom, só cometem erros, às vezes.

Aí, passados três dias todos estão juntos numa mesma prateleira, as etiquetas se perderam, não sei mais quem é quem, quem é de onde. Espera aí!? Isso parece o meu escritório... rs

Minha vida é assim: tudo tem seu lugar, mas mudam constantemente. E, depois, não sei mais de onde eram, então, as pessoas se misturam. Amigos passam a ser da família. Inimigos, passam a ser amigos, e assim vai.

É confuso, mas até que é bom. Com as lembranças, é assim também. Ouço uma história, lembro-me de outra, leio uma palavra lembro-me de uma festa, sinto um aroma lembro-me de alguém, ouço uma música lembro-me de um dia... Nenhum dia é igual, porque quando ele nasce igual ao ontem, eu já estou diferente. Humor? Tenho muito. Mau humor, também... (risos). Sou cativante com meu jeito falador. Mas, sou cansativa, quando falo além da conta.

Minhas histórias sempre são as mais divertidas, ilustradas com gestos, sons, mímicas, etc. ao menos, eu Me empenho ao máximo. Quando leio um livro, entro dentro da história: se estiver chovendo no conto, ao fechar o livro, corro para fechar as janelas, como se estivesse chovendo ali, também. Por outro lado, se o livro for ruim, pulo páginas e vou direto ao final.

Filmes então... São um problema: odeio assistir sozinha, mas ninguém quer assistir comigo. Afinal, meu apelido acabou sendo "cricrítica", pois cada cena merece um comentário. Tudo o que faço tem que ser o melhor. Ser bom, apenas, não me basta. E, se o que estiver fazendo não for o suficiente para ser o melhor, largo na metade e não termino mais.

Adoro reconhecimentos e elogios, mas adoro fazê-los, também. Quando sou criticada ou repreendida, sempre dou uma explicação. Minhas brigas sempre são passageiras. Afinal, acabo esquecendo porque que briguei. Olho pra pessoas e sei o que elas estão pensando. Principalmente o que se refere a mim. Tenho lapsos de imaginação. Olho pra uma coisa, e imagino uma relação direta com alguma outra, que normalmente não tem nada a ver. Tudo tem que ter quê e por quê!!

Preocupo-me com o que os outros pensam de mim, por isso, faço tudo da melhor maneira possível. Faço cinco coisas ao mesmo tempo, agora, quando me empolgo em uma delas, largo todas as outras sem remorso. Nunca me esqueço de Deus, evito pedir, mas sempre faço uma manha. Sou extremamente emotiva. Choro só de ver alguém cantando bem no Raul Gil, pode? Quando falo de pessoas que gosto, elas nunca têm defeitos, somente qualidades.

Acordo no meio da noite pra lembrar que esqueci do aniversário do meu tio Kiko que foi três dias atrás. Ah! Mas, eu lembrei três madrugas antes do dia, também. Adoro ser filosófica, paradoxal. Observo pichações nos muros das cidades e tento imaginar o que passava na cabeça de quem desenhou aquilo. O que ele tentou dizer? Será que sou louca? Ou, só desorganizada das ideias, mesmo?

Acho que não me esqueci de nada, né? Então, a conclusão fica pra você tirar.

Thatiana Nunes 26 anos, publicitária, casada e mãe de uma filha, Giovana de 2 aninhos, moradora de São Paulo — capital, **DDA** clinicamente diagnosticada, e nunca fiz uso de Ritalina. Ao menos até hoje, 17 de Novembro de 2005.

Desabafo DDA — Um Grito De Autoconhecimento

Sabe aquela criança que todos imaginavam ser meio "maluquinha", que fazia tudo ao mesmo tempo, com pulgas no short, molas nos pés e uma pilha "Rayovac" embutida auto recarregável?! Pois é, era eu! Acho até que a personagem "Menino Maluquinho" tinha que ser eu, "Gisele — Menina Maluquinha".

Quando criança, só andava com os meninos porque sempre achava as brincadeiras de meninas enfadonhas e sem graça. E por causa disso sempre fui tachada de coisas como "Moleque Macho" e "Maria João", mas nunca liguei muito para estas coisas porque eu, mesmo quando criança, sabia que não era isso e levava na brincadeira ou me fazia de rogada.

Desde sempre odeio regras e não sou muito de cumpri-las, principalmente aquelas que não concordo, ou não entendo o motivo de segui-las. Durante as aulas estava sempre conversando ou aprontando alguma — tachinhas, chicletes, bolinhas de papel, amarrar cadarços dos outras e outras estripulias para os colegas ou professores. Mas só tirava notas boas e apesar disso tudo, os piores professores (que todos os alunos odiavam porque eram exigentes) gostavam de mim. A Diretora nem se fala... Eu vivia na diretoria de castigo, e adorava isto, porque — ao menos — teria lanche e conversa a tarde inteira com a Diretora.

Curiosa ao extremo, sempre queria saber o motivo das coisas, como funcionavam e tenho gosto pessoal para as coisas diferentes e incomuns. Conseguia ficar horas fazendo algo, quase em outro planeta — normalmente fazendo coisas que outras pessoas achavam difícil — e para outras coisas me distraía com o barulho de qualquer alfinete caindo ao chão. Já me vi em várias enrascadas ou situações constrangedoras por isso.

Quase sempre tinha a solução para algum problema que ninguém conseguia resolver e queria pôr logo em prática, o que me colocava sempre como líder de grupo e sala, mesmo sendo "rebelde". Mas às vezes me atrapalho com coisas simples, o que meu ex-chefe diz: "Engole o elefante, mas se engasga com o mosquito...". Minha cabeça é como um turbilhão de ideias... Só tinha um pequeno problema: vivia esquecendo coisas como datas importantes, compromissos. Prefiro mil provas a um trabalho escrito, porque sempre me esqueço de fazê-los.

Para uma criança "travessa" esse cenário é até comum, a questão é que não tem como descrever a vida inteira de uma pessoa em um breve texto e os detalhes destas e de outras situações só as pessoas que têm **DDA** conseguem saber. Com toda esta ficha de infância, fiquei com alguns estigmas: "Ela não vai ser nada na vida se continuar assim...", "Ovelha negra da família", "Ihh! Essa aí eu não sei, viu..." e até de minha sexualidade duvidaram por gostar das coisas que os meninos gostavam por serem mais ativas.

Apesar de já adulta, ainda tenho muitas dessas características com "Rayovac", que trago desde a infância. Levei minha vida até o presente momento lidando constantemente com "rótulos" e apelidos engraçados. Já estou acostumada e sei lidar bem com eles por ser uma pessoa bem-humorada e entrar na brincadeira. Sempre me senti um pouco ou muito: doida, esperta, esquecida, diferente, insana e divertida. Quase todos que conheço me acham divertida, e me consideram uma boa amiga pelo que sou e me aceitam assim, mesmo não conseguindo me entender na maioria das vezes. Compreendo isso, já que nem eu mesma consigo me entender às vezes.

Descobri sobre o **DDA** por acaso. Vi que um "amigo virtual" tinha e, por ser curiosa, pesquisei do que se tratava. Li uma matéria de um site de medicina: "Distúrbio de Déficit de Atenção (**DDA**)", Extraído do livro: Transforme seu cérebro, transforme sua vida — de Daniel G. Amen. E enquanto lia, praticamente via minha vida sendo descrita em cada linha daquele texto. Apesar de longo, li em poucos minutos (hiperfoco) e quando terminei minhas mãos estavam trêmulas e minha cabeça a mil por hora. Precisava ter certeza se tinha **DDA** ou não antes de tirar conclusões precipitadas.

Pesquisei mais a respeito do assunto, Marcus Deminco foi um grande amigo nesse processo, pois me esclareceu várias dúvidas, e me indicou um profissional muito ético — Dr. Paulo, a quem também devo muito, que, após consulta, me diagnosticou como **DDA** do tipo funcional, já que consigo trabalhar, estudar e conviver com as situações da vida, e por isso não preciso tomar Ritalina e/ou outros remédios.

É difícil para uma pessoa passar a vida toda sendo diferente, principalmente, considerando como a humanidade trata quem ou o que é diferente, e aos 23 anos de idade descobrir uma parte do que o faz ser assim tão diferente é chocante, mas ao mesmo tempo libertador. Penso que foi essa a sensação que tive e imagino que poderia ter vivido até meus últimos dias na terra sem nunca ter sabido que tinha **DDA** e que outras podem estar em conflitos piores do que os meus — já que tive muita sorte em saber lidar com as coisas ruins do **DDA** e aproveitar as coisas boas.

Contei para minha família, que não demonstrou muita surpresa, já que nunca fui muito normal. E muitos de meus amigos não acreditam ou não levam a sério o que digo a respeito do **DDA** e de eu ter. Quando o Marcus me falou que estava escrevendo este livro sobre **DDA** eu fiquei muito feliz, pois, sendo um livro de alguém que tem **DDA**, poderia passar uma "visão" igual — ou pelo menos semelhante — a de outras pessoas que também passam por estas mesmas situações.

Continuo a pesquisar a respeito e a trocar minhas experiências com outros que têm **DDA**. Com nossas situações divertidas, difíceis e inusitadas, mas, acima de tudo: com a certeza de que nossa vida nunca será simples, pois viemos para dar e ver um colorido especial a tudo, porque na verdade, a vida de uma pessoa que tem **DDA** está longe de ser normal, corriqueira e comum. E com estas trocas de experiências é que conseguimos nos entender melhor e aos outros para vivermos também melhor.

Gisele Reis, 24 anos, Administradora de Tecnologia Da Informação (TI). Além de designer, coordenadora de projetos tecnológicos, dançarina, conselheira, assistente comercial e outras coisas mais... Como quase todo bom **DDA** que tem várias afinidades e habilidades.

O Eu DDA

Sempre me questionava se todos os outros também viviam com "os pensamentos a mil"; se não paravam de pensar em momento algum; se faziam associações a todo o momento com qualquer coisa; se tinham mudanças de humor e emoções o tempo todo; se sempre viviam "no mundo da lua". Comecei a entender os meus questionamentos aos 18 anos, quando soube ser **DDA** e fui vendo que o modo com que agia e vivia era tudo "normal" para um ser **DDA**.

É maravilhosa a cascata de emoções que se sente; a mudança drástica e veloz de humor; a quantidade incontável de pensamentos e ideias que passa na velocidade da luz pela mente; a criatividade inexplicável que "aparece do nada" e toma conta do seu ser; o amar apaixonada e loucamente.

É horrível o medo de não dar certo; a insegurança; ter consciência de que se esqueceu de algo, mas não saber do que;

sentir-se um imprestável, um inútil, um excluído que não se encaixa na sociedade com suas regras rígidas; desconfiar que seus amigos não te consideram o tanto você o considera.

Amar de modo tão intenso que a todo o momento deseja-se dizer a pessoa amada o que sente por ela; sempre comprar algo que o lembre da pessoa amada, algum momento vivido, algum comentário escutado, ou meramente alguma associação "maluca" que só você mesmo entende; pensar ter achado a pessoa ideal e perfeita para você, aquela para ficar junto até o fim.

Amar de modo tão simples e banal que se esquece daquele jantar agendado há dias; que cumprimenta a pessoa amada de um modo tão frio que gera a impressão de não mais a amar; que não da atenção nos momentos que o companheiro precisa falar.

A impulsividade de querer fazer algo pra ontem; sem fazer uma pausa para mensurar a real importância do fato. Porém quantas e quantas vezes no meio daquela "urgência" se lembrar de outra coisa importantíssima, muito mais urgente que a que se está fazendo, mas no longo caminho que leva ao local onde se realizará o ultimo afazer, a mente incansável nos desvia para outra porta, a fim de realizar outra coisa.

Deitar-se na cama e muitas vezes tentar procurar um botão de "Stand By", um botão para desligar a mente, para parar de pensar e deixar o sono assumir. A agonia, pois na correria do dia a dia quando se consegue um pequeno tempo na hora do almoço para relaxar, a mente não acompanha o corpo, não para. E quando se está conseguindo engatar o sono, o despertador toca.

Para mim as "viagens mentais" são as características que mais alteram o meu modo de ser e agir. Como por exemplo, ao ver uma caneta vermelha lembrar-se de uma pessoa, do perfume que usava, de conversas completas que tivemos em sua casa, no sofá confortável de sua sala. E do sofá surgir uma recordação do passeio com pelas lojas do shopping, a procura de móveis novos para casa. E do shopping recordar-se daquele filme que assistiu depois de ter ido mal em uma prova. E daí por diante, até chegar o momento que se percebe o longo tempo que se perdeu nos devaneios. Também pode ser perigoso já que muitas vezes no transito se concentra num determinado objeto e por alguns instantes perder a atenção nos carros.

Ser **DDA** é viver no extremo. Ou tudo ou nada. Não parar de usar a mente a ponto de gerar a exaustão desta, em que a única coisa que se precisa é descanso. Não consigo imaginar minha vida de outra maneira. Está certo que em muitos aspectos temos que ficar sempre nos controlando para não cometermos deslizes. Sou feliz sendo **DDA** e acho que não teria graça se deixasse de ser.

_____

Por Filipe Ramo Barra

Meu nome é Flavia, e meu filho Felipe de 9 anos tem DDA

Com dois anos ou até menos, Felipe fazia travessuras que pareciam engraçadas e ao mesmo tempo estranhas para idade dele. Ele era alegre, tinha e tem até hoje um sorriso "iluminado". Aos quatro anos entrou para escola e, em menos de dois meses, tive que tirá-lo por estar sempre machucado e ninguém me explicar o porquê. Coloquei-o em outra escola. Foram dois anos achando que a mesma era ruim, incapaz de lidar com crianças mais "ativas", até que novamente o tirei. Fomos então para terceira escola, onde ele permaneceu por mais dois anos. A essa altura, me sentia constrangida de ir a escola duas vezes, pelo menos, por semana, para falar com professores e diretores sobre o comportamento dele. Avoado, agressivo, bagunceiro, o que me desesperava, porque esse não era o meu filho. O meu Felipe era e é um menino feliz, de bem com a vida, radiante, e irresistivelmente charmoso.

Eu evitava saltar do carro no sinal de entrada da escola, porque teria que ouvir cochichos e ver olhares direcionados ao meu filho, de forma agressiva, vindo dos pais das crianças. Mais uma escola que não sabia como lidar com o problema. O engraçado nessa escola é que ele levou mais de quinze advertências e achava divertido, chegava feliz em casa, doido para mostrar, porque, mesmo diante de tudo que ele passava, o humor e alegria eram sempre constantes.

No colégio seguinte, passei todos os problemas do meu filho, abri meu coração com o psicólogo da instituição, que se mostrou super receptivo (até então, nem imagina que ele seria **DDA**), que nenhuma criança era discriminada. No primeiro momento me senti bem, mas com o passar do tempo, vi meu filho se abatendo, caindo às vezes em choro, a autoestima lá embaixo. Comecei a observar mais e descobri a escola fazendo horrores. Ao invés de ajudá-lo, eles o tiravam da sala (tinha oito anos ainda cursando a 2ª série) e o levava para a aula do jardim de infância, onde seu primo de quatro anos estudava e diziam que se ele se comportava feito um bebê era lá que ele ia ficar. Foi tamanha a humilhação, que tive meu filho sem ânimo para nada por alguns dias, apenas tristeza. A Diretora e dona da escola dizia que ninguém gostava dele. Enfim, foram tantas coisas, que o vi fraquejando, sofrendo, sem amigos. Aquela alegria gostosa, tão moleca, estava sumindo... Não preciso dizer que, mais uma vez, no meio do ano, o tirei da escola e, óbvio, estou movendo processo contra a mesma.

Finalmente, depois dessa jornada, achei uma escola onde, mais uma vez, ainda receosa, abri meu coração. Aí sim, encontrei uma escola que o acolheu, quando ouvi pela primeira vez que meu filho poderia ser um **DDA**. Procurei ajuda, estudei o assunto e até hoje procuro novidades e informações.

Diagnosticado, hoje ele tem uma vida tranquila. Não vejo o **DDA** como um problema, vejo-o como uma luz, uma dádiva, algo que sendo descoberto no início, sendo bem tratado e acompanhado, proporciona muita paz ao **DDA** e à família. A compreensão fez com que eu me acalmasse e descobrisse o tamanho do tesouro que tenho. É difícil ainda em alguns momentos, mas vê-lo tranquilo é algo que me dá força e me ajuda a ter a calma e a paciência necessária para entender e me adaptar a essa vida tão "bagunçada".

Acredito que o **DDA** leva uma vida mais tranquila, sendo:

Cercado de amor, não mimos;

Cercado de cuidados, sem exageros;

Sendo ouvido, sempre;

Sendo compreendido diariamente;

Sendo prestativo, útil, sem ser posto de lado achando que com seu jeito afobado, as coisas vão cair, quebrar, bagunçar... O **DDA** é uma pessoa normal como todos, mas com uma LUZ que o torna especial, basta um sorriso para ver!!!

———————————————

Por Flávia Maria Saldanha

Depoimentos da 2ª Edição

Aprendi mais com meus filhos, do que ensinei.

Aos 27 anos eu tive a minha primeira filha. Uma bonequinha rosada, quieta, tranquila, meiga, dengosa, chamada Camila. A maternidade foi arrebatadora, um turbilhão de amor profundo, inexplicavelmente maior do que qualquer coisa que o ser humano pode um dia sonhar em sentir algo tão maravilhoso que logo quis outro filho.

Gabriel chegou apenas 9 anos depois de muita espera e pedidos a Deus para que eu engravidasse novamente. Não consigo colocar em palavras a explosão de felicidade que se apoderou de mim, de meu marido e de minha filha, que sempre me pedia um (a) irmão (ã). Mas a vida me pregou algumas peças... A Camila sempre foi tão silenciosa, organizada, metódica, introspectiva, tímida e arredia, que eu suspeitava ter ali alguma coisa errada. Uma mãe sente. E eu não estava enganada. Logo veio o diagnóstico de Síndrome de Asperger (para os leigos, o tipo mais brando dentre os Transtornos do Espectro Autista — TEA).

Mas nada nesse mundo me preparou para o dia a dia e me deixou tão desnorteada quanto criar um furacão de nome Gabriel. Antes, éramos uma família calma, silenciosa, serena. Logo as coisas estariam completamente diferentes e opostas... Eu percebi que eu estava "encrencada" quando numa tarde, coloquei o Gabriel para dormir. Estávamos apenas eu e ele em casa. Minha filha na escola e meu marido no trabalho. Ele tinha apenas 9 meses e meio. Sentei-me na sala e fiquei assistindo televisão.

De repente, ao olhar para o chão, lá estava ele, se arrastando, meio engatinhando aos meus pés. Gritei de susto! Meu primeiro pensamento foi que havia alguém mais em casa que o tirou do berço. Corri no quarto dele e fiquei chocada com o que vi. Ele havia colocado rente à grade do berço, o travesseirinho, em cima o palhacinho, em cima um ursinho de pelúcia e em cima um protetor de berço. Fez uma escada, subiu e dali se atirou. Caiu no chão (nada ouvi) e não chorou. E foi até a sala me encontrar. Foi a primeira vez que eu tive a sensação que surpresas maiores me aguardavam. E novamente eu estava certa.

Andou aos 11 meses. Mexia em tudo, quebrava tudo, subia, descia, pulava, corria, gritava, se arrebentava, levantava do chão e continuava correndo. Quebrou ossos, dentes, arrancou unhas, era sempre remendado com pontos. Eu vivia no pronto-socorro. Ele estava sempre com hematomas de tanto que corria e se machucava. Eu ficava atrás, atenta, tentando protegê-lo, mas ele era mais ágil, mais rápido, mais desobediente e não me ouvia. Veio a ideia de colocá-lo num colégio (no maternal), pois ele contava com 2 anos e eu acreditava que ali ele queimaria sua energia e teria amiguinhos.

Vez ou outra eu aparecia de surpresa e via a turma dele sentadinha, enfileirada, ouvindo as instruções, as historinhas da professora... Mas... Cadê o Gabriel que nunca estava ali como os outros? Eu logo o avistava correndo pelo pátio, com a monitora desesperada atrás dele, voando de um lugar para outro. Não demorou muito e ele foi "convidado" a se retirar. Não estavam preparados para tamanha energia. Resolvi colocá-lo na natação. O professor pediu desculpas e confessou não dar conta... Então vamos para o futebol. Ele prestava atenção nas formigas, nas borboletas, nas nuvens do céu, menos na bola e ninguém o queria em seu time, pois não tinha a menor ideia do que estava fazendo ali, uma vez que durante as explicações do treinador, ele estava disperso, correndo pelo gramado. Para alívio de todos, eu resolvi tirá-lo de lá. Vamos tentar então o Taekwondo. Disciplina, regras, um professor rigoroso e determinado... Pediu clemência dois meses depois.

O Gabriel tumultuava a aula demais, furava as filas, não conseguia esperar e conversava o tempo todo. Bom... Ainda temos o tênis. As bolinhas voavam nas cabeças de todo mundo ali por perto. A raquete também adquiria asas e saía voando. Novamente furava filas, ria demais, falava demais, corria demais e jogava tênis de menos... Que tal o inglês? A escola era a mais comentada de São Paulo, preparada apenas para crianças. O preço de salgar qualquer bolso, mas eu queria tentar tudo para ocupá-lo, inseri-lo socialmente.

Gabriel sempre foi fascinado por vídeo game, celular, computador. Um dia um coleguinha do inglês resolveu levar um joguinho eletrônico e por infelicidade não permitiu que meu filho mexesse no brinquedo dele. Frustração não é uma coisa que ele sabia lidar bem... Em 5 minutos eu estava de volta na escola, vendo de longe os olhares de ódio profundo dos pais do menino, que teve os óculos quebrados no próprio nariz, com um chute que segundo o Gabriel, ele aprendeu num desenho... Novamente foi "convidado" a se retirar... Ele já estava com seus 8 anos.

Eu pulava de médico em médico. De terapia em terapia. Todos diziam a mesma coisa: **TDAH** com agravante em impulsividade e TOD — transtorno opositor desafiador. Eu dirigia meu carro com um tênis sendo arremessado na minha cabeça pelo Gabriel. Eu engolia meu almoço para não tirar os olhos dele um minuto. Eu fazia qualquer coisa correndo e aflita para voltar perto dele e vigiá-lo, com medo de que se machucasse. Eu ia ao banheiro com a porta aberta. Tomava banhos de minutinhos. Dormia com um olho aberto e outro fechado. Fiscalizava as coisas pontudas e de corte da casa. Lacrava com grades as janelas. Tirava os tapetes do chão para ele não tropeçar. Segurava a mão dele com muita força quando estávamos andando pela rua. Ele queria sempre se soltar e sair correndo. Ir ao supermercado com o Gabriel era pedir para me estressar. Ele abria os braços e passava pelas prateleiras derrubando tudo o que vinha pela frente. O que eu colocava no carrinho ele pegava e jogava longe. Ir ao cinema era perda de tempo. Ele não ficava sentado e falava alto o tempo todo.

Nos restaurantes, ele corria e por diversas vezes, derrubava as bandejas dos garçons com cabeçadas. Pegava batatinha frita e atirava nas pessoas que estavam sentadas ao nosso redor. Sair com ele era um suplício. Eu tentava o castigo, conversar, ignorar, ficar muito brava, prometer recompensas se o comportamento dele ficasse adequado, mas nada... Nada era cumprido, ele sequer me ouvia. A ÚNICA coisa que o deixava mais concentrado era o Metilfenidato que ele tomava e que foi uma benção em nossas vidas.

Uma vez ele próprio me disse que com a medicação ele conseguia ouvir o que as pessoas tinham a dizer, porque ele não parava um segundo para prestar atenção em nada... Ele ficou 7 anos num colégio e foram 7 anos difíceis. A coordenação, as professoras, a diretoria, os funcionários eram excelentes. Tinham tato, preparo, paciência e muita habilidade com meu filho, mas não foi bem assim com os coleguinhas e com as famílias deles. Eu era sempre apontada. Julgada. Condenada. A culpa era minha que não sabia educar aquele menino. Na hora do intervalo escolar, chegou-se ao ponto de meu filho ter um segurança para acompanhá-lo e vigiá-lo, uma vez que aprontava muito nesse curto período de tempo. Se eu contasse as lágrimas que derramei, as noites que varei, os momentos de desespero, de frustração, as brigas com Deus, com o mundo, as pessoas que eliminei de meu convívio porque não suportavam nem entendiam o Gabriel, o infinito seria pequeno demais para medir.

Nada havia me preparado para um filho tão hiperativo, tão cheio de energia, tão elétrico. Resolvi colocá-lo no judô. Novamente tempo e dinheiro perdido. Ninguém aguentava. Apesar de muitas vezes ter perdido a paciência (sou humana), eu defendia meu filho com unhas e dentes, porque sabia o que era o **TDAH** e tinha a real percepção de que ele não tinha culpa alguma por ser e agir assim. É um transtorno neurobiológico. É mais forte do que ele, mas bem menor do que meu incansável, ilimitado, imensurável e incondicional amor por ele.

A vontade de ajudá-lo me transformou numa outra pessoa. Fui estudar, pesquisar, devorava livros. Participei de mil congressos, palestras, seminários, reuniões, discussões, fóruns que debatiam sobre o **TDAH.** Ele continuava medicado, com psiquiatra, com terapia, mas mesmo assim, ainda era uma criança atípica. Ele chegava causando nos locais; no colégio só sabia fugir da sala de aula, era inquieto demais para ficar sentado por horas...

Aos 13 anos, cansado de tanto tentar ter amigos (por ser como era, acabava espantando esses "amigos"), um dia eu o peguei chorando. Ele me abraçou e me disse que jogava a toalha. Que ninguém o entendia e que não aguentava mais tentar fazer amizades. Que ninguém gostava dele. Deus sabe o que senti naquele momento. Chorei junto com ele, conversando calmamente e explicando a ele como era amado por todos nós. Sempre procurei elevar a sua autoestima, mas não teve jeito. Ele foi duro consigo mesmo e nunca mais quis ser amigo de ninguém. Para ele só amigos virtuais, isso ele tem muitos em jogos online, onde é uma fera e aprendeu rapidamente a ler e a escrever em inglês (melhor que em português).

Um dia resolvi que precisava fazer mais por ele e procurei por uma escola regular que tivesse uma sala especial e foi a melhor coisa que fiz. O próprio Gabriel me disse que finalmente tinha percebido que ele não era o "único" diferente, que existiam outros como ele. Relaxou, nunca mais sofreu Bullying. Continua odiando os estudos, dizendo que a escola nada mais é do que uma prisão, mas está mais adaptado, com colegas que o entendem e são parecidos com ele. Hoje ele está bem melhor, menos elétrico, mais centrado, mais controlado. É infantil para seus atuais 17 anos. Tem verdadeira obsessão pelo computador (hiperfoco) e seus conhecimentos ali são imensos.

É um rapaz lindo, amado ao extremo por mim, pelo pai, pela irmã. Não conseguiria jamais explicar esse amor arrebatador, que me alegra os dias, que ao vê-lo faz meu coração acelerar, que imediatamente me traz um sorriso no rosto. Ele e a Camila são a razão de minha vida. Um amor para toda a eternidade. Agradeço a Deus pelo privilégio de ter tido dois filhos especiais que me ensinaram a crescer como ser humano e a ser uma pessoa melhor. Abri uma Associação de Pais chamada Inspirare, com outras mães que também passaram por tudo isso. Aqui em São Paulo procuro acalentar os pais com orientações e apoio que eu não encontrei em lugar algum quando os meus filhos eram pequenos. Eu, por alguma razão que desconheço, fui escolhida duplamente e me sinto honrada com essa oportunidade.

Agradeço também ao Marcus Deminco pela chance de deixar aqui meu depoimento e poder dizer aos pais novatos e jovens que existe sim uma luz no fim do túnel. Que é preciso correr atrás de conhecimento, informação e ter muita, mas muita paciência, pois o resto apenas o amor resolve.

_____

Simone Alli Chair, 52 anos — São Paulo/SP. Diretora-presidente da Associação de Pais Inspirare, Presidente do Instituto Canguru (doenças raras), formada em Serviço Social, defensora popular, militante na área da deficiência, mas acima de tudo e todo o mais, mãe de Camila, 25 anos com a Síndrome de Asperger, formada pela faculdade de design em animação e de Gabriel, 17 anos, cursando o último ano do 2º grau, com perspectivas de tentar a faculdade de design em games, sua paixão. Tem **TDAH**, com agravante em impulsividade, Transtorno Opositor-Desafiante (TOD), e recentemente também diagnosticado dentro do Espectro Autista. Em tratamento com um neurologista e um psiquiatra.

Da autoestima destruída aos Relacionamentos Instáveis: O TDAH Pode Destruir Uma Vida.

Sei muito bem pelo que passei e ainda passo até hoje. Nasci no ano de 1971 e sem o entendimento sobre o **TDAH** e os profissionais que naquele tempo não existiam (e são poucos até hoje) tive a minha vida toda prejudicada. Sem entender o porquê, de mesmo eu sendo tão inteligente em questões como criar e consertar coisa, pois só em observar o funcionamento das coisas sou capaz de desmontar e fazer funcionar novamente porque são situações que nós temos tempo de pensar, analisar o funcionamento e resolver o problema sem pressão, coisa que normalmente não acontece nas escolas. E assim eu cresci, com as pessoas sempre me elogiando por ser criativo, inteligente, etc.

Mas quando entrei na escola, a coisa foi muito diferente, eu só me destacava nas matérias de artes plásticas e desenho e sempre como o melhor da sala, mas em quase todas as outras matérias eu era péssimo, mas era péssimo não por não conseguir aprender, mas por demorar a entender e memorizar como os outros colegas que pegavam o assunto mais rápido, eu ficava triste e sempre perguntando a mim mesmo: "será que sou burro?".

Na sala de aula quando a professora perguntava: "quem não entendeu?" Eu ficava calado, pois vendo que todos os outros coleguinhas haviam aprendido eu ficava com vergonha e medo de ser chamado de burro, mas as minhas notas baixas, e a necessidade de colar dos colegas me denunciavam e era assim que eu acabava sendo visto.

Tenho a certeza de que se eu tivesse tido um ensino diferenciado, com pessoas que soubessem sobre o **TDAH**, as coisas seriam diferentes e eu não teria passado por tudo que passei, pois tendo o meu tempo de aprendizado respeitado e com uma metodologia diferenciada de ensino, eu teria muito mais sucesso na vida, pois teria aprendido tudo, mesmo com toda a minha falta de atenção e dificuldade em memorizar, pois no meu tempo sempre aprendo tudo, do contrário a consequência disso foi ficar com fobia por salas de aula e até em testes de emprego que até hoje me fazem suar frio.

Além de tudo, muitos são os medos que atingem um portador do TDHA. Sobretudo, ao que se refere a relacionamentos e futuros filhos... Ao menos, foi assim comigo, embora tenha lutado para esquecer, com a esperança de que um dia as coisas mudassem, mas infelizmente não foi bem assim que aconteceu. Cedo ou tarde você acaba percebendo que todos os seus temores estão se cumprindo aos poucos e do jeitinho que você sempre temia.

Imaginava ter filhos e na fase escolar eles te perguntarem sobre os assuntos pelos quais você nunca teve oportunidade em aprender como deveria, devido ao seu **TDAH**, sua esposa na incredulidade sobre o transtorno, não aceitando e ainda dizendo que não tem nada de errado com você, e se não bastasse, até a compra de um carro se tornando um problema angustiante, quando deveria ser motivo de felicidade, mas acaba não sendo, pois mesmo sendo bom motorista as dificuldades em memorizar caminhos e de entender com rapidez certos cruzamentos das ruas me faz temer ir a lugares longes, viajar com o carro então nem pensar! E assim, acabo somente usando o veiculo para ir a percursos já conhecidos.

Minha ex-esposa me cobrava nos pontos onde eu não poderia ir mais além, e por isso também criei uma quase fobia ao volante, simplesmente por medo de lugares novos e por fim, quanto você menos deseja que a coisa piore, vem o abandono, ela te diz que não dá mais, e o mais frustrante nisso tudo é saber que não teria sido assim se não tivesse o TDHA.

Por isso a grande necessidade do diagnostico precoce, pois atualmente eu iria procurar por uma parceira também com o mesmo transtorno, ou ao iniciar um relacionamento com uma pessoa sem o transtorno, iria explicar sobre o TDHA, mostrar matérias que falem no assunto e esperar que a parceira compreenda e aceite as minhas limitações, pois com a ajuda e não cobranças e criticas, podem fazer qualquer portador de TDHA superar todas as dificuldades que podem ter na vida.

———————————

Daniel Rêgo de Aguiar (Salvador/BA), 44 Anos, Segurança e formado em Auxiliar de ADM— Diagnosticado Com **TDAH** e Em Tratamento.

Eu não era como as crianças de minha idade

Meu nome é Fernando Yanmar Narciso, tenho 31 anos e sou designer gráfico e escritor. Aos dois anos fui diagnosticado com **TDAH**, ou Disfunção Cerebral Mínima, como a condição era conhecida na época. Ainda nenê, as pessoas percebiam logo de cara que eu não era como as crianças de minha idade. Eu era tão impossível de controlar que se meus pais soltassem meu pulso por um segundo eu acabaria virando um adorno de para-choques na rua.

Meu caso era tão sério que, em minha primeira consulta psiquiátrica aos cinco anos eu fui correndo brincar de balançar agarrado nas cortinas do consultório como o King Kong balançando nos cipós. Estávamos no 25º andar do prédio!

No colégio, eu era como o tradicional 'idiota da vila' dos contos medievais. Como eu era incrivelmente irrequieto, não conseguia ficar sentado e prestar atenção nas aulas, as outras crianças ou me evitavam ou me escarneciam. Praticar Bullying contra mim na sala era um passatempo quase tão aceitável entre os moleques quanto jogar bola no recreio. Por inúmeros anos fui frequentador assíduo tanto da turma do fundão como da sala de detenção.

Mesmo sendo um capetinha mal-ouvido, nunca fui do tipo de capetinha que dava chute na canela, irritava as meninas ou puxava o cabelo delas. Inquieto que era não conseguia nem ficar sentado pra comer, então muitos anos de minha infância passei pesando menos que devia.

Magricela, fracote e ainda tendo herdado a típica 'cabeça de cearense' de meu pai, logo fui apelidado de toda classe de apelidos que alguém puder imaginar: Extraterrestre, testa de afiar machado, cabeça de nós todos, pirulito, etc. Por causa de tanta perseguição sofrida, me tornei um adulto tímido, retraído e antissocial, não muito dado a ter amizades e muito menos relacionamentos amorosos.

Não que nem ao menos tenha tentado, mas simplesmente não consigo confiar em ninguém o bastante para considerar meu amigo.

Ingênuo como ainda sou, já perdi muitas coisas por conta de amizades aproveitadoras, como revistinhas, bonequinhos de Comandos em Ação, jogos completos de Lego, coleções de Kinder Ovo no tempo que eram objeto de desejo de 11 entre 10 crianças, já me afanaram até meu Atari quando eu era pequeno!

Meu primeiro videogame foi justamente um Atari, quando tinha sete anos. Mas por causa de meus problemas, não conseguia nem ficar sentado pra jogar e nem compreendia o funcionamento dos jogos. Ficava o tempo inteiro gritando com a tela pra ver se os ícones me obedeciam. Se nem hoje a tecnologia já chegou a tal extremo, imagina com um Atari!

Anos mais tarde pedi um Mega Drive de aniversário, só pra me distanciar de todos num tempo em que era tão comum os moleques terem um Super NES quanto os pais terem um Uno Mille na garagem. Foi nessa época em que os videogames finalmente me conquistaram, finalmente conseguia ficar horas sentado fazendo uma coisa só!

Conforme fui crescendo aumentei minhas habilidades psicomotoras conforme diminuía as habilidades sociais. Sou aficionado por montar Lego e Transformers desde que comecei a ganhá-los de presente. Aos dez comprei meu primeiro livro de origami, as dobraduras japonesas, e ainda hoje procuro por livros cada vez mais complexos sempre que saio da cidade. Tornei-me cozinheiro de mão mais ou menos cheia no início da adolescência, adoro "brincar de massinha" e ver o fermento crescendo entre meus dedos!

Em 2010 me reencontrei com o temido Cubo Mágico, trauma de infância de muita gente, e hoje os coleciono compulsivamente, procurando na internet modelos cada vez mais complexos e desafiadores. Passo meus dias lendo, escrevendo, desenhando, pesquisando a fundo temas aleatórios, brincando com meus badulaques e esperando pelo dia em que finalmente me tornarei um adulto normal, com mulher, filhos, carteira de motorista, emprego formal e casa própria.

———————————————

Fernando Narciso Silveira, 31 anos, portador de **TDAH** e Síndrome de Asperger, formado em Design Gráfico, escritor, desenhista, trabalha com AutoCAD fazendo projetos de prevenção de incêndio. Montes Claros/MG

Impaciência com o que é diferente

O mundo é intolerante e se irrita facilmente com crianças mal comportadas. Elas são taxadas de futuros delinquentes e os pais nomeados de relapsos. Dá cansaço explicar. Então, eu disse que contaria tudo (exatamente tudo e sem nada de censura) num livro, coisa que fiz há dez anos, quando lancei Segurando a Hiperatividade. A intenção desse livro era reduzir o preconceito, e passar informações, ainda que alguns teimem em afirmar que o Transtorno de Déficit de Atenção e Hiperatividade (**TDAH**) não existe, e que é uma invenção da indústria farmacêutica.

Meu filho, Fernando Narciso Silveira, nasceu em 1º de março de 1984, caminhou um ano e quatro meses depois, e de imediato nos mostrou que a sua normalidade era correr, subir e descer, destruir a si e a tudo em volta, incansavelmente, num exagero de movimento, impulsividade e desatenção com os perigos. Entrava e saía, subia e descia, avançava em cima de coisas sobre a mesa e as jogava no chão, tirava objetos de dentro da gaveta ou armário, quebrava, estraçalhava, apertava os dedos nas portas, avançava sobre o vácuo de uma escada, de um buraco ou desnível sem atinar com o risco de morrer. A aceleração era tão acentuada, que um leve olhar já era suficiente para um desconhecido diagnosticar anormalidade. Era preciso ficar segurando a mão dele o tempo todo, e ainda assim, com força, pois ele tentava "desatarraxar" a mão que o prendia, para se soltar e correr em direção de algo novo. Deixa-lo só, apenas depois dos 12 anos.

Em casa, era menos difícil controlar os sintomas, mas na rua, onde tudo o atraia, era ainda mais exaustivo. Mãe médica, pai engenheiro civil, família equilibrada e amorosa, criança esperada por seis anos, ainda que estupefatos, demos a partida, e toda a assistência teve início. Aos dois anos e seis meses começou o tratamento com a psicóloga, Dra. Maria Teresa Tameirão, através da Ludoterapia, meia hora duas vezes por semana, que durou um ano. Não tinha um diagnóstico. Este veio aos quatro anos, quando a avó dele, Milena

Narciso, que também era médica, conversava com um colega pediatra, Dr. Sílvio Guimarães, que disse se tratar da "Disfunção Cerebral Mínima" e que havia em Belo Horizonte — estamos em Montes Claros, Minas Gerais — um médico que era neuropediatra dedicado aos estudos desse problema, logo depois denominado de **TDAH**.

Ao entrar no consultório do médico, no 25º andar, junto com a mãe, o pai e a avó, Fernando conseguiu se soltar e correr na direção da janela, agarrando-se à corda da cortina e fez como Tarzan, dependurando-se e se balançando. Todos nós ficamos apavorados. Após saber dos sintomas, em poucos minutos de observação, o médico, Dr. Luiz Fernando Fonseca, falou que aquele era o segundo caso mais grave que ele tinha visto em 25 anos de profissão. O outro era o de uma criança que teve de ser completamente engessada para se recuperar de uma hepatite.

Tentamos remédios, que o aceleraram ainda mais, e após duas ou três marcas, deixamos de lado. Começamos com a psicomotricidade, duas vezes por semana, por meia hora, sessões estas que aconteceram durante cinco anos, juntamente com a natação, três vezes por semana, meia hora, e também insistida por cinco anos. Não aprendeu a nadar.

Havia um atraso motor e um avanço na leitura, pois, de uma hora para outra, aos três anos e cinco meses, sem ninguém lhe ensinar, ele leu a palavra Montes Claros numa carteira da Unimed. E não parou mais, assombrando a todos. Também perturbava demais na sala de aula, que começou a frequentar aos três anos de idade. Primeiro foi na Escola Montessori Pedacinho do Céu, e depois Colégio Padrão, do qual foi expulso aos quatro anos, na ocasião da renovação da matrícula, quando o colégio se negou a recebê-lo.

Nós não o escondíamos, e ainda que com dificuldades, o levávamos para todos os cantos, compras, clubes, festas, casa de parentes, viagens. Todos se viam no direito de opinar, dizendo que ele era assim porque era filho único, e eu retrucava dizendo que ele era filho único porque era assim. Ou que ele corria quando era solto, porque eu o segurava. Foram anos tão difíceis, que, agora, ao relembrá-los me pergunto como conseguimos sobreviver a tais dificuldades. Mudamos para o Colégio Pequeno Príncipe, depois Centro Pedagógico Expansão e, em seguida Colégio Promove (mesmo educandário que foi mudando de nome). Lá encontramos uma verdadeira educadora, a Dona Irene Barbalho. Ela aceitou o desafio de tornar o meu filho numa pessoa do bem, e foi maravilhosa nisso, pois Fernando nunca nos envergonhou por mau comportamento em termos de ética, ou de moral. O que fazia era andar pela escola, se esconder no lixo, fugir de lá (aconteceu uma vez no Pedacinho do Céu, e pelo menos três vezes no Promove), aceitar desafios dos colegas de quebrar alguma coisa ou derrubar uma colega com o pé.

Quando tinha ainda quatro anos, cheguei à sala de aula e não o encontrei. Estava zanzando pela escola apenas de cuecas. Fui catando pelo caminho sapatos, meias, uniforme e material escolar, o qual tinha de ser reposto todos os dias. Saía limpinho de casa, e voltava imundo, destruído. Seu período de alfabetização foi complicado, porque ele já lia e escrevia com as letras de plástico há quatro anos e os colegas soletrando. Então, Fernando ia passear. As professoras o mandavam buscar alguma coisa para ele se distrair, e aguentar ficar. Por questão de justiça, é preciso afirmar que ele nunca deu um calundu.

Não copiava nada em sala de aula, e não fazia nenhum trabalho em classe. Em casa era uma luta, que seu pai, Flávio Rocha Silveira, segurava bem nas tarefas. Escondia que tinha prova, e ainda que não escrevesse, acabava com os cadernos, livros e apostilas. Não tinha paciência para fazer as provas, e as entregava sem ler, nem resolver. Desde o começo utilizávamos um caderno para falar com a professora e íamos à escola todos os dias, para saber o que havia acontecido.

Alguns colegas não gostavam dele, e beliscavam o seu rosto, arrancando sangue, enquanto as meninas o protegiam. Sempre foi amoroso e beijador e não conseguia revidar às agressões. Isso durou muitos anos, e só foi acontecer quando já era adolescente. Um colega o provocava, batia nele, e certa vez, durante uma aula ele deu uns bofetões nas costas deste colega. Este ainda retornou com um soco no nariz, mas depois disso nunca mais o machucou.

Buscá-lo na escola era emocionante. Com o coração apertado, eu parava o carro e ficava esperando. Quando já adolescente, era esperar pra ver. Vinha uma colega, aflita, contar sobre algum malfeito daquela hora, e o castigo no Departamento de Atividades Pedagógicas (DAP). Ninguém queria fazer trabalhos em equipe com ele, pois era distraído e dispersivo em exagero. Ainda que chegasse na hora combinada, não fazia o que era necessário, sendo um peso para a equipe. Mas as meninas o ajudavam a realizar a maioria das tarefas. No começo, mesmo sem copiar e fazer nada, além de passear o tempo todo, tirava notas em torno de 80%, mas depois da quinta série (hoje sexto ano) precisou de professora particular, que o acompanhou a peso de ouro até chegar à faculdade. Ele não queria fazer o vestibular, mas foi obrigado a ir, e fez no simulado 50% de acertos. Isso o encorajou. Quando chegou a hora, passou em Turismo e Hotelaria, um curso de oito períodos, que frequentou até o quinto. Então, mudou para Design Gráfico e se formou em 2008, com 24 anos. Trabalha com projetos de prevenção de incêndio pelo AutoCAD, com o pai dele, desde então.

Socialmente, sempre teve dificuldade em se entrosar, fazer amizade. Mesmo após a idade adulta, não se relaciona normalmente. Não consegue interagir, dialogar, ter amigos, namorar. Ainda assim, conhece muita gente, tem memória prodigiosa, e abraça e beija as mulheres, sem perceber o perigo, mesmo que estejam com seus maridos. Apaixona-se com facilidade, e namorou uma vez. Amigos, apenas quando criança, e alguma relação de amizade com colegas. Diz que não vai se casar e nem ter filhos. Ainda manifesta hiperatividade física e mental aos 31 anos, desatenção (dificuldade em dirigir e tirar a carteira) e impulsividade (fala sem pensar). Faz tratamento com psiquiatra e psicoterapia com psicóloga, Dra.

Aldelúcia Castro, desde os 16 anos. Usou Ritalina e teve alergia, depois retornou sem sentir coceiras, mas ficava muito acelerado. Tentou a Ritalina LA e está fazendo uso do Concerta de 54 mg há dois anos, com bons resultados. Tem tendência à tristeza e baixo amor-próprio.

Desenvolveu algumas habilidades, sendo que desenha, escreve, toca violão e guitarra, lê muito (antes não conseguia terminar um livro), é expert em origami (as dobraduras japonesas), adora cinema e dele entende a fundo, e também é fã dos cubos mágicos e os coleciona (tem mais de trinta deles de todos os formatos e os resolve num instante). Seus testes de QI apontam para superdotação, e seu psiquiatra, Dr. Marcelo Ferreira, há alguns anos deu o diagnóstico de Síndrome de Asperger, um tipo de autismo leve, que para ele é uma comorbidade do **TDAH**.

Escreveu um livro de crônicas chamado "Um Dia como outro qualquer", e nele escreveu com fina ironia, num estilo agradável e bem-humorado, no qual deu ênfase às frases de efeito. Na ocasião deu várias entrevistas. A noite de autógrafos, 15 de maio de 2014 foi, na opinião dele, "uma noite memorável!" Hoje, ele é muito só. Fica tempo demasiado grande no mundo virtual, o seu universo, mas faz academia, já praticou Muay Thai e rúgbi. Está tentando tirar a CNH, mas acho que não deveria dirigir. De bicicleta já é um perigo. Assim está o meu filho.

___

Mara Narciso, mãe de Fernando Narciso Silveira, portador de **TDAH** e Asperger. Sou mineira de Montes Claros, tenho 59 anos, sou médica endocrinologista (1979), jornalista diplomada (2010) e escritora "Segurando a Hiperatividade", livro biografia do meu filho, escrito em 2004.

O Mais Engraçado Em Ser Portador De TDAH

O mais engraçado em ser portador de **TDAH** é que todo mundo pensa que é um transtorno que só aparece em crianças e adolescentes, e quando você envelhece simplesmente com um passe de mágica "ele" desaparece. Não é bem assim... Resolvi falar da vida de um adulto portador de **TDAH**, porque seguramente vocês já sabem de trás pra frente como é em uma criança e agradeço a Marcus Deminco por abrir esse espaço que é aqui que buscamos respostas para muitas perguntas.

Quando fui diagnosticada tratei direitinho por um bom tempo e depois parei. Achava-me grande demais pra continuar sendo Hiperativa e a parte acreditava que eu podia controlar o meu corpo e meus atos. Foram mais 8 anos sem tratamento. E "looooongos" 8 anos de muita enxaqueca; fala tão descontrolada, chegando ao ponto de diversas vezes falar muito tempo sozinha (até hoje, eu falo) haha; não ficar quieta em lugar nenhum e sentir a necessidade de me mover o tempo todo; muita agressividade e impulsividade; já arrumei muita briga por não ter filtro na fala; fazia tanta bagunça que ninguém acreditava que eu sozinha era capaz daquilo; não conseguia me comprometer com nada [adorava (adoro) ajudar as pessoas, me metia em diversos projetos novos, mas sempre eu perdia o gosto e deixava de lado]; enrolada foi o "adjetivo" que mais ouvi em toda a minha vida já que eu não cumpria horários nem regras; era extremamente esquecida com tudo; com todas essas coisas a concentração já era uma palavra que eu só tinha escutado falar, mas não fazia ideia do que se tratava e achava o máximo que a tinha. O primeiro pico do **TDAH** (que foram 2) pra mim foi quando eu e meus amigos percebemos que eu já não tinha a mesma memória que antes.

Nessa época eu estava já estava estudando medicina e sabia que ia muito além de pequenos esquecimentos, que era algo patológico e que eu precisava muito de ajuda. Agora a pergunta que eu tenho certeza que você está se fazendo é: Como você conseguiu ingressar numa faculdade de medicina e continuar nela desse jeito? A resposta não é tão simples. Eu sempre quis fazer medicina e algumas pessoas me diziam que eu jamais seria capaz, Mas como uma boa **DDA** que sou a decisão estava tomada e ninguém tirava aquilo da minha cabeça. Lutei muito e consegui, mesmo em meio a esse turbilhão de coisas que passavam comigo, descobri na medicina o meu amor maior e na medicina eu me encontrei porque eu estava completamente perdida. Agora imagine eu completamente desmemoriada estudando? Pois é, foram dias e noites de muitas lágrimas, bater cabeça na parede (literalmente) pra me dar uma sensação de que o assunto tinha que entrar, mas chegava um momento que o cansaço batia e realmente não era possível. Foi então quando resolvi por conta própria voltar ao medicamento e isso fazia com que eu fosse melhorando nos estudos (só nele), por que todas as outras coisas continuavam, mas ai veio o meu segundo pico do **TDAH**.

A segunda vez eu fui obrigada a me render ao **TDAH**, já que não tinha mais "eu" e como a morte do meu pai foi tão devastadora que ela levou com ele todas as forças que tinha dentro de mim pra lutar e vencer qualquer obstáculo, toda minha alegria, todo meu amor pela medicina e toda minha salubridade física e mental. Depois de tanto era impossível eu continuar sendo tão teimosa e não aceitar um tratamento adequado.

Com apoio da minha família e amigos, voltei ao psiquiatra, neurologista e terapeuta (mesmo com dificuldade de encontrar especialistas para adultos), sou medicada diariamente que me ajuda e muito a controlar todas as coisas que eu descrevi acima, Enfim, passei a viver infinitamente melhor.

Uma síntese deste depoimento, é que ser **TDAH** tem seu lado péssimo, mas um paciente com **TDAH** tratado tem o seu lado péssimo controlado e todo o seu lado maravilhoso (posso enumerar diversas qualidades) aguçado. E pra falar a verdade, se eu tivesse que escolher, escolheria ter **TDAH** de novo, porque com o tempo e os medicamentos aprendi a controlar o que fazia mal pra mim e pros demais e a aperfeiçoar as qualidades. Se você tem uma pessoa com **TDAH** do seu lado, você é uma pessoa de sorte, pode acreditar, porque você jamais encontrará uma pessoa que mesmo com um turbilhão fervendo dentro da cabeça, tem um coração arde em amar e ajudar ao próximo!!!

Carolina Augusto, 30 anos. Buenos Aires — Argentina. Estudante de medicina na Universidad Buenos Aires. Portadora de **TDAH** desde sempre, em tratamento com Strattera (Atomoxetina). Tendo um bom prognóstico e sem muitos efeitos adversos: sem enxaqueca; continuo falando sozinha; são mais raros os momentos de inquietação; muito menos agressiva, e menos impulsiva; sem brigas, um pouco mais organizada; mais comprometida; melhorando muito na pontualidade; memoria 80% recuperada; concentradíssima e mais centrada; amando a vida e todos que fazem parte dela.

Comentários de Leitores

Com respeito aos inúmeros leitores que enviaram por e-mail ou expressaram os seus comentários através de diferentes sites – mesmo não sendo possível reproduzir todos – a originalidade dos seus textos foram mantidas de forma integral. Dessa maneira, os possíveis erros ortográficos, as abreviaturas de expressões, as pontuações, as fontes em caixa alta, e todas as outras características, foram replicadas tal como foram escritas. Se você, leitor deste livro, também quiser manifestar a sua opinião, o seu comentário ou ainda, também relatar a sua experiência com o **TDAH** para fazer parte dos nossos próximos depoimentos, basta encaminhar o seu texto para o e-mail marcusdeminco@gmail.com Assim, quem sabe, o seu texto será publicado na nossa próxima edição, além de ficar disponível nos websites do autor.

(...)

Pra começar, ter a coragem de se expor e de se mostrar pelo avesso é algo digno, louvável. Sobretudo se tal jornada tem por objetivo a generosidade em se mostrar como exemplo a tantos outros que precisam justamente disso, de alguém que mostre que é com as adversidades que melhoramos, que é com os próprios defeitos que aprendemos a evoluir, que é com a autoconfiança que tudo flui, que é preciso sacrifício para se chegar onde quer. Foi isso que Deminco fez em "Eu e meu amigo **DDA**", um depoimento sobre como é a vida de um **DDA** em busca dos seus sonhos e tendo de lidar com seu 'amigo invisível'. Embora seja um livro escrito por um **DDA**, já conhecido virtualmente entre **DDA**'s e que tem como um dos pontos principais exatamente a relação que se tem com o **DDA**, aconselho o livro a todos. Bem escrito, humorado e de uma sinceridade sem igual, "Eu e meu amigo **DDA**" mostra como é necessário viver mais e esperar um pouco menos, conhecer a si mesmo e ser responsável sobre o próprio destino, já que só a cada um cabe essa escolha.

"Eu e meu amigo **DDA**" pode até ser mais proveitoso para não-**DDA**'s, tendo em vista que é uma grande aula das coisas que todos nós **DDA**'s sentimos: uma aula de paixão à vida, de intensidade nas ações e de entrega nas paixões. Embora, como **DDA**'s, vivemos sentindo tudo a mais, como se fosse um grande passeio num jardim de delícias, há o outro lado também, do qual não podemos fugir e que, em alguns casos (infelizmente), é o que mais acontece: uma horripilante jornada nas trevas. Deminco conseguiu fazer de sua vida uma aventura, em que terrores foram necessários para apimentar a história e delícias foram o justo resultado de tantos esforços.

O valor dos sonhos, o poder da imaginação, a doçura das palavras, a ansiedade em relação ao inexorável tempo, a compreensão dos e para com outros... Este é um livro realmente muito bom, vale a pena ler. Não é todo dia que topamos com um depoimento sincero e verdadeiro de uma pessoa que teve coragem de se expor, de expor seus defeitos, seus erros e, claro, suas conquistas decorrentes de suas virtudes.

Só sendo um **DDA** para conseguir agarrar a vida pelos cabelos, arrancar-lhe um pedaço e colocar num livro, um recorte de vida ainda pulsante. Um livro que vibra, que pulsa, que ri e que chora, uma amostra da vida em toda sua dinâmica, com suas fatalidades e seus regozijos. Sobretudo seus regozijos. Um livro que nos prova como viver, simplesmente, vai além. Vai além...

_____

Posted By Guilherme Montana At 10:04 Am

Φ Φ Φ

Conheci este livro no fim do ano passado. Com menos de duas semanas terminei de ler. Foi bem estranho... A identificação com tudo foi imediata. Logo conheci o Deminco... Graças a nossa querida internet...

Bom... Ele de vez em quando tem feito umas vezes de psicólogo - rsrsrs -... Quando a incontinência verbal ataca - um dos meus graaaandes problemas... Falo demais e sem controle de qualidade... - e chego em casa arrependida de ter ouvido alguma coisa... :P vejo lá o MSN.. rsrs bom.. Funcionou umas vezes... Conselhos de quem já passou por coisas assim. **Talvez Ele Nem Saiba Que Ajudou Tanto.**

Juliana Rosa (Lisboa, Portugal)
http://judarosa.blogspot.com/

Φ Φ Φ

Quando soube da existência de grupos que trocavam experiências sobre **TDAH/DDA**, um transtorno que meu filho possui, decidi participar. Deparo-me com o tópico visivelmente pretensioso: "O maior livro sobre **DDA**". Conhecedora do exagero e dramaticidade dos portadores faço uma pergunta que provoca: **"QUANTAS PÁGINAS?"** Mas a doçura e a educação de Deminco me deixam atraída em saber mais. Então leio as 75 características **DDA** e fico encantada com a perspicácia, dedicação e sensibilidade do autor. Como estou em busca de respostas e já destruo as barreiras do preconceito há um ano, desde o lançamento do meu livro Segurando A Hiperatividade, migro de armas e bagagens para a divulgação do livro **Eu & Meu Amigo DDA.**

A capa bem elaborada e a boa apresentação dão indícios do conteúdo. Numa forma absolutamente sincera o autor se expõe de forma didática e mostra como é o pensamento, o raciocínio, e o modo de funcionamento de um cérebro **DDA.** Sem prender-se excessivamente em termos técnicos dá informações sérias sobre o transtorno. Escrito ora na primeira pessoa, MARCUS, ora na terceira pessoa, DEMINCO, o espírito **DDA**, o livro é atemporal, e não se liga a uma cronologia rígida. Isso dá mais sabor a leitura, que é absolutamente inédita ao mostrar a grande dificuldade de um **DDA** chegar ao fim de uma tarefa árdua como é escrever um livro, e dar conta de fazê-lo bem, pois cada um poderá se ver, ou ver um conhecido ou parente seu naquelas páginas.

Nos capítulos escritos sob efeito da Ritalina, há uma maior organização de ordem, sequência e fim. Os outros, sem ela, são meio conturbados, com interessantes interrupções e mudanças de assunto, com idas e vindas que ambiguamente são elucidativas, curiosas e engraçadas. Mostra-se despudoradamente e não é apenas quando posa para a revista G-magazine, mas em todos os momentos quando nos fala do mundo gay e o do fisiculturismo. Sem intenções moralistas ou justificativas vãs, conta cruamente como a droga arrasta qualquer um para o fundo, num tempo recorde e assustador. Cunha frases marcantes dignas de um grifo e mais uma reflexão, e outras típicas do jeito de ser **DDA** que são cômicas e claramente humorísticas, levando a um riso fácil, em contraposição aos momentos mais graves. Fala tudo de si, mas optou por preservar os demais.

Congratulo Marcus Deminco pela iniciativa, pelo resultado e principalmente pela coragem em se dar, pois isso vai resultar em entendimento e redução do preconceito contra os portadores de **TDAH/DDA.**

Mara Narciso

Φ Φ Φ

Foi Muito Emocionante!

Quando comecei a ler o livro de Deminco, me identifiquei 100% porque sou um TDA muito parecido com ele, quanto a impulsividade. O que mais me chamou atenção foi o fato dele ter criado um personagem de nome Deminco para as atitudes TDA dele. Pra nós TDA é uma vitória ter um livro desse nível e porte escrito por um TDA que é 100% devaneado.

Felicidades
Erito Augusto

Φ Φ Φ

ADOREI!

Estava ansiosa para você concluir o livro e finalmente descobrir quem realmente é Marcus Deminco, ou talvez compreender determinados comportamentos em você. Apesar de nos conhecermos pouco, e muitas vezes não conseguimos trocar mais que cinco linhas em conversas no MSN. Senti que tínhamos algo em comum, não sei se seria necessariamente esse tal de **DDA**, pois nunca fui diagnosticada, mais sentia um carinho especial e um propósito em querer te ajudar em algo que até eu mesma desconhecia, talvez seja uma dessas características de um **DDA**. Mais enfim, finalmente você dava luz ao seu primogênito e eu uma mera leitora devorava as páginas em qualquer lugar que parasse, e acredite, nos lugares mais impróprios, até mesmo no trânsito quando o sinal fechava.

Sinto por você não ter conseguido ainda realizar determinados sonhos, mais embora estas palavras possam te irritar profundamente tudo tem seu tempo certo, e acima de tudo e de todos Deus escreve o certo por linhas tortas, talvez se você estivesse hoje no auge de uma fama nunca se mostrasse de tal forma para essas pessoas que a partir deste momento estão aprendendo algo com você, com sua experiência, com sua garra e até mesmo com os seus erros.

Identifiquei-me com alguns relatos, o lance de paquerar os feios para aumentar a autoestima deles, brinco com minhas amigas de fazermos o dia do feio feliz, que é justamente dar "bola" para que eles se achem, isso parece coisa de louca né? Admirei-me como você lembra detalhadamente da sua infância, tive uma ponta de "inveja", pois não tive muitas aventuras assim, nem tantos primos, muito menos acampar com eles. Não sei o porquê mais nunca o conseguir te ver despido, nem na revista e nem nas sessões de fotografias, é como se algo tapasse os meus olhos impedindo de vê-lo, ou talvez por preservar muito o meu lado profissional, mais após ler o seu livro posso dizer em letras maiúsculas que você nunca esteve tão despido como agora, e te confesso que o seu lado escritor é muito mais lindo que o seu lado modelo.

Quero também demonstrar uma imensa admiração por duas mulheres em sua vida, uma foi sua mãe, uma verdadeira heroína, outra a sua então namorada na época, Clara. Ela me faz acreditar piamente que por traz de um grande homem sempre haverá uma grande mulher. Acho que devo terminar por aqui, desse jeito vou terminar contando o livro todo. Quem não leu é bom correr e fazer logo o pedido, pois além de estar muito bem escrito é uma grande lição de vida.

Parabéns Deminco, a você também Marcus, nunca desistam dos seus sonhos.

Grande beijo
Márcia Duran

Φ Φ Φ

ACABEI DE LER

Marcus (com U), me encontrei no meio dos seus devaneios, da sua ânsia de viver tudo ao mesmo tempo, da sua necessidade em sentir plenamente cada segundo do experienciar, as angústias por não ter paciência em esperar o tempo seguir seu tic tac , a força de vontade e a coragem de correr atrás do que vc deseja (nem que esse desejo dure apenas milésimos de segundos). Mas, o melhor de tudo foi perceber, que essa "mania" que tenho de nunca saber o que quero, ou o que não quero, ou ainda, se quando tiver ficarei satisfeita, não é privilegio meu. Entender que faz parte do distúrbio me ajuda a segurar a onda. Quando li os capítulos da sua saga para sair na capa da revista, parei para pensar. Nós realmente possuímos o dom de nos meter em cada enrascada, superar limites e desafiar qualquer coisa para atingirmos nosso objetivo. E quando conseguimos inevitavelmente a primeira pergunta é: O que eu fiz???

Não sou muito boa em elogios, mas parabéns, não só pela iniciativa e coragem, mas por ter vencido o **DDA** e conseguido finalizar o livro. A tempo, gosto mais dos capítulos sem a Ritalina ;)

Bjs
Sabrina Dias

Φ Φ Φ

Eu Me Identifiquei Demais Com Cada Situação.

De fácil leitura, Deminco nos prende e faz com que possamos sentir o que ele descreve, comparar situações vividas e ainda, ter em mente que com luta e muito esforço podemos sim vencer a mais árdua tarefa possível.

Deminco, você é um vencedor, um exemplo a ser seguido, me sinto honrado em tê-lo como amigo. Que Deus o abençoe sempre. Tu mereces tudo de bom.

Abração
Marcelo Schmitt

Φ Φ Φ

Olá, Deminco,

Peguei seu e-mail na contracapa do seu livro, que acabei de ler recentemente... Interesso-me muito pelo tema, também tenho uma amiga **DDA**... risos... Enfim, o que me surpreendeu mais foi o fato de perceber que você mora em Salvador, local onde resido também... Se possível, gostaria de me comunicar com vc, para conversarmos sobre o tema.

Abraço,
Caroline Borba

Φ Φ Φ

Simplesmente Emocionante!!!

NOSSAAAA q Livro!!! Comecei e terminei tão rapidinho... rs !! E a incrível sensação q deixou ao termino foi de uma imensa felicidade!!!! Felicidade por descobrir um mundo novo, um mundo q antes nunca tinha sido exposto pra mim, um mundo de realidade, conflitos, reflexões e acima de tudo superação.

Quantas vezes nos pegando refletindo sobre o q é "normal" e o q é " loucura"?!! Quantas vezes não conseguimos compreender nossos amigos, familiares, companheiros?...

Adorei o livro, um exemplo pra muita gente (**DDA**s e "normais"!), leitura fácil, muito agradável, momentos engraçados, um relato maravilhoso sobre a infância (adorei), momentos de reflexões, de superações de limites, fora a agonia incessante desse nosso amigo... Foi muito bom conhecer um pouco mais dessa criaturinha maravilhosa... q em sua loucura me fez vislumbrar as mais verdadeiras verdades!! (rsrs...<u>esse exagero aprendi com Deminco).</u>

Sucesso Guerreiro!!! Espero ansiosamente por novas Batalhas!!!
Ainda quero ler muitos livros seus!!!!
Claudia Bastos

Φ Φ Φ

Deminco,

Mal comecei a ler sua obra, e já me identifiquei por completo... Se tenho este distúrbio, sinceramente não sei, mas que até o momento de minha leitura, parece que o livro foi feito para mim, isto não tenho dúvidas, sabia ?

Ontem senti uma necessidade enorme de falar contigo e falar pra ti, o que eu estava sentindo, sabia? Sabe aquela "necessidade" de falar para o mundo, de conversar sobre o assunto, trocar experiências, que mencionou no início do livro?? Pois é... Parece que esta sensação é inevitável, né? Faz parte do momento de descoberta, renascimento... E é assim que estou me sentindo...

RENASCENDO para a vida! E GRAÇAS A VOCÊ!!

Assim que desligamos a ligação, ontem a noite, confesso pra ti, sem vergonha nenhuma, que simplesmente... Caí no choro!! Um misto de felicidade e questionamentos invadiu meu coração... Enfim... Uma sensação boa! Digamos... De emoção...

Fui dormi tarde... Liguei para meu ex-namorado, um grande amigo atual, o qual me relacionei por uns 3 anos, para compartilhar com ele sobre o que estava acontecendo... Ele sempre dizia que eu era diferente e muito especial com este meu jeito de ser (Super impulsiva, intensa e verdadeira em sua emoções, paranoica com arrumação/limpeza, desligada do mundo, super aérea, muitas vezes infantil,..., ...,...., constantes mudanças de humor, ..., enfim..); Para você ter uma ideia, logo que o conheci, virei para ele e disse : " Tem certeza que quer ficar comigo ?? Olha que sou um E.T !! " rsrs

Mas isto nunca foi um grande problema para mim, pois devido ao meu excesso de bom humor (apesar das alternâncias...), sempre levei tudo na esportiva e com muita leveza... O máximo que me diziam era que eu era "maluquinha"... Que bom, meu amigo, ter recebido de ti este presente!! Tenho certeza, que ainda tenho muito que aprender a respeito do D.D.A e ainda, muitas respostas para encontrar, para tantos questionamentos, dúvidas que existem dentro de mim...

Hoje amanheci sentindo-me mais feliz, sabia? Pois como mesmo citou no livro, quando a gente encontra uma denominação para o que se sente, é muito melhor e mais fácil de se aceitar, não é mesmo? Não sei.... Mas estou "me namorando"! Estou naquela fase de descoberta, de quere ficar comigo mesma... Bom, se deixar, vou acabar sendo chata, de tanto que estou escrevendo, mas é que meu coração, meu sentimento, quer falar, entende ?

Desde já, quero dizer pra ti, que foi MARAVILHOSO ter te conhecido, e que Deus possa iluminá-lo sempre e cada vez mais! Você, Marcus, além de ter si ajudado, está querendo também ajudar aos outros portadores do distúrbio também... E isto é muito humano!! Quero parabenizá-lo pelo seu trabalho, pela sua sensibilidade, pela sua inteligência, pelas suas palavras...

Sei que está trabalhando num novo livro... Saiba que, se eu puder contribuir com alguma coisa, conte comigo, ok? Não tenho receios de me expor, principalmente, quando é por uma causa justa e bonita: Alertar, levar conhecimento para os ignorantes e carentes do assunto, e que, com certeza, estão espalhados por aí...

Se um dia for possível Deminco, gostaria muito de poder conversar pessoalmente contigo, trocar experiências, tirar dúvidas... Conversar a respeito, tá? Bom, vou ficando por aqui, te dando a certeza de que está contribuindo para a felicidade de muitas pessoas... E quando se olhar no espelho, sinta muito orgulho por ser o que é, e fazer o que faz!

MUITO OBRIGADA.
Carinhosamente.
Valéria

Φ Φ Φ

shalliny_thassila@yahoo.com.br diz:

Deminco,

Sei q vc tá ocupado... Nem precisa responder não... Só ler. rss assim q o livro chegou, após fazer um lanche, comecei a lê-lo.. Detalhe: li 58 páginas 100 parar!! Um marco na minha vida!!! Mas o q eu queria falar mesmo é o seguinte... Vc leu minha alma e a descreveu em palavras... rs não sei se fico feliz em me sentir acolhida ou me sinto desconfortável por "saberem" tão intimamente sobre mim.. RS

Φ Φ Φ

Marcus Deminco,

Tenho um filho de 6 anos portador do **DDA** e confesso que às vezes sinto angústia com o conflito interior que o acomete. Já li o livro Mentes Inquietas e agora estou lendo seu livro Eu e Meu Amigo **DDA**. Ambos têm me ajudado muito a lidar com essa questão. Desde o ano passado percebi que o rendimento escolar do meu filho estava aquém do esperado. Percebemos, também, além da deficiência com o aprendizado, atitudes que nos levaram a observá-lo mais atentamente. Hoje ele está na Alfabetização, mas continua sem conseguir acompanhar a turminha da escola. Isso tem comprometido bastante sua autoestima, tanto que ele não quer frequentar a escola. Todo o dia é uma luta para convencê-lo, sem irritá-lo. Próximo ano ele vai repetir a Alfabetização. Decidimos que vamos mudá-lo de escola. Acho que vai ser melhor, pois, embora a Escola que ele estude seja muito boa, acho que ele vai sentir muita falta dos coleguinhas que irão para a 1ª série, pois embora com toda essa dificuldade ele é muito querido pela turma. Ele está sendo acompanhado por uma psicopedagoga. Não sei como vai ser no próximo ano, mas estarei sempre ao seu lado para ajudá-lo no que for preciso.

Obrigada por, indiretamente, estar me ajudando nessa caminhada!

Abraços,

Susane Suzart

Ah! Fui às lágrimas com o poema escrito por você no Livro. Achei lindo e muito profundo! Retrata exatamente o quê é um **DDA**.

Φ Φ Φ

Amigo Deminco!!!

Preferi contatar você pelo e-mail já que estava disponível no seu Orkut bem como para preservar a sua intimidade e, por consequência, a minha.

Marcus Deminco

Estou no Rio Grande do Sul, na casa de meus pais, até domingo e infelizmente não achei seu livro em nenhuma livraria aqui, pois a cidade é pequena. Estarei fazendo o pedido ainda hoje porque estou louco, super curioso para lê-lo. Além de saber um pouco mais de você, saberei um pouco mais, por consequência, de mim o que me agrada muito, pois creio que temos algumas semelhanças e gostos parecidos.

A fim de que me conheça um pouco, se interessar é obvio, esclareço que estou na fase do "ainda bem que tem" ritalina e ainda bem que existe psicóloga (vou uma vez por semana) e neurologista (receita 3cx de Rita cada vez). Tenho procurado o autoconhecimento que você me sugeriu.

Cheguei ao fim, nesse segundo semestre de 2006, de um casamento de sete anos com uma pessoa legal. Ou seja, meu projeto de vida terá que ser totalmente modificado. Meu plano inicial de família "furou" e uns dos fatores acho que foi o **DDA**. Não dá para acontecer isso de novo e não posso falhar com o meu filho de três anos e meio que tive com minha ex-mulher.

Meu objetivo é não tomar mais esse remédio "caixa preta" e ir, ao longo da vida, substituindo-o por homeopatia, psicoterapia, exercícios físicos, suplementos alimentares, alimentação, etc., até que possa eliminá-lo totalmente desde que isso seja possível. Por isso gostaria de saber se você pactua comigo e se há estudos nesse

480

sentido no seu livro ou, se não há, se há se você me dá algumas dicas a respeito.

Creio até, que você é pessoa mais adequada, nesse assunto, que muitos médicos que tem por aí e que não sabem é nada, a não ser receitar ritalina, pois é mais fácil do que estudar o assunto. É sempre bom ver que uma pessoa que nem você, um brasileiro, foi a fundo no tema **DDA**.

Gostaria que me linkasse nas fotos que apontam a diferença fisiológica de um cérebro com e um sem **DDA**. Pelo que eu entendi é possível o diagnóstico do **DDA** por exame físico e não apenas conversa com neurologista ou psicólogo, diferente do que me falam aqui. Tomografia computadorizada em cores é isso? É só isso? Há outro mais sofisticado? Seu livro aponta dicas? Posso fazer um exame do meu cérebro?

Eu fico só no sábado sem ritalina. O uso descontinuado de ritalina, que pelo que entendi é o que você faz. Isso não é prejudicial? Existem "danos cerebrais irreversíveis?" Quais? Seu livro aponta?

Muito obrigado por me aceitares como amigo, espero que continuemos a manter contato.

OBS: Tenho uma amiga em Salvador, jornalista, e gaúcha também. Era do correio da Bahia. Jane Cristina Maslowski. Se souber dela da um toque.... Perdi contato faz tempo. Aliás, tem uma mulherada bonita nesse teu ORKUT.

Acho que vou escrever um livro também!!!!! HEHEHEHEHE.

Um abraço
Marcelo P. S.

Φ Φ Φ

Olá Deminco!

Li o seu livro e gostei muito, pela primeira vez conheci um **DDA** adulto baiano e eu pensava que eu era única na Bahia. Ri quando vc disse que estudou no Status, pois eu também passei por lá. Aquele colégio era muito estranho e engraçado. Eu estudava na sala que ficava na garagem, as vezes o mau cheiro do banheiro era tanto que ninguém conseguia assistir aula. Os quitutes da cantina ficavam mais de uma semana no mesmo lugar até as formigas e outros insetos devorarem eles por inteiro.

Pois é Deminco, mas de fato eu lhe escrevo para falar do **TDAH** que para mim é uma doença subestimada pelos médicos ainda, mas para mim é uma doença grave por trazer um comprometimento na vida profissional do individuo e consequentemente em outras áreas de sua vida.

Os médicos só se interessam em tratar as crianças, mesmo assim muito mal. o único problema que o **DDA** me traz é que tenho uma distração crônica, por exemplo, eu não dirijo. Tomei Ritalina, mas não senti nenhuma melhora. Fiz um exame chamado perfusão cerebral que confirma o distúrbio. Meu pai e meu irmão também tem o distúrbio da atenção.

Talvez o único problema que eu chamo de karma seja essa doença, que por causa dela atraí uma serie de inimizades na vida, pois as pessoas gozam com a minha distração e subestimam a minha inteligência.

Diferente de vc tenho paciência para estudar, mas o problema é na hora de me concentrar e de lembrar o que estudei. O raciocínio as vezes é muito lento, mas com certeza muito aumentado pelo problemas emocionai que a doença traz. Hoje tomo Prolift um antidepressivo que aumenta a noradrenalina. Os hormônios que produzimos pouco é a dopamina e noradrenalina, entretanto hiperativos como vc produzem muita noradrenalina que vai diminuindo quando vcs hiperativos se tornam adultos. Tenho certeza da cura ou da minoração da doença algum dia.

Um grande abraço
Manuela

Φ Φ Φ

Deminco...

Até aonde li o livro ele nos leva literalmente ao 8 e ao 80 em questão de segundos.

Tipo... Estou lendo uma história e tenho crises de riso e antes mesmo que a história se acabe, já bate uma tristeza, uma vontade de chorar... É realmente como vc fala; extremista...

Identifiquei-me com a forma que vc fala sobre novamente os extremos ao escrever!! Caramba!! Foi bom saber que não sou maluca... kkkk. É mais ou menos aquilo mesmo que sinto... As vezes vontade de desistir por achar uma droga (e num desses momentos foi que joguei meu livro fora.. hahah)... As vírgulas!! Kkkkk. Bom... Pelo menos estou me sentindo mais normal ao ler isso...

Você É um grande escritor. Só precisa ser descoberto pelos grandes e isso não demorará de acontecer. Quero o autógrafo no livro, pois quando vc tiver no Jô (eca!! risos...) vou poder tirar onda com a sua assinatura no meu livro.

Apenas 3 livros em toda a minha vida prenderam a minha atenção ao ponto de ler em menos de 3 dias (e já li muito mais de 100 livros, hein?):

- O Dia do Coringa (Jostein Gaarder)

- Ele Escolheu os Cravos (Max Lucado)

- Eu & Meu Amigo **DDA** (Marcus Deminco)

Bjs
Clarissa Cruz

Φ Φ Φ

EMOCIONANTE!

Claro que o livro é muito mais que emocionante, pois é esclarecedor, chegando a detalhar a mente de um **DDA**. Tem, ainda, a coragem bela de um homem que se desnuda inteiramente, sem pudores, sem máscaras, sem "frescuras" e com muita dignidade! Mas eu sempre defino como "emocionante", arrepiante porque me toca lá no fundo do fundo do fundo mesmo! Toca n'alma! Não há como não me identificar em inúmeros momentos...

É um livro maravilhoso, que gostaria que TODOS lessem para entender o que é ser **DDA**, que não é "fingimento", "coisa inventada de gente sem educação" etc.

Edna Souza

Φ Φ Φ

Prezado Marcus (ou neste momento será o Deminco?),

Escrevo-te neste momento com nosso amigo atuando a flor da pele.

Resumindo bastante minha estória, sou advogado, 34 anos. Quando finalmente acho que consegui uma melhora significativa na minha vida, emprego em excelente escritório, certa independência financeira, saí da casa de meus pais e fui morar com a namorada. Tudo corria bem, de repente, a vontade de desistir de tudo. Foi quando finalmente decidi ir a um psiquiatra, pois tive certeza que tinha alguma coisa de errado. De repente o diagnostico, **DDA**. Nunca tinha ouvido falar. Já tinha feito vários tipos de terapia, enfim, tentei de tudo, até tomar passe em centro espírita para ver se tirava algo de estranho que achava que existia dentro de mim.

A descoberta já me fez melhorar muito, e como você, a impulsividade está me fazendo ler tudo que existe a respeito. Porém, a sua obra é simplesmente a melhor. Não é somente a sua biografia, é minha também. Como possuímos a mesma faixa etária, vivi situações idênticas às suas.

Hoje vou fazer uma consulta médica com relação à minha dislexia, um tratamento inédito e que só existe em uma clínica aqui de Belo Horizonte. Informar-te-ei dos resultados.

Muito obrigado, e espero correspondermos ainda mais.

Um grande abraço
Bernardo

Φ Φ Φ

Olá!!

Estou lendo seu livro, o EU E MEU AMIGO **DDA**, nunca pensei que encontraria pessoas com o mesmo problema que o meu, descobri que sou **DDA** faz 10 meses e até hoje ainda não consegui entender direito o meu comportamento ao longo da minha vida, ainda estou voando no assunto, tenho certo medo de descobrir coisas sobre o problema, mas ao mesmo tempo fico aliviada em ter as milhares de explicações para tudo que já passei e sofri. Sou de Salvador também, até hoje não encontrei ninguém com o mesmo problema, gostaria muito de conversar com uma pessoa **DDA**. Na minha família ninguém é **DDA**, tenho muitas irmãs e nenhuma delas é **DDA**, nem meu pai nem minha mãe, será que é mesmo hereditário?

Cristina Gonzalez

Φ Φ Φ

FANTÁSTICO

Fiquei surpresa primeiramente comigo que não recordo ter feito a leitura de um livro em apenas um dia e meio. E segundo que não esperava muito desse livro, me enganei, pois, o livro está lindo, relatando a historia de um **DDA**, um ser sempre sonhador. A medida que estamos lendo queremos saber mais e mais assim não conseguindo parar a leitura e devorando de uma vez só. Momentos de descontração, risadas, tristeza. Parecia ate que eu que estava vivendo aquilo tudo.

Sucesso. vc merece!

Beijão.
Lucinha Luz

Φ Φ Φ

EU INDICO

SOU PROFESSORA EM SALVADOR E PRA MIM FOI MARAVILHOSO LER O LIVRO E AO MESMO TEMPO VER NAQUELAS LINHAS O RETRATO DAS ATITUDES DE ALGUNS ALUNOS. ACREDITO QUE DEMINCO E UM HOMEM MUITO CORAJOSO PARA EXPOR TAO PROFUNDAMENTE A SUA VIDA, MAS AO MESMO TEMPO SEI QUE SENTE UM GRANDE CONFORTO EM SABER QUE AQUELES DEPOIMENTOS SERVIRAO PARA AUXILIAR TANTAS PESSOAS, PRINCIPALMENTE CRIANÇAS QUE NAO SAO COMPREENDIDAS E TRATADAS COM SIMPLES "CAPETAS".

PRA QUEM NAO ESTA INTERESSADO NESTE ASSUNTO O LIVRO TAMBEM E MARAVILHOSO, POIS REVELA VARIAS HISTORIAS HILARIAS VIVIDAS POR DEMINCO, AQUELA DO FIO DENTAL ENTAO, DEI MUITAS RISADAS. PARABENS PELA SUA FORCA DE VONTADE E IMAGINACAO.

PS. MEU COMPUTADOR NAO TEM ACENTUACAO NEM CEDILHA

Carla Almeida

Φ Φ Φ

Depoimento atrasado. Como em quase tudo. Rsrs

Tô me sentindo uma traidora pq apesar de ter sido uma das pessoas q fizeram depoimento para este livro... Aconteceram muitas coisas em minha vida pessoal e profissional q acabaram por me impedir de ler o resultado deste projeto louvável do Deminco antes... Desculpa por isso Deminco (mas vc tb teve sua parcela nisso né enrolado??! Se eu fosse esperar por vc eu tava frita... Rsrs...).

Sou suspeita p falar mas o livro é mesmo muito interessante... p quem é **DDA** e até mesmo p pessoas "normais" pq conta histórias reais engraçadas, tristes e de superação pessoal. Recomendadíssimo!!! Foi uma experiência única ler esta pérola **DDA** e espero que venham outras mais heim?! Q tal?

Gisele Reis

Φ Φ Φ

SENSACIONAL!!

A gente se apega a leitura, nos interessando pra saber o que virá no próximo capítulo. Os acontecimentos narrados pareciam ir se ligando uns aos outros, por mais que fossem fatos rotineiros e simples se tornaram excelentes histórias, intrigantes, empolgantes de serem lidas.

É interessante como quando você está sem a "Rita" as mudanças de assunto são intensas, repentinas e frequentes, enquanto nos que você está sob o efeito da droga o texto se enriquece de detalhes seguindo mais ou menos uma linha de raciocínio.

Incontáveis vezes ri sozinho na sala ao me identificar perfeitamente com as situações. Em outras me imaginando ao seu lado, como expectador, rindo mais ainda. Pra quantas pessoas tive de responder a pergunta "QUE LIVRO É ESSE?", justamente devido a essas risadas. A alegria aliada a vontade de grifar com uma caneta vermelha os itens do manual do **DDA** associada a vontade de gritar "Eu sou assim!! Me compreendam como eu sou!!"

Parabéns ao Deminco (e ao Marcus) pela realização deste grande livro. Se para uma pessoa "normal" terminar um livro é difícil imagine para uma que não consegue se concentrar em nada. O que podemos esperar é que as pessoas possam entender melhor como funciona uma mente **DDA** e que novos estudos possam ser feitos a fim de elucidar algumas duvidas ainda existentes.

Mais uma vez,
Parabéns Deminco

Φ Φ Φ

EU DE NOVO

Esse livro tem me servido de consolo, apoio e diversão nas horas em que eu quero me sentir inserida num contexto.. E nada melhor do que estar inserida no "nosso" contexto.

Beijocas.

Flávia Vegan

Φ Φ Φ

VIDA LONGA

Pra você, Deminco. Seu livro me mostrou que é possível SIM, ser uma pessoa completamente integrada socialmente, você não faz ideia de quanto me encorajou. Já queria ter te dito isso antes, mas como não foi no impulso... Olha Seu Moço, eu aprendi muito e só tenho a te agradecer.

Beijos...

"O MUNDO É NOSSO"

Chintia Ziole

Φ Φ Φ

Deminco...

São exatamente 2:18 da manhã do dia 22/07/06 e resolvi não ir para a Boate Metrópole da proprietária Maria do Céu (onde vc , provavelmente, veio divulgar a tua revista) Enfim . . . deduzi que tenha sido ela , mas vamos ao que eu achei!

Cara, é inexplicável a sensação que eu senti quando comecei a ler o livro. Primeiro a inusitada, no mínimo curiosa, coincidência do livro ter chegado no dia em que falei com vc no msn e , também relevante, no dia do amigo! De fato amei a coincidência e me senti presenteado! :P

Logo no início, através dos papos com a tua sogra e do entusiasmo com o qual vc narrava parte da tua surpresa com misto de alivio pela descoberta eu fui entrando em um transe (tá , vamos chamar de hiperfoco imaginativo) no qual eu "lê-ssistia" o livro! Tipo, eu parecia um narrador oculto de um filme que assistia. Algo que dificilmente ocorre comigo uma vez que ler livros pra mim é uma tarefa árdua. As minúcias da casa do teu avô, (o copo azul no qual bebia coca), a raiva por receber roupas no natal, o reencontro com aquela famosa cadeira do fundão, o ódio e falta de entendimento de alguns professores e a experiência enfadonha que aulas se tornaram. Putz tanta coisa. Tanta coisa. A maconha, as drogas e a incessante busca por emoções. O atropelamento de palavras em horas de "avaliação" como entrevistas; o futurismo e problematização antecipada de fatos; e a curiosa antecipação mental das entrevistas simuladas com o Jô !!!!!!

Caraaaaaaaa, um dia antes estava eu e uma amiga minha jantando num restaurante enquanto eu contei pra ela que ficava me auto entrevistando no banheiro e ela se via abrindo a Caras e se vendo! Quando li aquilo eu ri até chorar. Mas, tirando toda a identificação dos sintomas em comum e de experiências em graus diferenciados devido a minha idade e história de vida, o que mais me chamou a atenção (e emocionou devido ao momento em que estou) , foi a tua coragem e determinação de não desistir do teu sonho. Essa semana eu tive que fazer (pela 4º vez) minha matricula em uma faculdade. Faria um curso medíocre, e me sentiria medíocre pro resto da vida por simplesmente ter me rendido a pressão social e familiar de "ter um diploma". Desde pequeno queria ser artista. Toco teclado desde os nove anos.

Não sou um virtuose pq não conseguia me concentrar nos exercícios e me sentia um incapaz e era super inseguro. Queria ser ator, mas deixei passar várias oportunidades pq todo mundo dizia "isso é coisa de viado!". Pra piorar mais ainda, devido ao fato de eu ser gay , e ter consciência disso desde novo, achava que era anormal e que todos os meus sintomas **DDA**s proviam do meu "distúrbio" sexual. Eu pensava em tudo: abdução por extraterrestres, encosto, espíritos, mulher encarnada em corpo de homem, enfim . . . ! Me sentia um aliem e morria de medo de ser rejeitado por todos e criticado severamente. Devido a minha constante antecipação de problemas e reações fui sublimando meus sonhos e amargando uma infância e adolescência repleta de frustrações e dissabores para que as pessoas não me enxergassem e vissem "o que" de fato eu era.

Anos passaram e depois de um ano no EUA e uma outra visão de mundo , fora a ajuda da minha terapeuta na época , eu finalmente abri o jogo com todos em casa. Foi um caos! Era um misto de desconforto com alivio. Pra encurtar mais essa história antes que vc morra de tédio (rs) quero dizer que o teu livro foi o empurrãozinho que faltava pra eu tomar uma decisão simples mas que adiei por muito tempo: A de ser Feliz.

Semana que vem vou me matricular na escola de teatro daqui e me formar no que mais amo que é artes cênicas. Fim do ano vou gravar meu cd com todas minhas musicas engavetadas e vou divulgá-las por ai! Em suma, vou lutar pelos meus sonhos e expelir de vez toda essa energia contida por tantos anos!

Bicho,

Valeu mesmo por ter escrito esse livro! Acho que deve ser recompensador escutar que ele ajudou alguém de alguma forma. E antes de me deixar depreciar por pensar (ahhh, ele vai odiar ter que ler isso tudo) espero que vc se sinta feliz por ter ajudado alguém a ser mais feliz.

Abração pra vc !

Thiago Hanken

Φ Φ Φ

Cara,

Este foi o livro que terminei mais rápido em minha vida... 1 dia e meio...me identifiquei muito com diversas situações e comportamentos descritos.

Abraços,

Fabiano

Φ Φ Φ

Li em dois dias! Muito bom. Adorei sua riqueza de detalhes. Ri, chorei, pensei... Parabéns pela sua coragem, franqueza e perseverança. Obrigada e q Deus te abençoe.

Agente vem nesta vida pra fazer alguma coisa e vc ja esta fazendo.

Não pare nunca por que:

O MUNDO É NOSSO...

Monica Pecoraci

Φ Φ Φ

Li, reli... E, definitivamente ele me mostrou que á possível SIM, ser uma **DDA** alegre e integrada na sociedade e vendo sempre o que de melhor posso aproveitar do lado positivo. Ele está me dando um norte que me faltava, dando lugar aos tantos rótulos que sempre me perseguiram.

Deminco, agora sim posso repetir o que você diz:

O MUNDO É NOSSO!

Φ Φ Φ

MUITO BOM!!!

Li "Eu e Meu amigo **DDA**" e digo que foi um dos melhores livros que li. Envolvente, engraçado e muito interessante, Marcus Deminco com uma linguagem simples e clara conta perfeitamente as suas experiências com o distúrbio, trazendo a tona dramas como a falta de "instrução" de professores e familiares com o portador do distúrbio, além das consequências que isso pode vir a trazer na vida de uma criança.

Surpreendente, o livro tem momentos altos e baixos que podem fazer vc rir e chorar em um drama peculiar que desperta o interesse do leitor envolvendo-lhe em um conjunto de emoções inexplicáveis. A propósito quando sai o próximo?

Φ Φ Φ

TERMINEI.

Em um dia e meio devorei tudo.. Amei com paixão a minha leitura e me trouxe um conforto muito grande para os problemas que venho enfrentando devido a impulsividade... Não é só para **DDA's** , familiares e amigos, é para todos aqueles que se preocupam com o ser humano e suas diferenças... Chorei e ri muito ao lê-lo... Cada passagem de humor contada de forma espetacular... E adorei tb a parte do " em ação "...

Beijocas e sucesso..

Flávia Vegan

Φ Φ Φ

Incrível Deminco,

Estou terminando... Hj mesmo termino, mas antes quis vir até aqui pra agradecer... Deminco vc é um irmão-pai-amor eterno... Sua obra esta fantástica... Estou amando... Suas palavras, atos, experiências, emoções, medos, angústia, etc. etc...

São como as minhas que ficam escondidinhas lá dentro de mim... E que eu nunca consigo colocá-las pra fora! De forma "simples, porém completa"... Impressionante como o livro mostra o lado **D.D.A.** de uma forma em que a "sintonia do leitor com o autor" chega a ser algo assustador (no bom sentido, claro).

Volto amanhã e faço questão de dar comentário melhor...

Boa noite!

Φ Φ Φ

Deminco,

Adorei seu livro! Já tinha ouvido falar em DISTÚRBIO DO DÉFICIT DE ATENÇÃO e tentei levar para o meu dia-a-dia em sala de aula esse meu conhecimento e confesso que foi muito difícil. Como e complicado manter a serenidade numa classe com 25 crianças de 5 anos e pelo menos 5 **DDA**!

Terminei de ler seu livro com uma imensa vontade de rever esses alunos (estou de licença premio) e beijá-los muito! Também não consegui conter as lagrimas ao lembrar-me das vezes em que não tive paciência e que praticamente não quis enxergar esse amigo invisível que tantas vezes consegue me tirar do serio e ao mesmo tempo me faz morrer de amores por eles.

Parabéns!

Lucinha Tavares

(…)

Sou o espelho da complexidade na sua forma mais simples;

Sou a intensidade com mil exclamações;

Sou dono de questionamentos intermináveis que lancei ao vento;

Sou pedaço do pequeno mundo lá fora, dentro de um enorme universo à parte;

Sou fiel nas traições e sincero demais nas mentiras;

Sou a pressa com todo o tempo disponível;

Sou a bagunça na qual se encontra qualquer coisa;

Sou a continuação das eternas perguntas, e as respostas ainda sem conclusão;

Sou o errado que busca acertar e a sorte de acertar sem querer;

Sou tristeza mascarando alegria, e alegria enrustida de tristeza;

Sou amigo de quase todos, mas poucos conseguiram me cativar;

Sou altruísta com estranhos e egocêntrico com os mais próximos;

Sou humilde por puro charme, mas vaidoso sem ser pedante;

Sou exagerado na medida certa;

Sou crente, mas também sou cético;

Sou tiro de rosas em canhões, mas disparo mágoas com a própria língua;

Sou tão certo quanto à dúvida e tão duvidoso que já nem sei;

Sou gritos desesperados em silêncio;

Sou interpretado como não queria e invisível quando me mostro;

Sou indeciso por pura convicção;

Sou mais do que esperam e bem menos do que precisam;

Sou aquele que voa ainda no chão e o que desfila aéreo pelas ruas;

Sou a rotina inesperada das imprevisíveis aventuras;

Sou tão óbvio quanto à própria contradição.

Sobre o Autor

Marcus Deminco (Salvador-BA. 28/Set/76). Escritor e Psicólogo brasileiro. Doutor Honoris Causa em Transtorno do Déficit de Atenção com Hiperatividade (**TDAH**) *Practitioner* e Tutor de Programação Neurolinguística (PNL); autor de artigos científicos no Portal dos Psicólogos (O maior Site  sobre Psicologia em Portugal). Além de ser dono de diversas frases — textos e pensamentos compartilhados em sites e redes sociais. Entre seus escritos, o propalado texto Por que ler Paulo Coelho? – texto bastante elogiado pelo próprio autor. Marcus Deminco é também autor dos Livros:

1. EU & MEU AMIGO DDA – Autobiografia de um Portador do Distúrbio do Déficit de Atenção.
2. TDAH (Transtorno do Déficit de Atenção com Hiperatividade) x RITALINA – Mentiras & Verdades
3. TDAH — Transtorno do Déficit de Atenção com Hiperatividade. Como Diagnosticar Crianças & Adultos

4. TDAH — Transtorno do Déficit de Atenção / Hiperatividade. Verdade ou Invenção?

5. O Segredo de Clarice Lispector. (Portuguese Edition)

6. The Secret of Clarice Lispector (English Edition)

7. El Secreto de Clarice Lispector (Spanish Edition)

8. VERTYGO – O Suicídio de Lukas (Portuguese Edition)

9. VERTYGO – The Suicide of Lukas. (English Edition)

10. Helen Palmer – Uma Sombra de Clarice Lispector (Portuguese Edition)

11. Helen Palmer — A Shadow of Clarice Lispector (English Edition)

12. Transtorno Bipolar — Aspectos Gerais (Portuguese Edition)

13. Bipolar Disorder — General Aspects (English Edition)

14. Programação Neurolinguística – Começando pelo começo (Portuguese Edition)

15. Neuro-Linguistic Programming — Beginning by the Beginning (English Edition)

16. Mensagens para Postar, Curtir & Compartilhar. Vol. 1

17. Mensagens para Postar, Curtir & Compartilhar. Vol. 2

18. Mensagens para Postar, Curtir & Compartilhar. Vol. 3

19. Coleção de textos em E-Cards. Vol. 1

20. Coleção de Textos em E-Cards. Vol. 2

21. Compilação de Textos & Contos Reflexivos (Portuguese Edition)

Prêmios & Homenagens

a) Doutor Honoris Causa em **TDAH** pela *Brazilian Association of Psychosomatic Medicine* em reconhecimento a contribuição científica e relevância social do livro: Eu & Meu Amigo **DDA** - Autobiografia de um Portador do Distúrbio do Déficit de Atenção.

b) Autor do texto "Estafeta Sem Rumo" do Prêmio Cecílio Barros Pessoa de Antologia – Academia Cabista de Letras, Artes e Ciências de Arraial do Cabo – RJ.

c) Autor do texto "Andarilho Peregrino" – um dos vencedores do Prêmio Antologia de Poesia Contemporânea "Além da Terra, Além do Céu – Vol. II" — Editora Chiado (Portugal).

d) Um dos autores selecionados, com o Texto "A Atormentação Criadora" para o Sarau Brasil 2018 — Concurso Nacional de Novos Poetas — Realizado pela Vivara Editora Nacional.

e) Autor do texto "Quando as Horas Eram minhas" da Antologia Tempo Insólito do Grupo Editorial Scortecci;

f) Um dos autores escolhidos com o Texto "O Sonho & Seus Pseudônimos" para compor o 3º Volume de Antologia de Poesia Brasileira Contemporânea: "Além da Terra, Além do Céu" – Realizado pelo Grupo Editorial Chiado (2018).

g) Autor do texto "O Valor da Audácia". Selecionado para a Antologia Chuva Literária II. Edição Especial para a Bienal Internacional do Livro de Pernambuco 2019

Contatos & Mídias Sociais

E-mail: marcusdeminco@gmail.com
Website: http://marcusdeminco.com/
Blog: http://marcusdeminco.blogspot.com.br/
Twitter: https://twitter.com/marcusdeminco
Facebook: https://www.facebook.com/marcus.deminco
Pinterest: https://www.pinterest.com/marcusdeminco/
Instagram: @marcusdeminco
Youtube: https://www.youtube.com/channel/UCRu8yfSoLewjuX6GO6o7Nmw
G+: https://plus.google.com/u/0/114858320913983491464
Tumblr: http://deminco.tumblr.com/
Flickr: https://www.flickr.com/photos/143729713@N06/with/28004881736/
GoodReads: https://www.goodreads.com/author/show/7792932.Marcus_Deminco/
Pensador: https://pensador.uol.com.br/autor/marcus_deminco/

**Esta é uma obra autobiográfica,
entretanto alguns personagens tiveram
seus nomes trocados com o
intuito de preservá-los.**

www.ingramcontent.com/pod-product-compliance
Lightning Source LLC
Chambersburg PA
CBHW072030280526
45788CB00006B/2085